剎那成佛口訣

——三句擊要

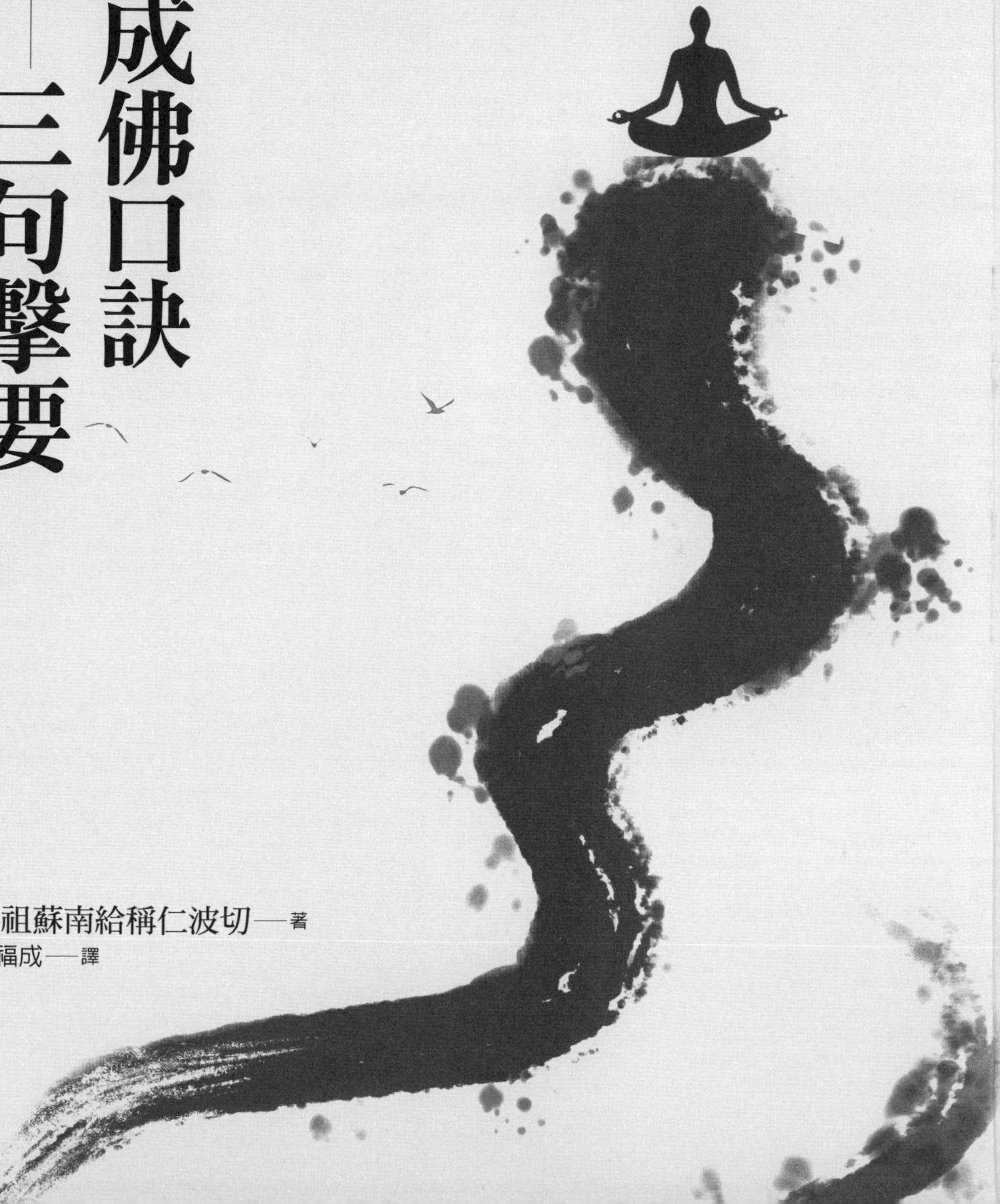

堪祖蘇南給稱仁波切——著
張福成——譯

目錄

第三篇　正文詳述：觀修　209

《剎那成佛口訣——三句擊要》的出版源起及導讀

佛學會在仁波切這幾年的教導下，弟子除了努力修持多傑林巴傳承的大圓滿前行法五加行，以打好將來禪修大圓滿法的深厚基礎，另外對於累積資糧福田及去除障礙的相關法門方面，仁波切也要求弟子每天以七句祈請文來祈請上師蓮師加持，以及修持百字明咒來懺悔每日所造作的罪業，更要以廣大的菩提心來修持觀音法門及煙供法，以利益廣大有情眾。

而在學習空性法門上，仁波切也講說了多次空性禪修的課程，仁波切說：如果弟子自己對佛法及上師的信心強烈，資糧福田俱足及蓋障去除，弟子在仁波切的心性口訣直指下，當下修行者的內心應該有機會從烏雲密佈的天空，剎那變成彩虹的大晴天。

在華人社會的學佛弟子大都可以背誦《心經》，但是一般的我們，都只能口頭的念誦，卻無法眞正明白空性及無我勝慧的甚深法義。平時大家也常會以開玩笑口吻奉勸他人，不要太執著，但是又有多少人能眞正明白是誰在執著呢？而執著之心又在哪裡？

對於佛法修行者的身口心三門之中最重要的當然是「心」，仁波切時時提醒弟子，修心的關鍵要點要去除我們「過去、現在及未來三時之妄念」；生活於現代忙碌社會的我們，面對這無時無刻不停的煩惱妄念，又能怎麼停止及去除呢？

在弟子殷勤祈請下，仁波切於二〇一七年特別教學開示《心經》的甚深空性法義，將《般若波羅蜜多心經》法義，運用見地的抉擇「無我，自性為空，一切萬法皆為緣起法」及觀修的要點、果位及行持等四項，來逐文解說《心經》的經文。

而在二〇一八年特別請法的機緣下，佛學會以舉辦禪修營的方式，再次請仁波切開示《三句擊要》空性禪修精要。

仁波切之前針對《心經》做了總體的講解並已出版《禪修心經》。《心經》教法內容是屬於釋尊二轉法輪裡的「無性相」「般若空性」教法。而《三句擊要》歸屬於第三轉法輪的「善分別」法輪，主要是在解釋「內心的本貌」，雖只有三個句子，但每句都擊中內心本貌的主要修持關鍵要點，使實修者能夠看出妄念的實相，而妄念於當下原處自解脫，因此而能見內心本智。

《三句擊要》已經將佛陀所開示的八萬四千法門，全部含攝濃縮在其中，完全齊備毫無遺漏，是可以直接做爲實修的次第。修行者如果能配合《三句擊要》的教法內容來進行《心經》的禪修，仁波切說這是非常吉祥的好事。所以佛學會特別整理五天禪修營的大圓滿教學精要來與修行者分享。此書中，仁波切以自己的實修經驗，運用深入淺出的白話文及一些成就者的典故，教導行者如何運用所學來融入我們日常生活所會面對的種種問題。

《三句擊要》教法是源自極喜金剛，他是已證得虹光大遷轉身的不可思議之禪修成就者，也是不可思議的證悟者。正當他圓寂虹化將要融入法界之際，應弟子文殊友誠懇地祈請而做了開示，故而留下了此遺教，此《三句擊要》是隸屬於眾多類型的涅槃遺教中的一種教法。教法來自大圓滿的三位偉大祖師：「龍欽巴尊者」代表大圓滿的見地，「智愛毫光」代表觀修，「吉美嘉偉尼」也稱爲勝者苗芽，則代表行持。此遺教內容非常的簡短，主要內容是殊勝的口訣與指導實修的方式，並已將大圓滿的關鍵濃縮於其中。

大圓滿的究竟見地主要談的是在眾生的內心裡面，有一個本貌實相部分，將其命名爲天然覺性或本智，因爲眾生內心裡佛的功德是天然齊備的，也沒沾染到任何的過失，是本然清淨的，是周遍的。此書中的內容除了談大圓滿的見地、觀修及行持這三項，同時也把大圓滿教法裡基、道、果的理論，全部歸納於內。由於只歸納成三個句子，所以稱爲《三句擊要》，意指用三個句子擊中關鍵。

此三個句子分別是：「本貌之上直指」，指的是見地的內容；「唯一之上決定」，講的是觀修的內容；「解脫之上把握」，談的是行持的內容。

《三句擊要》的總綱頌文：「見地是大界浩瀚，觀修是智愛毫光，行持是勝者苗芽，如前實踐修持時，一生成佛無辛苦。」

「見地是大界浩瀚」，談的是大圓滿的見地是「遠離戲論與離邊的見地」，是「勝義俱生本智的見地」，是「周遍之王的見地」。就大圓滿的見地而言，當然是離開中間也離開旁邊，而且是見地之王。與下乘門的見地相較之下是更加超勝的。

眾生內心本具佛性其基如來藏已齊備，然而目前卻看不到，這是因爲被污垢給遮蓋住，如果能將污垢消滅與淨除，那麼眾生心中本已具足的佛功德就能顯現出來。這好比酥油本來存在於牛奶之中，如果我們沒有用力攪拌牛奶，是看不到酥油的。

「觀修是智愛毫光」指的是菩提心及悲心。菩提心是本然的毫光，本身是沒有污垢的，代表本性上原本就沒有摻雜到污垢，原本就具備光亮的性質，是如來藏自然地放射出。現在看不到智愛毫光，就有如本性被布遮蓋住，是被短暫且偶然形成的污垢所遮蔽的，爲迷惑所顯現出來的污垢遮住，不是本性本有的污垢。

如來藏裡佛的本性與本質是光明且沒有污垢的，並非依靠修持的地道功德才轉變成佛的清淨光明之本質。我們若是對妄念念頭本身詳加分析，念頭本身最重要的特性就是由我執的諦實成立之執著而產生，而呈現妄念紛飛的狀態。我執的諦實會遮蓋本性，讓我們無法順利地認取內心本貌。

以大海來比喻，海水本身是清澈沒有污垢的，也應該是波平浪靜、紋風不動的狀態，然而若吹起狂風後，海面會隨著風而產生陣陣漣漪及水浪，在陣陣漣漪推動之後便會引發更大的海浪。然而，當回歸到無風時，波浪也就沉回到大海裡，再也找不到原本的浪花，因爲波浪的本質就是海水，如果沒有海水也就不會產生波浪。同理，當智愛毫光本身力道遊戲出現時就成爲念頭，而念頭本身最後還是消融回歸到智愛毫光如來藏之中，根本沒有一個自己自性成立的妄念念頭存在於智愛毫光之外。

大圓滿的行持是「現解無偏」，也就是當念頭出現時，如果能夠對念頭保持不偏頗就可以達到解脫。我們舉水面畫圖爲例，當您在水面上畫圖時，水面上每畫一筆於出現後就立即消失了，每一筆都轉瞬即逝，那又如何去執著它是好或壞呢？這是無法執著也無法有偏頗。行者應當如是思惟：念頭出現時，不能有調整改造之心，即所謂不造作；面對念頭時內心要能不破不立，要做到現解同時。換言之，即無破與立，無中無邊。

佛陀所開示法門是要讓弟子能夠了解法義從而得到證悟，而依根器而有不同的方法。下乘門把不清淨的念頭轉爲清淨的，把不好的所應斷要滅掉，用對治法去對應所應斷，好好的實修使內心的證悟功德逐漸進步。而上乘門的道路，則是了知輪涅無二差別，顯分及空分無別而雙運，方便與勝慧雙運無別，證入萬法平等性，此爲上乘門證悟的道路。

無論是用一個對治去對付所應斷，或是用顯空雙運無別的道路，都是爲了要讓弟子證悟能發生，而依根器之不同其適用之方法。釋迦牟尼佛所開示輪涅無別及顯空雙運，是由內心的覺性本智去了悟，是向內的心識不是向外的心識，倘若是用向外的心識想去了悟輪涅無別及顯空雙運，則無論如何也不可能了悟。

因爲內心的實相本質即「離言思詮勝慧到彼岸，不生不滅虛空本質性」。當好的思惟由內心流露出現的剎那，那就是內心明分的部份，沒有沾染到妄念的雜質。「佛果於心，不向外求」，內心的明分也不是在他處，就算是明分出現，也很容易被壞的念頭所遮蓋，因此而妄念紛飛。大圓滿的禪修士，當上師做心貌直指：「內心的本貌是法身」，有時禪修士也會因爲往昔惡劣的習氣所形成的蓋障而不相信；會認爲此不是內心本貌，空性不應是如此，應是非常困難及秘密的；此外，即使內心的明分出現、法身本貌出現，也是一閃而逝，而掌握不到，更無法保任。

修行者若要證悟輪涅無別，首先要完全相信「萬法爲緣起見地」，即使尚未證悟，但也要完全相信佛法見地；第二要點是要克服三種蓋障：煩惱障、所知障、習氣障。由此三障形成的蓋障，重重疊疊的覆蓋起來，佛法稱爲惡劣的串習。行者必須依照修行次第，依止善知識或根本上師，如理如實的實修集資淨障法門，如此才能有機會去除三種蓋障。

我們現在把輪迴和涅槃當做有很大的差別，平時會想到地獄、餓鬼及畜生道的痛苦，大家即使看不到地獄道，但也看得到一些畜生道所受的痛苦；另外佛經裡面所開示淨土的快樂，有時也聽到一些幸福美滿的事蹟。當我們看到這樣的差別，凡人的我們又怎麼能相信輪迴和涅槃是無差別的呢？

大家仔細思惟，這都是因爲我們所看到「顯」而在內心形成差別，輪迴和涅槃是依著我們對於顯分所做的界定而形成的差別。

首先當顯分出現，內心接著會出現一個認定的解釋，我們稱之爲耽著或是執取。當瞭解是錯誤時，也會形成自己的恐慌和害怕，而造成心理不快樂及身體上產生不適。倘若顯分出現時，內心沒有分別也瞭解正確，或是沒有對其做認定執取，則內心的恐慌和害怕則不會產生，痛苦也就不會發生。其關鍵在於顯分出現時的認定錯誤，若能在顯分出現時認知其實相本貌，則不會產生誤解及恐懼。

所以顯分出現時，我們要從認定認識下手，才能比較容易瞭解輪涅無別的本義。舉例：有一個燈光昏暗屋子，於入門後窗戶下放置彩繩；此時一個外人進入屋內，屋內矇矇暗暗，不辨東西南北，當看到繩堆後驚嚇不已，以為是蛇，不能認出其實是一條彩繩。所以當顯分出現，即昏暗的燈光照到疑似盤踞的蛇身，接下來執取，即認定而執取為一條蛇，第一時間當顯分出現與執取為蛇的因緣相結合，此人認定是蛇的念頭就出現了，接著開始恐慌及害怕而奪門而出。

此時若有另一個人進入此屋，第一時間當顯分出現疑為蛇時，因為看不清，所以就多點幾盞燈，讓光線將室內照亮，之後靠近檢驗是否為蛇抑或他物，此時因燈火通明而能清楚看到為彩繩，而非一開始認為的蛇，內心恐懼則蕩然不存。

兩人在第一時間進入昏暗的房裡時看到的顯分是一樣的，第二個人能不迷惑，對顯分的解釋沒有錯誤，是因爲有所作爲，因而使兩人對顯分的解釋天差地別，所以由蛇所產生的恐懼則不會發生。

當我們所看到，是對自己有幫助或是有傷害，或是痛苦、或是快樂的顯分時，所顯現出來的樣貌，再加上我們的執著認知解釋，而在因緣和合之下，如果對於顯分解釋及判斷錯誤，則會造成自己的恐懼害怕；若能細察、肯定及正確的瞭解，並安住於正知見上，則痛苦、恐慌、害怕都不會發生。此前提是：要能有瞭解的內心，只能靠自己，而不是別人。

一般輪迴與涅槃，以輪迴爲苦，涅槃爲樂。如何能做到輪涅無別呢？一開始都知道輪涅有別，大家都想離苦得樂。當你想要離苦得樂的時候，自己其實已經遇到很多的痛苦，苦有：求不得苦、怨憎會苦、愛別離苦等；或是突然遇到意外的苦；還有在家庭裡當溝通或是說話互相不能瞭解，也會引發痛苦；內心想法與眾人不同也是苦；由這些壞念頭的因緣，導致自己內心的不快樂，或是憶起往事而悲傷或是憤怒。我們都希望離苦得樂，但令我們痛苦的外緣很多，痛苦本身也不是自性成立，也不是本自具有，是來自外緣的刺激，外緣是起因。如果要減少苦樂的外緣，就要從身口心三門去減少，當痛苦逐減少至滅掉，那時才能瞭解何謂輪涅無別及離苦得樂。

一般人的想法很難改變，內心的恐慌和害怕痛苦也一直都會存在，所以要透過累積資糧，消除罪障，及依止善知識做爲助緣，幫助自己能穩定做實修，把蓋障減少，累積廣大福德資糧，增長智慧來看清楚所有的情形，如此才可以更容易瞭解內心的煩惱及問題的原因，這樣痛苦就會減少。

因爲貪念執著，每人對於五妙欲及萬事萬物的看法而有不同，就生活上來說，我們平日會使用屋子裡的物品，如金銀珠寶、車子、衣服、手機等等的各種物品，依於每個人我執程度強弱不同。同理，每個人對佛法的學習及禪修的多寡，了悟也都有高低不同；一個我執重的人，對「空性無我」沒有聽聞也沒有瞭解，在使用物品的時候，如電視、手機、汽車之類，都會將其視爲「我的物品」，使用上會在乎害怕壞掉、小心呵護等；而對有佛法基礎的人而言，因不執著故而貪念不重。若稍微對空性瞭解，當慳吝心生起時，也能知道自性不能成立，所以會明白：有也好，沒有也好，要其捨棄時，他也會毫不考慮布施出去。

有人生下來長的不好看，人人看了不喜歡；有些人生下來就很愛發脾氣，有些人生下來就很漂亮人見人愛，有人心地善良，凡事爲別人設想及有利他的想法。

大家須知人的外表美麗好看及容易得到善知識的攝受，都是因前世修安忍；外貌醜陋、別人不喜親近，乃是自己前世易發脾氣，沒有修安忍及常毀謗批評別人所造成；我們現世外相上的美醜及內心的想法，跟上輩子的業力是密切相關；但無論此世的外相美醜，財富多寡，都要變成「利益的外緣」，而都不要再變成更多傷害的外緣。

例如現世外相好看者，是因前世修安忍，此世還是要繼續修安忍，因爲外相上的美貌，別人見著也心喜，講話也易受用，進而能對對方產生幫助，甚而產生快樂高興，這也是菩薩行的善緣，要由此方向努力實修。菩薩行裡有言：若我惡言惡語而使對方發脾氣，造成對方發脾氣的惡業，其助緣就是我，此是不可以爲之。

美貌是要成爲利益的外緣，而不會因爲美麗而產生傲慢，態度不好而去輕視別人，態度不好而使對方生氣，以此招惡業，那麼本來貌美的順緣，變成了造惡業的助緣，以此而變成傷害的外緣。此世很有財富乃是以前做布施的果報，這世也繼續努力行布施去幫助很多眾生，那麼財富則成爲利益的外緣，此即爲菩薩行。就菩薩來說，外貌及想法上，應用於利益的道路上，因利益的順緣，以此努力的去做實修，便能一輩子幸福快樂。

雖然大圓滿空性的內容講說有很多，但目標都是指向我執，要將我執消滅掉。無論聽聞了多少空性、內心修了多少空性，只要我執沒有斷掉，這個禪修就完全沒有力量。想要證悟，對空性要做觀修，但在此之前要先把我執減弱再減少。

我執的兩個項目：人我執、法我執。而我執最明顯的為我愛執，要證悟空性，我愛執要逐漸減少。在前面的比喻裡，昏暗不明的狀態為我執，對付我執要靠無我勝慧，即是點上多盞明燈，因為要能看得很清楚，產生一個了空慧（無我慧）才有力量去對付我執。地道功德要進步有很多項目要去實修，證悟無我了悟空性之前，要先能去我執。

每天好好修空性，實修的力量會越來越強烈，因此而能成辦順緣，克服很多的逆緣；要實修使空性的威力強大，首先要了知世俗的事與物都沒有心要精華可言，對於俗務的執著要減少。如果把一件物品看得非常貴重，因我執重而不易捨棄，不易了知空性；若視為可有可無，物則易捨棄，因為對此能了解，故能成為了悟空性的一個順緣，而獲得世俗之物是無心要可言的了悟。

蓮花生大士做了開示：「用無中無邊的方式，保任覺性菩提心，即是行持之王。」然後針對行持的部分，蓮花生大士又開示道：「見地高如天空，行持細如麵粉。」這是指見地要高，行持要細，二者都要符合。因此，即使見地上達到了第一剎那妄念出現，第二剎那就解脫，但在行持方面，細微到如麵粉處也要很小心。

以出離心做爲基礎，先從修無常開始，因世俗之物剎那變化壞滅，無一能永存，沒有心要精華可言。如果只是以爲空性就如進入一個空屋般什麼都沒有，那不是佛法對於空性的解釋；空性與悲心雙運之精華才是空性的眞實義。悲心顯現出來時也是空性的樣貌，空性裡面有一個悲心存在，悲心示現出來也是自性不能成立的空性，空性與悲心是結合一起運用的。

當上師直指內心本貌時，弟子的內心狀態就如同與一位很久沒見面的老朋友相遇並相認。多年不見的老友因外緣之故一時未能認出，但在透過善巧方便之後就認出這是我的老友，心貌直指就是如此。內心本貌跟自身從來沒有剎那分開過，但是因爲某些外緣之故已然不認得，唯有切身的經驗覺受，「如人飲水，冷暖自知」，於是禪修才能保任及增長。當覺受產生後，導入於日常生活中的衣食住行來做串習，如此其覺受便會逐漸進步。大圓滿所談的行持是在衣食住行的行持之中，從未離開六度波羅蜜，也都不離開見地及觀修，並從而行廣大的利益眾生事業，所以稱這樣的行持是行持之王。而能如是做到的是持明吉美林巴尊者的直傳弟子勝者苗芽，他具有不造作的利他菩提心。

《三句擊要》「大圓滿」的教法裡如此開示：「顯有輪涅的一切法，都包括在覺性菩提心的法界之中，由覺性菩提心的力道顯現出輪迴跟涅槃。」所以，覺性菩提心圓滿的包括一切的輪迴與涅槃，不論何法均不超出覺性與菩提心的範圍稱爲圓滿。而「大」，指的是不會有比這個法更加殊勝與超勝的法，因此稱爲大圓滿。

仁波切期許修行者，每日起床的首先念頭是要有一個善念及利他的想法，以此念頭來從事一日的行持，如此就已經在累積福報了。當善的想法出現時，就會對付惡的念頭，則壞的習氣念頭便會消滅。於此之故，將三門放在實修的道路上，讓其變成佛法上面的順緣，這是行者的責任。知易行難，最主要的原因是因爲無始輪迴以來，已累積很多壞的習氣之故。大家需要靠共修、做薈供、布施，精進課誦法本、做祈請、念發願文等來排除修行上的逆緣。密乘修行者對於任何密法實修前，都須取得傳承上師的口傳，口訣與修行指導，如法的禪修才具有強大威力。

佛學會也期望藉由出版《三句擊要》之好的緣起，能對閱讀者種下覺性菩提心空性的種子，也祝福大家在修行路上，達到見地上的「本貌之上直指：大界浩瀚」；觀修上「唯一之上決定：智愛毫光」，而得到行持上「解脫之上把握：勝者苗芽」。也祝福大家，一生成佛無辛苦，順心順意，吉祥如意。

仁波切於二〇一七年出版《覺醒的明光》深度講解大圓滿前行五加行及禪修次第，二〇一八年出版《禪修心經》，二〇一九年出版《山淨煙供》。同時也在過去幾年發行五張佛曲光碟，《Music & Joy 喜悅喜樂》《覺醒》《祝福》《大悲觀音》《二十一度母》。

在此感謝本書所有的參與者及翻譯張福成老師的協助，感謝大家的付出。願以出版此書所累積的功德善業，迴向所有佛法的修行者、護持佛法的功德主，及一切有情眾生。

台灣多傑林巴佛學會

二〇二〇年五月二十三日（二〇二〇藏曆四月一日）

講說三句擊要之緣起與祝福語

本次開講《三句擊要》，並非事先預定與準備好的課程，原本與中心會長在討論新課程安排時，是考慮是否把《心經》的內容再做一次深入的說明與講解，因爲當初在講解《心經》時，當時中心還有許多人未能參加與學習，或者雖已參加聽聞但對《心經》之法義與內容仍然不是很瞭解，故此，原本中心也依此討論而進行新課程的安排。因爲就《心經》而言，其內容與法義其實非常深奧，多講幾次也是十分有其必要的。當然，若是以傳承的加持力而言，即便只是講解《心經》一次也是可以，也已足夠。但若能夠針對《心經》的法義多講幾次，幫助大家能有更深入的瞭解，當然是更好的。

然而在跟會長討論相關課程時，因曾提及在講解完《心經》之後，如果想再深入講解就須講解《三句擊要》了；但是在尚未做最後課程結論時，中心很快地就在法訊上公告《三句擊要》的禪修課程。所以此次可以說是，一討論到要講解《三句擊要》的教法，就直接開講了。

關於教法的開示，不管自己能力足不足夠，都會順著自己的能力努力地說明教法。由於傳承加持力，無論課程如何地安排，來自傳承的加持絲毫沒有中斷，同時也把口傳的傳承直接傳授給予大家，這一點絕對是肯定的，也請大家要堅信勿疑。

另外，本梯次的禪修有很多遠道而來的弟子，看到有許多人對大圓滿教法的實修懷抱著高度的興趣和學習熱忱而前來，個人感到非常高興。能夠將熱切追求大圓滿法的人集合在一起，共同來說明與學習教法，是件讓人十分歡喜的事，也是非常好的相處機緣。

如果我們從緣起的角度來看待此次教法的宣講，會突然有這樣講解與說明此教法的因緣與機會，可以說是一個好的弘法緣起。但另一方面來看，如果講說者與聽法者，彼此不夠小心謹慎，也會產生許多弘法與修持上的危險。

因此，就中心的立場來講，已在進行前行法修持的弟子，請繼續努力進行；而尚未開始修持前行法的弟子或與會者，也希望要盡快開始進行前行法的修持；從現在直到開始修前行法之間的過渡時期，就請發心多多念誦百字明咒，越多越好，先以念誦百字明咒做爲懺罪法的實修。

雖然今天與會的弟子，大多有各自的上師、法脈與自己實修的法，但無論如何，我們彼此間已經透過《三句擊要》這個無上甚深的口訣教法，結下了殊勝的法緣，在得到《三句擊要》的法緣之後，也請要立下念誦百字明咒十萬遍的清淨誓言，並且努力完成這項修持。

爲何要發願念誦百字明咒十萬遍呢？以密咒乘門來講，不論是實修者、講說者或聽法者乃至禪修士，都會發生許多過失。因此，當大家一起透過教法講授結下殊勝的法緣之後，念誦百字明咒十萬遍是非常有必要的。最主要的作用有兩方面，其中一方面是爲自己累積資糧、消除罪障；另一方面是修補誓言衰損的可能性，以及確保誓言的純淨。

我們不能當個純說嘴的大圓滿密咒乘門的禪修者，這種行者內心的禪修不但沒有達到「明分」（如來藏本具光明），更沒有透過觀修來串習而讓內心產生覺受，更不用說覺受能得到堅固。因此，對於已結下法緣但尚未進行五加行前行修持者，更要懷抱著小心謹慎的心態來面對教法的實修，並努力完成十萬遍的百字明咒。

從佛教的總體層面而言，佛教的推展和弘揚，固然是要仰賴佛教界的成就者與弘法者齊心協力地努力；不過，如果從行者個人的層面而言，師徒之間的誓言絕對不能沾染到雜質，並且弟子在透過實修之後，對法與上師的信心應該會越來越強烈，才是正確的。

再以傳法上師的層面來講，如果聞法者尚未依止就隨緣；不過一旦依止之後，不但誓言不能夠衰損，更不能沾染到雜質。所以雙方在一開始相處時，上師就需要默默地仔細觀察弟子，絕不輕易交付教法和建立彼此間的誓言關係，因爲，關係建立之後已是非同小可，不可小覷。

在台灣的佛教界，中心多、上師多、想法多，而眾弟子們常常會覺得眾上師們這個不對或那個不對，到最後自己的內心完全沒有寄託處。

就個人而言，並不是因爲今天爲大家宣講《三句擊要》的教法，就得變成大家的上師，因爲上師只是乾枯的名稱而已。尤其是如何認定上師，應當是自己發自內心自願認定的，不是別人可以強迫的。總體來講，人的一輩子壽命其實是很短促的，有時生命也會遇到逆緣，因此在逆緣尚未出現時能找到一位讓自己可以全心信賴的上師，並且依止實修佛法，這是件非常重要的事情，也是需要有相當的福報因緣。

透過上師的教導與實修的帶領，以及解答修持上的一切疑惑，再經由上師的幫助讓自己對佛法產生定解並信心不退轉，之後將心寄託在法上面，法也就會滲入到內心裡面，對只有短短世壽的人身而言，是非常有必要的。

今天在此與大家結下《三句擊要》的法緣，衷心希望這是個非常好的緣起。希望透過這個緣起，我們也許有機會可以很快得到最高的證悟，或彼此間結下非常深厚的法緣。因此希望等一下大家在迴向時，都能夠並願意好好地迴向與發願，希望透過這個善根的威力，可以證悟並利益眾生；或者期許下次相會前，沒有任何阻礙、逆緣，將來又能很快地相聚一起，也可以很快地把這個法學習完畢，希望大家能在這方面做迴向與發願。

堪祖蘇南給稱仁波切（布薩祖古）

二〇二〇年五月二十三日

《三句擊要》傳承法脈介紹

首先我們要以兩種動機來聽聞教法，其一是爲了遍滿虛空的爲母有情眾生之故，而產生心意廣大的菩提心動機；其次是以圓滿方便廣大密咒持明的動機來聽聞。

現在，我們應當爲有此機會能好好做禪修而感到非常地高興。我們常談到人身難得而今我們已得到，然而人身寶卻是難得而易壞的，因爲它具備著剎那生滅無常的性質。因此如果我們不能用來好好地實修佛法，以後想要再得到這樣珍貴的人身寶，恐怕會非常困難，或者甚至不會再有這樣的機會了。所以我們需要把握機會，好好地爲將來能再得人身寶而努力做準備。

在現今已取得人身寶的我們，內心的期望和所有眾生內心所期望的都是相同的，都希望獲得幸福與快樂。而我們所不想遇到的，也跟所有的眾生都不想遇到的完全一樣，那就是痛苦。如果我們內心所求的目標能夠達成，就會覺得非常好；若不能達成就會認爲非常壞。我們若想要順利達成內心所求的目標，就須尋找正確的道路，幫助自己達到所求的目標。

這些正確的道路雖然在世間廣爲流傳，然而由於自身宿世的業力與因緣或發願，乃至過去世壞緣分的關係，所以有時候即便自己這輩子很努力，但想要達成內心所求的願望仍然很困難。對於身爲內道佛弟子的我們，深信這是因爲前輩子所有好壞的業因與業力深深影響著這世的修持成果。

聽聞教法或接受教法的灌頂，法源非常重要，大家必須非常地重視。一切教法，皆是透過上師善知識傳遞而得到，所以有必要花時間與精力去瞭解上師善知識所傳授的教法內容，及這位上師善知識本身的傳承法源。比如這個法的本身是誰傳授的，亦即這位上師的上師是誰？傳法上師本身是在哪裡閉關？曾經在哪裡實修？這些一定要有所瞭解。因爲，如果接法者沒有經過瞭解打聽與分析傳法上師的法源傳承，就很有可能有被詐騙的危險。

同理，對於傳授給大家的《三句擊要》這個教法的法源，大家也需要知道傳授教法的上師是在哪裡得到口傳？上師的上師是誰？教法法源之處？傳法上師經教的學習經歷與修持經歷，各方面都需要得到一個完整且明確的概念才好。現在將會針對這些問題對大家做一個說明，雖不敢說自己斷除與證悟的功德有多高境界，但是，所傳授給大家的教法確定是有得到傳承的。

首先是當怙主貝諾法王受邀到不丹傳法時，法王曾針對《三句擊要》做傳授與講解，而自己當時就有得到法王的指導和付予傳承。而自己獲得此法的傳承是除了從大恩上師貝諾法王座下得到之外，大圓滿教法主要的傳承來源，是從崗頂仁波切座下取得，並且在其座下聽聞《三句擊要》的教法。

自己在很小的時候，也曾從怙主頂果法王得到口訣藏，同時也得到教言傳承中很多的教法。其次在十八歲時，跟很多美國弟子一起親自向崗頂仁波切請求《三句擊要》的指導與傳授，因此，也從崗頂法王處得到指導的傳承。

而當自己也是在崗頂寺學習，在最後三年閉關時，寺方迎請了當時的大博士也是位大成就者的不丹第六十八屆大國師怙主介·堪布天津敦珠法王親自指導閉關，他是不丹偉大的上師之一，《大圓滿頓超與堅斷》的指導文便是由法王親自撰寫與講解。當時法王親自指導每位閉關者，而閉關者每天也須向法王報告自己禪修的過程與證悟的內容，法王在那段指導閉關期間，也對參與閉關行者們講解很多關於《三句擊要》的大圓滿教法。現今不丹的噶舉派與寧瑪派，有很多指導的教法都是從他而來。

大圓滿法有兩個實修傳承法脈，其一是由法身普賢王如來所傳授下來的實修口訣，舊譯寧瑪派的教法屬這一類法，大圓滿法是親傳的珍貴教法；另一個就是由法身金剛持傳授下來的實修口訣，之後新派的教法即是。在大圓滿教法裡，把法身覺性當作法身普賢王如來；而在大手印教法裡就是金剛持。大圓滿的實修傳承教法，是由法身普賢如來傳授下來，一直傳承到自己的根本上師，之後也就直接傳到自己的手中，這之間傳承的橋樑都沒有斷過，其傳承的熱度也都沒有衰損，這就是我們本次講授的大圓滿教法實修的傳承源流。

藉由以上傳承淵源歷史的介紹，雖說自己尚未有斷除與證悟的功德，但是對大家所講解的《三句擊要》教法，是具有著眾多殊勝的傳承法源，因此，關於整個教法的法源請大家不必有一絲一毫的懷疑。

現在所講解的內容，是我在傳承上師座下得到教授與學習，才能講給大家聽聞，此教法從歷代的祖師代代相傳至今，傳承從未中斷過，加持力也從未消散。我也是依循歷代傳承下來的教法為大家講解與教授，我將自己從傳承上師處所得到的教法，如實地為大家講解說明，當然此教法本身也具足了傳承；龍欽巴尊者在大圓滿的見地、觀修與行持的部分，是已到達究竟的證悟境界及已達覺性本貌的大成就者。以大圓滿而言，即已達法性窮盡處，也就是已成就佛果的意思。就教法而言，龍欽巴尊者主張「元淨堅斷的本智」，之後，所有完整的教法，再由吉美林巴持明指示傳承下來，之後代代相傳直到自己的上師從未間斷。

《三句擊要》的教法內容，確實是從古至今代代相傳從未間斷的教法，現在我們可以依照文本的詞句，逐一地爲大家做講解，這些都是大恩上師的恩德。

前　行

釋尊三轉勝妙法輪

身爲佛弟子應當要對輪迴過患和解脫功德的好處要非常地瞭解與肯定，並且以此做爲自己實修的基礎。賢劫千佛中的第四位導師釋迦牟尼佛，就針對五濁惡世時代的眾生，開示了八萬四千法門，我們將這八萬四千法門，分類爲經藏、律藏與論藏三大類，稱之爲三藏典籍，其所要詮釋的是增上戒學、增上定學、增上慧學三學。這些，都是佛幫助眾生降伏內心八萬四千煩惱所開示的對治法門，也就是後代佛弟子所尊稱的三藏典籍，其所解釋的內容就是增上三學。

如果有人想將佛陀所開示的全部教法做一完整的實修，基本上是做不到的。因此，我們可依靠這些已將佛陀所開示教法濃縮成爲心要精華的教法，然後再配合自己的時間進行實修。學習佛法有其禪修次第，透過次第的修持，自己的內心也會隨之逐漸地進步，直到證得佛果。而將這些修持所需經歷的過程與需要實修的教法濃縮後，就是所謂的五道十地。透過五道十地的漸次修持過程來逐漸降伏內心，最後證得圓滿的佛果。如果就密咒金剛乘門，即光明金剛乘門而言，則是透過金剛喻定的方式，讓自己的覺性本智徹底究竟現前，以成就佛果。

佛陀爲了因應各種各類眾生的內心程度，因此所開示的教法也就非常地多，此即佛陀爲何需要開示這麼多法門的原因。每位行者應當選擇他自己內心能適應的法來實修，而非將佛陀所有開示的法全部逐一地來修持。每位行者在選擇適合自己內心程度的法之後，經過道次第努力地進行實修，內心的狀況就會逐漸地進步與改善。

導師釋迦牟尼佛在證得正等正覺圓滿佛果之後的七七四十九天都不曾開示佛法，釋迦佛成佛之後的第一首頌文就是：「深寂離戲光明且無爲，有如甘露之法我已得，任向誰說皆不能瞭解，是故莫說安住森林中。」因爲佛陀所證悟的法，深奧如海水般地深不可測，廣大如天空般無法測量其範圍到底有多大。無論對任何人宣說或解釋，他們都是無法理解，因此說與不說的結果是一樣，都是無人能瞭解的法。此即爲何佛陀證悟之後，長達四十九天沒有宣講他所證悟的法，而選擇直接進入禪定之中。直到大梵天神獻上千輻金輪及帝釋天王也獻上右旋白海螺，請求佛陀爲了救度無量眾生脫離三界苦海之故，請佛陀無論如何一定要開示教法與法門。之後的釋迦佛三轉法輪，就是釋尊回應大梵天和帝釋天王們的請求而宣講的教法，此即三轉法輪的緣起。

釋迦佛初轉法輪，是選在古名爲神仙墮處的鹿野苑，主要宣講的教法是苦應知、集應斷、滅應得、道應依的四聖諦法；苦諦是對痛苦應當要有所瞭解，集諦是應當要斷除的，滅諦是應當要得到的，而道諦是應當要依靠的，此四聖諦法一共宣講了十二次。

釋迦佛二轉法輪，也稱中轉法輪，是選在靈鷲山，其最主要的內容是《般若經》，分廣中略三品，所宣講的教法是空性的內容，也就是無性相法輪。主要是在說明：萬法是遠離戲論，我們之前所開示的《心經》即爲其主要的內容。

釋迦佛三轉法輪時，無固定的處所，因此稱之爲善分別法輪，主要宣講的是內心的實相爲勝義諦的本智，此本智在眾生的內心原本已具備，此在大圓滿教法裡所使用的語詞，稱之爲「天然本智」。在一般的密咒乘門則稱之爲「勝義俱生本智」，或者稱爲「內心的實相」或「勝義諦的本智」。這是在每一位眾生的內心中本有的，沒有增加也沒有減少，不會改變也沒有遷移，三轉法輪主要就是解釋以上的這些教法內容。

而在佛陀三轉法輪的教法中，已全含括了佛陀所開示的八萬四千個法門，所以我們所講述佛陀的教法，都是含攝在這八萬四千法門之中。這些教法的說明者和所說明的教法，都是經由歷代祖師傳承下來的。而根據我們所瞭解，所有的傳承方式，也都是由三轉法輪時期所傳承下來的。如果依照寧瑪派的說法，這些教法是從勝利者尊意的傳承，之後經過持明指示的傳承，最後爲士夫耳朵的傳承，一切殊勝的教法均依此順序而流傳下來。

就乘門而言，以原因做爲修持的方式，稱爲原因乘門或性相乘門；而以果做爲修持方式，稱爲果乘門或密咒金剛乘門。若以續部的角度來談果乘門，則又可分成外續、內續、事續、行續、瑜伽續、無上瑜伽續等。

我們現在所談的教法，是屬於無上瑜伽續，是一切乘門中最頂端的乘門。只有從歷代往聖先賢實修後傳承下來的《三句擊要》教法口訣，才能將此乘門教法中的見地、觀修、行持三部分，正確及完整無誤地解釋與說明。

大圓滿的教法而言，雖有分爲近傳承與伏藏的傳承；然而近傳承與伏藏的傳承，是根據遠傳承與教言傳承而來；而遠傳承與教言傳承，也一定是根據續部而來。所以，這個教法一定有續部做爲它的根據。針對此點也略做說明，曾有一年，自己在南卓林寺跟隨大堪布貝瑪謝拉學習教法；也曾迎請大堪布南卓堪布到崗頂寺爲當時的學僧們詳細地講解《密續精華》《除十方暗》等等眾多教法。

之前我們曾針對屬中轉法輪教法的《心經》，做過一次總體的講解並已出版，其教法內容是屬於無性相法輪裡的空性教法。《心經》是隸屬於第二法輪，也就是中轉法輪的無性相法輪中《般若經》的教法；而《三句擊要》則歸屬於第三法輪，也就是善分別法輪，主要是解釋內心的本貌。《三句擊要》只有三個句子，但每句都擊中內心本貌的修持關鍵。

《三句擊要》是已經將佛陀所開示的八萬四千法門，全部含攝濃縮在其中，完全齊備毫無遺漏，是可以直接做爲實修的次第。如果能配合《三句擊要》的教法內容來進行關於《心經》的禪修會是件非常吉祥的事。

《三句擊要》教法是源自極喜金剛，他本身是已證得虹光大遷轉身的不可思議之禪修成就者，也是不可思議的證悟者。正當他圓寂虹化將要融入法界之際，應弟子文殊友誠懇地祈請而做了開示，故而留下了此遺教，此《三句擊要》就隸屬於眾多教法類型中的涅槃遺教。因爲《三句擊要》的內容非常的短，主要內容是殊勝的口訣與實修的方式與指導，已將大圓滿的關鍵濃縮於其中，所以非常的深奧與困難，因此不僅對初學者而言顯得很艱難，即便是說明者本身，也不容易將《三句擊要》做一個如理如實的講解。

《三句擊要》顧名思義就是三個句子，第一句就是「本貌之上直指」，光是這一句要能夠如理如實地向大家解釋清楚，就已經是非常困難了。本貌是什麼樣子？直指怎麼做？這些要解釋都是非常不容易的，因此這個教法對大家而言實在是十分的困難。然而由於大菩薩也會示現人間的樣貌，凡夫的我們無從得知和認出這些大菩薩，也許在場的聞法者就有大菩薩隱匿其中或未可知，因此我們也不能片面地認定無人能懂此法，所以身爲說法者的我，只能盡一己之力，努力地說明這個教法；讓聞法者在聽聞教法後，對法的瞭解能夠變得更好，這是身爲講法者的責任。

對講法者而言，此法是經由歷代祖師傳承下來的教法，此教法必定具有著殊勝的傳承加持力，講法者仰賴傳承的加持力以及自己曾經聽聞學習與瞭解的內容，努力想辦法讓身爲行者的學習者能夠有一個深度的瞭解；對身爲學習者而言，本身應具備「強烈的信心」、「強烈的出離心」以及「純淨的誓言」，如果以上的條件都能具備，再加上依循著歷代祖師成就佛果的道路，也就是依循這《三句擊要》努力實修，也許在不久的未來，自己也能如歷代祖師般成就佛果，這是非常有可能的。因此，身爲聽法者的我們應當對此法保持著高度的信心，並且努力地實修精進。

《三句擊要》的內容除了談大圓滿的見地、觀修及行持這三項，同時也把大圓滿教法裡基、道、果的理論，全部歸納於內。由於只歸納成三個句子，所以稱爲《三句擊要》，意指用三個句子擊中關鍵。此三個句子分別是：「本貌之上直指」，指的是見地的內容；「唯一之上決定」，講的是觀修的內容；「解脫之上把握」，談的是行持的內容。

我們幸逢釋迦牟尼佛的賢劫時代難，暇滿人身寶我們今已得；難以拜見的上師善知識及具德的善知識，我們也已拜見；不是任何時候都會出現的甚深大圓滿教法，我們也遇到了。這三者能滙集一起可說是千載難逢的機遇，因此，我們應當在學習大圓滿教法之前，先充分瞭解自身所具有的殊勝且難遇的善緣福報，進而珍惜此殊勝善緣。如此殊勝難得的機遇，我們應當捨棄心思渙散、懶惰與貪戀世俗之事，下定決心於此世得到本然怙主普賢如來的無上見地，這是此生非常重要的關鍵事。

實修大圓滿教法的資格與保密叮嚀

密咒乘門的修持特色，有如竹節筒中蛇，若不能向上奮力跳出，那麼就是直接下墮，不可能待在筒中間。因此，依傳統要聽聞深奧的教法，聞法者必須是已修過前行法才可以學習與實修此教法。如果依著修學的次第，此《三句擊要》教法屬正行法，應當於修持前行法圓滿後，才可進入正行法的學習和修持；換言之，未圓滿前行法，是不可以學習和聽聞正行法的。此外，就傳統宗風而言，殊勝且深奧的大圓滿法，其宣講基礎是建立在聽法者已經完成大圓滿法的前行法修持，並且三根本的閉關持咒達一定量爲道路，然後再加上動輪也就是氣功的修持，以上三者均要完成才可請求宣講大圓滿法。如果，行者本身以上這些基礎沒有完成，是不能去請求講授大圓滿法，因爲知道自己在基礎與道的部分並未具足聽聞大圓滿法的資格，同時也很清楚不僅上師不會應允求法，即便去請法，講說者也不會教授與開講。

然而在現代的時空因緣裡，許多事情都有著很大的改變，以前許多不能做的事及不可傳的法，在現今這個時代裡，很多上師與善知識也都在傳授了。如果我們從傳授教法的角度來看待現今傳法的情況，也可說這是法的善緣與好的緣分。因爲於古代無法得到的法，在這個時代竟然可以得到，那當然是好的善緣。不過，從另一個角度來看，倘若大家不夠小心謹慎，那麼所冒的危險也是非常大，如果身爲講法者的上師，沒有好好地觀察弟子的條件是否符合就傳授，那麼將來很容易發生誓言摻了雜質，傳承便很容易形成隔閡。

此教法是非常深奧與重要的法，所以要付諸實修的行者，在實修的過程中應當要力求小心謹慎。所謂小心謹慎的意思，指的是當實修此教法時，不能以開玩笑或馬馬虎虎的態度來修持，應當是以信心、清淨所顯之心與保持誓言清淨來進行實修。

此世能遇見大圓滿的法是千載難逢的機遇，並不是每一個時代或每一尊佛都有講說。蓮花生大士曾經開示過，「在無量劫之前，有一國名爲三寶堆積國，現證國王當位時有大圓滿的教法；之後到釋迦牟尼佛應現娑婆世間的時代才會再宣說大圓滿教法；再之後則要等到文殊菩薩成就爲蓮花莊嚴佛時，才會再開示大圓滿的教法。」此爲世間會出現大圓滿教法的三個時期，除此之外大圓滿教法是不會在世間出現的。

能遇此甚深教法，修法者本身的根器必須是已經很努力地積資淨障，且已能掌握修法的關鍵，並非任何人都有能力也能夠實修此教法的。能具足上述條件者也就是所謂的「利根之中的利根，上根之中的上根」。往聖先賢曾開示過：「就大圓滿教法的見地、觀修與行持的內容而言，如果學習者並非是條件具足的適當器皿，是無法得到了悟的。」

故此，首先我們應當讓自己齊備好資糧，之後在面對與修持甚深教法時應當非常小心謹慎，並且抱持著很珍惜的心態來努力實修教法。實修時必須守護誓言律儀，此爲密咒乘門的修行關鍵。倘若行者本身不具備好的條件，那麼即便獲得甚深的法，也是無用的。

我們現在談的法已經是甚深的法，行者的積資淨障與守護戒律誓言也皆已具備，那麼接下來應當努力做的是，盡一己的心力小心謹慎地在條件齊備之下努力做實修，這是當前我們必須非常重視的要點。

面對如此深奧的教法時，不論是講說者或聽法者，都各自有其應恪遵的道理及需要遵守的事項。如果講說者以勝義諦的方式來講說《三句擊要》；聽聞者也能安住在勝義諦的了悟之中，此爲最佳的狀況，但這實是在很難達到的境界。

以菩薩乘門而言，其主要的修持是六度；六度之中，第一項是布施波羅蜜，而其中最主要的就是法布施，此於經典中有開示。因此在進行法布施的當下，講說者的內心所懷抱的必須是純粹的法布施，希望經由自己對教法的講解，能夠純粹地讓聽法者得到法的利益，其內心不能摻雜一絲一毫自私自利的想法，否則所講說的教法，是不一定能對聽法者產生眞正的法益。尤其只是講說一般教法時想達到眞正的法益已經非常困難，何況我們現在所要學習的是大圓滿教法，其困難度就更高了。

如果結下法緣之後沒有珍惜法緣，將來容易投生至畜牲道，即便只是聽聞四句法言的開示與講解，自己就應當將對方尊奉爲老師。此外，若對說法者輕視或不禮貌，將來自己的緣分也會不好，特別是開示像大圓滿這麼深奧的法，那更不在言下了，更是應當小心謹愼。當在誓言沒有衰損的情況下實修此教法，那麼誓言也就純淨了。對初接觸佛法者來講，倘若是從未聽聞過教法及從未結過法緣者，那麼前面所有相關的教法，都要好好地思惟。前面有談到使誓言清淨的法來做實修，然而如何才能夠使誓言清淨地做實修呢？那就是信心與淨顯之心都沒有退轉，在此情況之下所做的實修就是誓言清淨地做實修。

就佛法而言，倘若聽法者內心還不夠成熟到可以聽聞學習以及瞭解此教法，在此情況之下，講說者如果強行對他講解此教法，那麼對講說者本身就會產生過失。因此對講說者而言，應有適當的聽法者，這是必要的。

身爲講說者的我，自認爲性相勉勉強強，尚未非常的齊備；不過師徒是相互觀待安立的，所以講說者抱著一個強烈利他的想法，盡一己的能力來做解釋與說明；就聽法者而言，就應當瞭解這個法跟一般的法不太一樣，是非常深奧且很殊勝的法！因此，大家要很珍惜這個殊勝的法緣，並且產生信心與恭敬之心，同時也要保持信心不退轉，以上這些都是非常重要且有其必要性的。如果我們在學習的過程中有一些過失發生，爲了讓形成的過失能夠排除並復原，需要努力念誦百字明咒並祈請三根本加持以去除障礙。如果能夠努力地將師徒觀待與消除罪障的法都做好，隨順著大家的努力，法益必定會產生。

在講說與聽聞皆尚未正式開始進行之前，希望先幫助大家瞭解我們能夠有機會聽聞學習與實修一個深奧的法，是非常殊勝的善緣與千載難逢的機會，希望大家能在內心裡產生非常珍惜的心態與想法。現在能有這麼殊勝的善緣遇到上師允許傳授這個法，且自己也有機會可以做實修，因此應當要把握這個機會好好努力；即便自認爲沒有足夠的能力能夠好好地做實修，至少在自己的內心裡，也要懷抱著信心，並保持清淨所顯之心而無衰損才好，若能如此必然會隨順地產生許多法的利益。

總而言之，對於尚未做前行法的人，希望在聽聞到大圓滿的正行法之後，也要在內心下定決心：「雖然我目前尚未修前行法，現在要好好地準備來開始修前行法。」下定決心會努力修前行法，這是非常重要的事。而還沒圓滿前行法的弟子們，則希望大家要盡快圓滿。

尚未開始修前行法者可以先以持誦百字明咒來暫時代替，而關於動輪的部分也就是氣功，代替的方式是呼濁氣也就是九節佛風，這必須要做。因此，我們將不僅只是解說教法而已，最重要的是講這個教法本身的實修方式要如何進行，這就是爲何要在一開始做這麼多實修方式的說明。在前行法的實修方式中，從一開始直到上師相應法，其目的就是要產生不退轉的信心，用不退轉的信心來修持大圓滿的正行法，如此修正行的功效才能發揮出來。即便尚未修前行法，也要將前行法好好實修念誦。

保密叮嚀

另外要特別注意的是，如果不是同修法友或是有對佛法無信心之人在場時，則請不要進行修持。假如在因緣不具足之下，又或者對方不相信或不喜歡密咒乘，則更不應展現給他們看；倘若故意在他們面前結手印、做姿勢，自認爲這樣很威風很厲害，其實除了害這些人造下批評毀謗的惡業，對自己也無益，並且也會造成自己在修法上的許多障礙。所以要非常謹愼小心，這也是爲何把密咒乘門稱爲「密法」的原因，「密」就是對不信者要保密之意。

在進行實修之前，應該要先瞭解傳統的做法是如何做，然後在實修時，要很正確、很正式，並且妥妥當當做好，那麼不論是在佛法或世俗方面，法的效用就會發揮出來；不僅能幫助實修和累積資糧，同時也能幫助身體健康，所以要重視並且努力地做好，因爲僅僅瞭解而不實修是無法消除過失與毛病；法本身有功效，但也要靠實修才能消除很多的毛病。

九節佛風實修

教法本身的實修方式先以五加行前行法開始，未修前行法者，可以先以持誦百字明咒來暫時代替，而關於動輪的部分，先以九節佛風代替。行者平常不論何時在進行課誦、修法或禪修前，先以九節佛風吐濁氣以及語加持的修持等完成後，再進行課誦、修法和念佛經，如此對行者的利益及修法的威力都會非常強大，因此，身為行者們需要重視九節佛風的吐濁氣及語加持的準備工作。所謂的語加持的修持是指修持念誦觀修「子音咒」與「母音咒」及「緣起咒」，可以清淨及增強語的功德力。

九節佛風詳細的講解請參照《覺醒的明光》一書，現在簡單複習一下，做九節佛風時，要先觀想身體的正中央有中脈、右脈與左脈三個脈；右邊的是血脈，左邊的是精脈；觀想這三個脈，中脈的粗細大約與食指或原子筆的粗細一樣。

左脈通到左鼻孔，而右脈則是通到右鼻孔，兩條脈都是從眉頭順著眉至耳後，之後順著繞回靠近中脈並與其平行而下，經過身體的胸腔，來到肚臍底下四個手指的位置；左脈跟右脈在此處與中脈連結一起。

中脈有四個特色：第一個特色爲像芭蕉樹木一樣非常的直，中間不會彎彎曲曲，是非常端正、非常直。第二個特色爲中脈的粗細約一般原子筆的粗細，也跟食指頭差不多。第三個特色爲像蓮花花瓣一樣的薄、一樣的柔軟。第四個特色爲是蔚藍色的、透明的、亮的、會發光的，就跟油燈一樣是有亮度的，而不是黯淡的。

在進行前要先觀想三脈，雙腿如果能夠採金剛跏趺坐是最好的，採左下右上，將右腳盤起後壓在事先盤好的左腳上面，這是金剛跏趺坐，又俗稱雙盤。若不能雙盤就採菩薩坐姿，也就是俗稱的單盤，這兩種坐姿都可以。

九節佛風的坐姿，首先結金剛拳，並壓住煩惱脈，此脈位於左及右腹股溝處，也就是盤坐時骨盆腔及大腿連結之彎曲處，這是煩惱氣出入的地方，所以要用金剛拳壓住及約束它。金剛拳的握法，是姆指壓在手掌上第四指無名指指根下方，然後握拳。假如不能先把煩惱氣降伏，它會跟我們禪修的氣混在一起，那麼氣可能會錯亂，嚴重時可能會有發瘋的危險。所以還沒有練氣前，就要先把煩惱氣出入的地方壓住、先約束住。所以關鍵是用金剛拳壓住腹股溝。

壓住好煩惱脈後便進入吸呼調氣，首先是從右鼻孔吸氣，從左鼻孔呼氣，如此算一次，然後做三次爲一組；接著換左鼻孔吸，右鼻孔呼，如此算一次，做三次爲一組；最後兩鼻孔一起吸，一起呼，如此一吸一呼算一次，也是做三次爲一組。如此加起來一共三組九次，稱爲「九節佛風」。

九節佛風的觀想方式

第一組：右吸左呼（三次）

先用右手食指壓住左鼻孔，然後用右鼻孔吸氣，吸氣時觀想十方諸佛菩薩羅列在前方虛空中，特別是本法傳承上師祖師，他們的大悲大願及三門加持功德力如同我們點的香或檀香粉的煙，種種加持從我們的右鼻孔吸進來。當氣下至中脈交接處後，右手食指改壓右鼻孔，我們體內濁氣順著左脈上揚至左鼻孔呼出，左呼時觀想：我們在入胎時由母親紅菩提所形成的染濁及貪念心，從左鼻孔呼出去，呼出之氣是紅色的。如此反覆吸呼三次，之後換邊進入第二組。

第二組：左吸右呼（三次）

實修方式基本上跟右邊一樣，只是換邊作。用左手食指壓住右鼻孔，然後用左鼻孔吸氣，吸氣時觀想前面虛空有十方諸佛菩薩、傳承上師祖師，他們的大悲大願及三門加持功德力如煙般從左鼻孔吸進來。當氣下至中脈交接處後，左手食指改壓左鼻孔，然後我們體內濁氣順著右脈上揚至右鼻孔呼出，右呼時觀想：我們入胎時由父親白菩提所形成的染濁及瞋心，從右鼻孔呼出去，呼出之氣是白色的。如是反覆吸呼三次，之後進入第三組。

第三組：同吸同呼（三次）

此時不需要壓住鼻孔，吸氣時觀想也一樣，前面虛空遍滿十方諸佛菩薩、傳承上師祖師，他們的大悲大願及三門加持功德力如煙般從兩個鼻孔進入，吸進之氣順著右脈及左脈下沉至肚臍四指以下之丹田，吸進之氣至丹田於中脈尾端交換，左鼻孔進來之氣從右脈上揚至右鼻孔呼出，右鼻孔進來之氣從左脈上揚至左鼻孔呼出。此時觀想呼出之氣爲黑灰色或深棕色，此爲愚癡之氣。當兩個鼻孔呼氣時觀想，內心愚癡的習氣及惡業已隨黑煙呼出去，如是再重複兩次。第三次的吸氣動作同前，但呼氣時要縮小腹也就是壓丹田幫助氣用力排出，此刻同時把雙手順著大腿往膝蓋方向滑出去，然後雙掌張開並將餘氣吐光，此時因我們氣壓丹田呼氣，所以會自然發出小氣音。以上是總體觀想，若要瞭解更多細節，請參考《覺醒的明光》一書。

九次吸呼全部圓滿後，九節佛風便完成。接著慢慢地再深吸一口氣，這是清澈的氣，然後氣沉丹田並提肛，也就是吸進的氣往下壓，身體下方的氣往上提，讓上下之氣在丹田處匯集凝聚，就是所謂的氣聚丹田。此時稍微安住，讓氣很平穩、很輕鬆地自然呼吸，不可以閉氣。無論何時，當氣聚集時一定要氣聚丹田，不可聚集於胸口，這點務必要注意！吸呼時要慢吸慢呼，氣若平穩輕鬆，在修前行法時就不會妄念紛飛，這是因爲念頭是依靠氣，若氣收攝在丹田，就不會有妄念。

當我們在練習時，每個環節、每個步驟都要按照教法正確地去做。例如該結什麼手印、手的姿勢怎麼做、如何呼吸等等，都要完全如理如法，做得非常正確，不能馬虎，更不可擅自修改，這點很重要，大家要瞭解這個重要性！雖然大家剛開始練習時可能會覺得有點困難，但是只要經常練習，慢慢就會熟悉。實修的時候，除了講求正確，也要力求端正完美及威儀，還要不急不徐，要能使旁人見到能立即產生信心、佩服及歡喜心。

佛教的緣起見地

聞法前，內心先思惟二種動機而來聽聞學習及實修教法，須以利益遍滿虛空有情眾生之廣大菩提心，及以圓滿方便廣大的持明密咒乘門為動機來聽聞。

龍樹菩薩在《中觀寶鬘論》裡所提到的：「佛陀是講說者之中的殊勝者，其所開示的教法是不生不滅、不來不去、不常不斷、不一不異，如此殊勝的講述者，我對他做頂禮。」正如這句話裡面所談到的，一切萬法都是空性並遠離戲論，決不會超出此範圍。因此，在《中觀根本論》裡又談到：「非緣起之法一點點也沒有，非空性之法一點點也沒有。」因此之故，不論是下乘門、上乘門，或者大乘門、小乘門，甚至大圓滿阿底瑜伽的教法，都不超出佛母般若空性的範圍，凡是法，一定是在空性的範圍裡面。

身為內道的佛教徒，應瞭解佛教的見地、觀修及行持三方面的特色。佛教見地的特色是「緣起的見地」，或稱為「四法印」，這是佛法的獨特見地。四法印的教法：有為法都是無常，有漏都是痛苦，萬法都是空且無我，涅槃是真正的寂靜；亦即是諸行無常、有漏皆苦、諸法無我、涅槃寂靜。

就萬法顯現而言，我們現在所看到當下的樣子，皆為一個暫時安立的法。實際上，萬法自性是不成立，大家應該要有這樣的理解。所謂萬法自性成立為空，就勝義諦而言，意指聖者於禪定時已在空性的本智之中，而在空性本智之中，萬法自性是不成立的；但在世俗人眼中，因尚不知道如何做觀察與分析，所以在世俗諦的觀待上是呈現安立，所以在現今當下世俗所顯現出來的法看起來是存在成立的。

因此，在《中觀根本論》裡怙主龍樹菩薩談到：「抉擇無我空性的時候，不會妨害世間人之不做觀察與不做分析的共通認定。」這是用邏輯推理的方式去成立空性，此句意：眾生因不做觀察也不做分析，因而對空性不瞭解，雖然如此但這也不會妨礙到空性本身。例如，當觀待有「子女」相對便會有「父母」、當觀待有「這邊」就會有「那邊」、當觀待有「好」就會有「壞」、有「高」就有「低」等等，在世俗法上是可以這樣安立的。所以，即使萬法的本質是空性，也不會破壞世俗大眾所共通的認定。

所謂的空性，就是離開戲論邊，而經常被談到的是四邊或八邊，在《中觀根本論》裡就用了破四邊生的道理。為何要談破自生、破他生、破二因生、破無因生的破四邊生的道理，就是為了要抉擇離戲論之故，也就是空性。中觀用的方式，主要是用邏輯推理的方式，去抉擇空性的意義及自性不能夠成立的意義。就中觀的抉擇而言，會發現自性成立的「我」這部分本來就沒有的，是不成立的。如果我們將它執著為自性成立，就形成「人我執」或「法我執」的顛倒內心，其所執著的我是不存在的；透過《中觀根本論》的探討與分析，是要抉擇這兩種無我，將自己顛倒執著的內心中的「人我執」、「法我執」、顛倒的內心、諦實的內心、取執的內心與相執的內心、二執的內心，連同自身的習氣全部一起消滅掉。在下乘門的開示中曾談到：證悟空性時，上等證悟者的內心是不造作的了空慧。

就空性教法而言，證悟空性者的內心是了空慧。而自己的內心要如何產生了空慧？行者要在道路上努力做實修來達成。實修道路的種類分為下乘門、上乘門等的道路可供大家好好地選擇，由於道路的種類非常多，所以需要導師來為我們指示道路。因此之故，我們需要皈依導師，藉著皈依導師，依照指示的道路努力禪修，最後定能達到修持的成果，即涅槃寂靜。

頌文「誠心頂禮上師」皈依三根本總集上師之重要性

不論大乘或小乘的修持，都非常重視皈依的理論，就皈依而言，分爲外、內、密三種皈依，不論是學習任何乘門的教法和修持都須皈依。如同前面所談到的，行者本身是需要依照著法寶道路做實修才能有了空慧成果的產生，而道路的產生與抉擇需要靠導師指示者，所以對法寶道路和導師指示者都需要皈依，之後再依照指示而努力實修，最後必定得到寂靜涅槃的果位。在密咒乘門談及《三句擊要》時，皈依的理論是以「誠心頂禮上師」做表示。因爲上師是三寶、三根本、三身的總集，上師是佛法僧的總集，也是加持的根本，雖然成就的根本是本尊，事業的根本是空行，但這些也都是歸納在上師，所以上師是三根本的總集，因此就皈依的理論而言，就以「誠心頂禮上師」做代表。

上師雖然有很多種，但是大恩上師卻是少之又少，頌文中所提及的「誠心頂禮上師」，所指的是對自己開示《三句擊要》內容的大恩上師。爲何上師對自己開示《三句擊要》的恩惠很大呢？因爲他爲弟子直指覺性本貌，並且爲弟子說明如何能夠達到勝義俱生本智的修行最高境界，因此是大恩根本上師。既是爲自己傳授與講解《三句擊要》內容與口訣的大恩根本上師，那麼身爲弟子理當頂禮。因爲如果沒有大恩上師爲自己講解與傳授，弟子不可能得到這麼殊勝的教法與成就，因此大恩上師的恩惠無人能比！

總言之，要進入道路之前須從皈依開始，得到皈依戒之後才會有後續的實修和成就。藉由皈依，逐漸降伏內心的習氣，然後五道十地的內證功德便會逐漸地產生，由此可知皈依的重要性。

就佛法的角度而言，上師是偉大的恩惠者，他爲我們開示善惡取捨之道，讓我們從無知變成瞭解，我們的進步是從上師的施恩而來，因此從佛法而言上師的恩惠很大，所以身爲弟子的我們需要皈依。

而從世俗方面，對我們的恩惠無與倫比的是父母，因爲從入住母胎到出生、出生後從不會走路到會走路，從不會吃東西到自己會吃飯等等，一切世間的衣食名等，均依靠父母親的教導與幫助才能獲得地位及財富與學問等，自己一切的成就都是靠父母的幫助，所以在世間中對自己恩惠最大的是父母。

對於已經學習佛法的我們，如果能夠經常思惟與憶念父母的恩德，這有助於生起發奮修行之心，思惟得越多、想得越多就瞭解得越多，修法時的發奮之心也會越強，則修法的功效也會越大。

因此，不管自己是在聽法、實修、觀想，或觀修空性，乃至觀修大圓滿時，皈依與發菩提心都應具足。皈依時其總集代表者是大恩上師；發菩提心時，應當思惟世間的大恩惠者是父母。此外也應做如是思惟「自己在輪迴裡已投生無數次，一切眾生也都如同今生父母對自己的照顧與付出一般，所以眾生對自己的恩惠也是很大的」。以上這部分也是我們應當要好好思惟的發菩提心內容。

不過，若以恩惠的角度而言，上師之於弟子的恩德，則是遠勝過父母施於我們的恩惠。因爲，不論父母給予我們任何的付出與幫助，我們仍然淪墮在三界的輪迴苦海之中，父母無法幫助我們脫離三界輪迴之苦。然而，大恩上師能夠幫助我們脫離三界輪迴的痛苦；因此相較於世間的恩惠而言，上師所施的恩惠比父母的恩惠更爲殊勝。

在《三句擊要》的頌文中首先談到「誠心頂禮上師」，最主要是表達：在皈依的理論範疇裡，因爲上師對弟子的恩惠非常大，因此，身爲弟子的內心應當對大恩上師恆常懷抱著信心與恭敬。

其次，爲何必須在誠心頂禮上師之後，才開講大圓滿的見地、觀修與行持呢？如果聞法弟子對講說大圓滿教法的上師，沒有具備足夠的信心與恭敬心，也就是對上師的皈依做得不夠，則之後不管上師如何講述直指心性的內容，都無法幫助其實修與證悟。而頂禮上師是指自己對於上師施於自己的恩惠很瞭解，因此自己的內心對上師的信心和恭敬都是很強烈的，依此去實修大圓滿的見地、觀修與行持，如此其修持成果才會產生。這也是爲何在講述大圓滿教法的見地之前，必須先說明「誠心頂禮上師」的主要原因之一。

弟子信心與得上師的加持是等量齊觀

皈依時，要憶念上師的功德與恩惠，如果能針對這些好好地思惟，不僅能在自己的內心產生信心與恭敬心，也會使信心更加強烈。佛陀將要涅槃時安慰弟子們不要難過，並做了授記與預言：「將來在五濁惡世的末世時代，我將會示現上師的形象來利益眾生。」對身處五濁惡世時代的我們而言，沒有緣分可以親自拜見導師釋迦牟尼佛，但是佛曾預言授記將會化成上師善知識的形體來利益所要調伏的眾生，因此我們應當瞭解上師並非是離開佛而另外存在的身分，上師本身就是佛的示現。此外，上師的斷證功德與佛是無二無別的。然而若就恩惠的部分而言，對於身爲弟子的我們，上師施給我們的恩惠則是更勝於諸佛，因爲上師會對我們開示善惡取捨道理，何者應爲及何者不應爲等，如果自己做錯了，上師也會指示和講解原因。如果自己能夠按照善惡取捨的標準如理實踐，上師也會給予鼓勵與稱讚。如此行者方能知道應當如何取捨和行持，而這一切都來自於上師的指導，這就是上師所施予弟子的莫大恩惠。

我們弟子應當謹記上師的恩惠並且要經常地思惟，以此做爲對上師產生信心的基礎；因爲上師是佛寶、法寶及僧寶三者的本質，而且是對弟子們開示善惡取捨的恩惠者，如此思惟自然地對上師產生清澈的信心、欲求的信心以及不退轉的信心。須知信心堅固是非常重要的，因爲「弟子信心的程度和得加持的程度是成正比的」。弟子內心的信心是什麼樣程度，就得什麼樣程度的加持；所以加持力的程度，端賴於弟子的信心程度；對上師的信心是最上等者，所得到的加持也必然是上等的；身爲密咒乘門中弟子對上師的信心，及本身的出離心與清淨所顯之心，非常的重要，這些都必須齊備。

就如同將水瓶的水，完整地倒進另一個水瓶裡，一個行者想要在自己的內心產生與上師相同的證悟，完全需依靠對上師的信心。如果有足夠的信心做基礎，必然能如往聖先賢一般，得到上師完整的加持。

修行證悟的兩大障礙：人我執與法我執

對於行者而言，皈依與發菩提心這兩條道路缺一不可。在修持大圓滿的見地、觀修與行持時，皈依與發菩提心肯定必須具備的。我們希望透過大圓滿的見地、觀修與行持，能夠證悟勝義諦俱生本智，能夠契入覺性本貌之中，在此前提之下，當然也要滅掉輪迴所有的痛苦；而輪迴的痛苦根本，就是「人我執」與「法我執」這兩種原因。

「人我執」，主要是阻礙我們得到輪迴的解脫；「法我執」，則是阻礙我們得到一切相似的佛果。如果行者不能斷除此二執，是不可能看到覺性本貌，也意味著不可能證悟覺性本貌，而在證悟覺性本貌的同時，也是徹底斬斷輪迴根本的時刻。

此外，在修持大圓滿教法上的見地、觀修與行持時，若行者本身對「心」與「心所」毫無所知，於此種情況下想要得到大圓滿法極高的證悟成果，也是完全不可能的事。

一切智寶龍欽巴尊者，曾在《七寶庫》中再三地提到「不瞭解心跟心所的人，怎麼可能證悟到大圓滿的最高境界呢？」由此我們可以瞭解，實際上就內心實相的認識角度而言，在進行大圓滿的教法直指心性之前，非常仰賴行者本身對離戲與空性教法的瞭解，並以其做爲實修的基礎。

有人說：「我要修的是大圓滿法，所以我所需要的是心貌直指與內心本貌的實修。因此，離戲論與空性這些教法我完全不需要。」這樣的想法是完全錯誤的，這也是龍欽巴尊者所叱責的重點處！

行者若沒有斷除「人我執」與「法我執」而想要證悟覺性本貌是絕不可能的。大圓滿教法的實修基礎是依賴於空性與離戲教法的理論。在斬斷「人我執」與「法我執」上也是必要具備的修持基礎。斬斷我執與法執則需要福德與智慧資糧，因此，累積有所緣取的福德資糧，和累積無所緣取的智慧資糧是很重要的。

當一個人內心的我執與耽著都還存在時，不論上師怎麼對他做心性直指也是沒有用的。反之，如果已經累積很多的福德智慧資糧且已消除罪障，那麼上師於傳授直指心貌口訣時，行者便能馬上契入空性的本貌。

往聖先賢如帝若巴尊者與那若巴尊者的事蹟就是印證；在上師傳授口訣之前，那若巴尊者已經透過努力修持，累積了很多的福德與智慧資糧；上師帝諾巴傳授口訣直指告訴他：「兒子啊！不要去滅掉所顯，而要滅掉耽著；因爲所顯不會將你束縛在輪迴裡面，只有耽著會把你束縛在輪迴裡。」這就是帝若巴上師給予的口訣，只有這樣子，也無其他再多的解釋；之後，帝若巴上師拿著鞋子敲那若巴尊者頭的當下，那若巴也就立刻證悟了大圓滿的實相。

爲什麼沒有長篇大論的教法解釋，而僅僅只是拿鞋敲弟子的頭，弟子就能當下證悟大圓滿的最高境界呢？那是因爲弟子已經完全圓滿消除罪障與累積福德智慧二資糧的修持。因此當上師在直指心性本貌時，弟子就很容易契入大圓滿的見地，能夠看到內心的覺性本貌。

由此可以理解，大圓滿教法的實修基礎是建立在離戲論與空性教法之上，同時還需要具備足夠的福德與智慧資糧，才能有助於斷除法我執與人我執，也才能夠順利繼續實修，若省略這些而想直接修持大圓滿教法及直接求取心性直指，是不可能達到任何證悟的。

【第一篇】

總　綱

頌文「見地是大界浩瀚」

頌文：「見地是大界浩瀚，觀修是智愛毫光，行持是勝者苗芽，如前實踐修持時，一生成佛無辛苦。」

這幾句談的是大圓滿的見地，是遠離戲論與離邊的見地，是勝義俱生本智的見地，是周遍之王的見地。就大圓滿的見地而言，當然是離開中間也離開旁邊，而且是見地之王。與下乘門的見地相較之下是更加超勝的，因爲下乘門的見地，只談到遠離戲論而已。

所謂的周遍，指的是周遍一切輪迴與涅槃。針對周遍輪迴與涅槃和遠離戲論的部分而言，其實在眾生的內心原本就都具有這些佛的功德，是本已齊備。在密續中及大圓滿見地中經常談到「就其是，而瞭解它是，如是發心矣。」所談的內容是：內心的本貌裡面，本來就有佛的功德，只是如實地去瞭解到這點而已。在此句中所提到的「發心」指的是發菩提心。雖說眾生內心本具佛性，其基如來藏已齊備，然而目前卻看不到，這是因爲被污垢給遮蓋住，如果能將污垢消滅與淨除，那麼眾生心中本已具足的佛功德就能顯現出來。

基如來藏其特質是「功德已具足，過失本然解脫」。白話講就是佛功德是原已存在，並且完全沒有沾染到過失，簡言之，就是天然覺性與天然本智是眾生內心本自具有的，天然本智是完全具足佛的功德而且毫無遺漏的。此是周遍之王的見地、是究竟的見地，是大圓滿的見地。就佛的功德而言，原已存在；以此見地與下乘門的遠離戲論的見地相對比較之後，大圓滿見地更顯殊特與超勝。

比如，酥油本來就存在於牛奶之中，如果我們沒有攪拌是看不到的，攪拌之後，酥油就會出現了。那麼，酥油是牛奶中本來沒有？還是另外製造出來的嗎？非也，酥油是牛奶中本自就有的成分，只要經過適當的攪拌之後就可得到酥油。

同理，內心本自具足如來藏的佛功德，只是目前我們看不到，就如同酥油存在於牛奶之中無法被看見般，因內心的本貌與功德被污垢所遮蓋住之故，並非原本沒有，在經過修持之後所產生出來的基如來藏與佛功德，並不是內心原本沒有的，此內心已存在的佛功德稱爲勝義俱生本智，而大圓滿稱爲天然本智或天然覺性。

總言之，大圓滿的見地主要談的是：在內心裡面，有一個本貌和實相部分，而會將其命名爲天然覺性或本智，是因爲眾生內心裡佛的功德是天然齊備的，同時也沒沾染到任何的過失，是本然清淨的，同時也是周遍的，此爲大圓滿的究竟見地。

就天然本智的角度而言，是本自具足的；但是，所顯現程度則是由遮蓋的污垢其淨除的程度所決定。天然本智的功德是不增不減，淨除越多的遮蓋污垢便能看到更多天然本智本具的功德。

比方說，有一顆包裹著布的水晶球，意外的掉到爛泥巴堆中，結果水晶被爛泥巴與破布層層的包裹住，因而看不到水晶球的本貌。如果想要看到水晶球，必須將層層的破布拆掉，但是拆掉破布之後的水晶，依舊被爛泥巴給包裹住，因此，只好再透過沖水並擦洗乾淨，之後才能重現水晶球五色燦爛的樣貌。

這些光彩是水晶球本具的性質，並非透過清洗而製造出來的，只是經由清洗而重現其本有的光彩性質而已。同理，我們內心的覺性本貌也只有被看到與沒被看到的差別，以及被瞭解和不被瞭解的差別；瞭解者就稱之爲佛，不瞭解者就稱之爲眾生。

由此可知，勝義俱生本智是需要經由善知識的教導，再加上自己努力實修精進，如此方能因遮蓋的污垢越來越少，勝義俱生本智就能顯露得越多，也就是勝義俱生的本智就可以被看得更加清楚與廣大，這並非是透過精進之後另外製造出來的，所有的理論包含五道十地所有地道的功德都是相同的原理。

在《寶性論》裡也有談到見地有很多種，而大圓滿教法的見地，是見地裡面的國王，因此也將這樣的見地稱爲「不變自成見地之王」。不變自成的意思是：不會改變；自成是解釋爲「不是能以造作的方式去改變的」，也就是自然形成的意思。基如來藏原本就具有完整的佛功德，不是用人工造作的方式能夠去改變或製造出來的，這種解釋是屬於大圓滿教法的解釋。

就實相上而言，大圓滿的見地認定佛功德原本就已經存在的，不能說因我們沒有看到，就說沒有。然而，如果我們想要親見或親證，就要在道路上努力地累積資糧與消除罪障，再加上自己對上師有不退轉的信心來依止，並且依照上師的指導努力禪修，如此，內心的罪業蓋障就會逐漸地減少，便能逐漸地契入大圓滿的見地，在逐漸達到堅固之後，方能進入大圓滿的觀修階段。

大圓滿理論沒有遮蓋者與被遮蓋者，這些其實原本都是不存在。譬如：被破布片層層包裹起來的瓶子裡面，放了很多的加持物，而加持力並未因被破布包起來而發生改變，但因爲遮蓋住了所以吃不到。所以即使加持力沒有發生改變，但因爲現在仍被布包裹住，因此現下吃不到加持物，所以只要把布撥開，就可以吃到加持物，並得到加持力的利益了。所以加持的力量並不受破布的影響，我們只需要想辦法撥開層層裹布來取得加持物，並享用加持物的加持力就行了。

我們現在情況也是如此，依照大圓滿教法的理論，基如來藏本身不會受到任何人事物的影響而發生改變，問題出在於我們本身的悟力沒發揮出來，因爲我們內心仍然是被妄念所控制。所以當務之急是先將自己本身壞的習氣與個性改變，改變成好的個性與習慣，然後道次第就會自然而然地逐漸進步，慢慢的才會有更高的見地、證悟與觀修行持。

以上是我們還沒有禪修之前，須先瞭解大圓滿見地及內容是什麼。如果沒有先努力做累積資糧與消除罪障的修持，想要見地現前是很困難的，進而還想要達到見地堅固更是困難。所以，我們現在所進行的階段，只是正要去瞭解見地的內容而已。

當自己能正確瞭解見地，並能好好地安住在見地上面，見地的功效就會發揮出來，當見地的功效發揮出來並徹底現前時，再配合大圓滿的觀修來修持。如此，持續不斷精進地修持到見地堅固與究竟，那就是法性窮盡處。大圓滿所顯示的道路，就是法性窮盡處，就是元淨堅斷的尊義徹底現前。龍欽巴尊者便是已達法性窮盡處的究竟成就者，當達到究竟之後，就會得到四種持明裡面的自成持明的成就，因龍欽巴尊者已達最究竟的證悟，所以大圓滿的見地就用龍欽巴尊者的名字「大界浩瀚」來代表。

當然見地的內容有很多種，其中也有我們經常談到的離戲的見地，或空性的見地，這些是《心經》的主要內容；但是，如果我們仔細深入地去分析與研究《心經》的意義，其實，追根究柢到最後，也是落在大圓滿的見地範疇裡。

八不中道與無我了空慧

接下來要談的是，如何能夠發揮見地的功效，這就需要用「不生不滅、不來不去、不一不異、不常不斷」的「八不中道」，來做抉擇讓見地發揮大功效；《心經》和中觀都講「就萬法本身而言，萬法的自性與自性相都是不成立的，也沒有沾染到所取跟能執。」這都是「八不中道」的論述。

如果我們繼續按照大圓滿的方式深入分析，就會談到佛的功德是本然自成，而在佛功德上面所遮蓋的蓋障，本身也是自性不成立及自性相也不成立的。因此，在談到「有」及談到「無」時，他們又是什麼意思呢？針對這部分，我們需要好好地瞭解清楚，把所有的疑問排除，這樣才能幫助見地更加堅固。所以，當我們談到空性的無我慧見地或者是了空慧時，如果能夠好好瞭解，也會逐漸地歸向大圓滿的見地；同時，也能得到並發揮大圓滿見地的效用。

因此之故，自己應當針對無我慧，或者是了空慧的離戲論的空性，深入地做抉擇。而這個抉擇的程度達到多少，是與內心對自性不成立的信心呈現正向關聯。相信之心越強烈，我執就會越減少，兩者間的關係有如黑暗跟光亮的對待關係。當內心存在有我執時，這個我執是黑暗的；然後當心體會到有了空慧時，這個了空慧就是光亮的；如果內心光亮的程度逐漸增強，那麼黑暗就會逐漸地減弱。所以，當這個無我慧到達堅固的時候，也就是空性的見地堅固的時候。

頌文「觀修是智愛毫光」

《三句擊要》來自大圓滿的三位偉大祖師：龍欽巴尊者代表大圓滿的見地，智愛毫光代表觀修，吉美嘉偉尼也稱爲勝者苗芽，則代表行持。

大圓滿法是大界浩瀚之見地，已經做了講解說明，現在所要談的內容是大圓滿的理論。我們內心本身有「明分」的部分，稱之爲「光明」或稱爲「智愛毫光」，就觀修來講主要指的是菩提心及悲心。菩提心是本然的毫光，本身是沒有污垢的，代表本性上原本就沒有摻雜到污垢，原本就具備光亮的性質，是如來藏自然地放射出。若是本性上有天生與自然的污垢，則就會無法去除；反之，如果能被消除即表示這污垢是後來沾染上的，是被偶遇的外緣之污垢所遮蓋住，而不是原有的。爲了表達污垢並非本具，及愛心與菩提心的功德是本來具有，所以就以「智愛毫光」來表示。

假設是本性上本有的污垢，而在我修道之後能將這污垢消除，那麼就會變成內心也是完全不存在、也是會被滅掉的。同理，假設污垢是內心本有，當我用對治的力量把污垢消滅掉時，也會把內心消滅掉，此時連內心也不會存在而成了什麼都沒有。

我們現在看不到智愛毫光，就有如本性被布遮蓋住，是被短暫且偶然形成的污垢所遮蔽的，此情況稱之為「迷惑所顯」，迷惑所顯現出來的污垢，不是本性本有的污垢。如來藏佛的本性與本質是光明且沒有污垢的，並非依靠修持的地道功德才轉變成佛的清淨光明之本質。

我們若是對念頭本身詳加分析，念頭本身最重要的特性就是由我執的諦實成立而產生，並且是呈現妄念紛飛的狀態。而我執諦實會遮蓋本性，讓我們無法順利地認取內心本貌，這是妄念的最大作用處；除此之外，我們無法對妄念的本身論說它的好或壞，因為就妄念本身而言，也是自性不成立的，我們需要好好地瞭解與關注此觀點。

妄念實際上是如來藏的覺性本貌之力道所顯，稱為遊戲所顯，當顯現時就稱為念頭，妄念也是自性不成立的。以大圓滿的禪修士來做比喻，如果屬於妄念紛飛型，當他在禪修時，往往他證悟的功德能更加突飛猛進，因為妄念本身就是推動突飛猛進的力量。當他妄念很多、思惟很多、念頭很多時，他的感受也就隨之更多，重點在於當他認出妄念是自性不成立時，也就是看到覺性本貌的時候，因此他的突飛猛進會比別人更加地強烈。

再以大海來比喻，海水本身是清澈沒有污垢的，也應該是波平浪靜、紋風不動的狀態，然而若吹起狂風後，海面會隨著風而產生陣陣漣漪及水浪，在陣陣漣漪推動之後便會引發更大的海浪。然而，當回歸到無風時，波浪也就沉回到大海裡，再也找不到原本的浪花，因爲波浪的本質就是海水，如果沒有海水也就不會產生波浪。

同理，當智愛毫光本身力道遊戲出現時就成爲念頭，而念頭本身最後還是消融回歸到智愛毫光如來藏之中，根本沒有一個自己自性成立的妄念念頭存在於智愛毫光之外。如果運用我們的聰明好好地針對自己貪瞋癡的念頭做詳細的分析，會發現實際上根本找不到貪瞋癡這些妄念的本身，因爲都只是自己內心的智愛毫光力道所顯出妄念的樣子，因此把妄念稱爲智愛毫光的力道遊戲，或者說是智愛毫光的一部分。以上是解釋頌文中「觀修是智愛毫光」的原理與原因。

錯亂的內心是輪迴的基礎

當內心妄念紛飛時，大多數的人很自然地就會追逐念頭而去，因此內心就沾染到無明的雜質，此時的內心本身會把原本不存在的「沒有」，執著為存在的「有」，此稱為「增添的習氣」，當妄念有了增添之後就會形成「對境」。因此，一個「我」和一個「他」就此應運而生——我，是有境；他，是對境——因此就會認為有一個「對境」和「有境」的存在，這是增添的內心狀態，也是錯亂的內心。而這個錯亂的內心本身就是妄念心，我們也因此被源源不絕的妄念之流束縛在輪迴裡。

此種情況就如同內心把「海浪」跟「海水」認定為不一樣，內心有如此的想法就是對「增添的習氣」的執著，稱為「妄念的雜質」。如果內心的實相本貌被妄念雜摻，之後內心的實相本貌就不能夠「就其是，而瞭解它是」了。譬如：月亮只有一個而且是白色的，但是如果有一個人，他的心識、眼識或者是意識沾染到外緣，在被外緣的雜質干擾之後，他很可能會把一個月亮看成兩個月亮，把白色的月亮看成黃色的月亮，因為他的心識沾染到雜質之故，所以不能讓月亮保持「就其是，而瞭解它是」。

當我們的心沾染到妄念的雜質時，也是如此的情形，會追隨妄念而沾染到無明，然後自己就此被束縛在三有輪迴裡，因爲眾生沒有能力抉擇無二與實相，此即不能出離三有輪迴的主因。若不能認識這個內心的妄念其實就是摻有雜質的內心本貌，那麼就無法眞正地認識到內心的本貌或內心的實相本性。

妄念原處自解脫，無妄念的本智

現在明白此原理之後，不論任何情況之下所生起的妄念都要努力不去追逐，並努力地去認出妄念本身是歸屬於內心「明分」的部分，是智愛毫光的力道遊戲顯現，讓自己安住這個瞭解與認取上，不花任何力氣做任何的調整與改造，屆時妄念的浮動便會自然的止息。妄念本身如同一個個接續不斷的海浪的浮動，當風平之時浪也就靜了，也就是當不去追逐妄念時，妄念就會自然的止息了，這是因爲妄念本身是偶然的發生與出現，不是自性成立，所以也是偶然如波浪般；所以當妄念出現時要認識內心的「明分」，認識之後好好安住在明分，念頭就不會發生，也不會有任何的傷害發生，當我們能如是處理妄念時，就是讓這個妄念沒有摻雜到內心的本性上面。

舉個例子，水本身遇到天氣很寒冷的外緣就結成冰，然而以水而言本來不是冰，而是因爲外面天氣太寒冷。如果太陽出來天氣也回暖，這時冰就又會融化成原來水的樣子。冰之所會再變回水，是因爲水才是冰的本質與原樣，如果冰的本質不是水，那麼冰融化後也不會是水。

同理，眾生追逐妄念而去時，內心會形成很多增添出來的妄想，從而變成錯亂的內心，也因此招感三有輪迴以及很多不可思議的痛苦；如果一直不能夠認識到內心的實相與本性，就會一直在輪迴裡面流轉不息地承受很多的痛苦。因此，我們須認識清楚：妄念本身是自性不成立的，是從內心實相的力道作用而流露顯現的，之後它又會沉沒回到內心實相裡，如同海浪從海水湧現出來，又沉沒到海水裡。

舉大圓滿瑜伽士的修持來說明「無妄念的本智」，當他實修時，面對自己內心念頭的生起與出現的處理方式是「任由念頭的本質起起伏伏」。當念頭出現又消散，消散又出現的偶然運作，這稱「念頭的浮動」。當內心的念頭浮動之際，瑜伽士就只專注「看」著這念頭浮動之下的法身本質，而這法身本質就稱爲「無妄念的本智」。妄念浮動的本身就是建立在「無妄念的本智」之上的；或者說妄念的本質是法身，爲「無妄念的本智」。如果行者能觀察到這一點，即證悟「無妄念的本智」法身了。

很多人將「無妄念的本智」解釋成爲一個念頭都沒有的一念不生，或者是沒有看到念頭，這些都是不正確的。舉例來說，當一個人不省人事昏倒時，當下他的內心狀態也是一念不生，那麼當下他還能看到無妄念的本智嗎？當然不能的，因爲他已經不省人事昏倒在地。

還有一種情況：雖然他沒有昏倒也一念不生，但是，他的內心是處於心思渙散及沒有覺察力的狀態之中，這個叫「顯而未定」；這是指雖然耳朵有聽到聲音，但是不論這個聲音是大小聲、好不好聽、悅不悅耳等等的狀況，他都沒有察覺到，這樣的心識狀態就叫「顯而未定」，這種情況也不能稱之爲「無妄念的本智」。

不論是念頭一念不生，或根本沒有看到念頭，又或者面對對境時無法做任何的覺察的顯而未定，這些都不是「無妄念的本智」。妄念生起時應該是要去看著妄念本身最初從何而來？中間安住在何處？最後消失於何處？當去分析時會瞭解既沒有所來處，且無安住處，也找不到去處，故此就得到一個結論：這個妄念本身根本是了不可得。當我們看清妄念本身無自性成立時，就是看到妄念本身的法身本質，此時如果內心能安住，那麼內心的住分與明分和堅固便都能得到了。

大圓滿的禪修心法：浮動原處自解脫

大圓滿的瑜伽士在禪修時，僅須安靜的楞楞然地看著這個念頭，若能看到念頭並無入住出的法身本質，了悟妄念本身跟天然本智覺性是完全相同，並非另外單獨存在，是從覺性本貌出現後，又沉回到覺性本貌裡；如同海浪從海水湧出來又沉沒到海水裡。因爲念頭已原處自解脫，所以此時已無妄念，因此會在無妄念的本智之中繼續維持，那麼在禪修的實修上達到住分、明分與堅固了。

現代人在處理念頭的方式是反其道而行，念頭或對境一出現就會去執著這是好或壞的念頭，對境是好或不好的。這些的好與不好深深地影響著自己內心，這種內心品質是完全沒有能力能夠證悟，更無法看到內心的勝義諦實相。

如果我們希望能證悟到內心的實相，就要改變自己原有的習慣，不再追逐妄念，當念頭出現時，好好地去看著念頭的本質，直到發現入住出都找不到的時候，這個找不到的本身就是法身的本質。之後繼續修持保任安住，如此逐漸地就會證悟內心的實相，就證悟勝義諦實相的實修而言，這是最殊勝的禪修方式。

再回到「觀修是智愛毫光」這句頌文，頌文中所談的觀修，主要就是指「無妄念的本智」，我們現在的情況是念頭一出現，就會立刻追逐與界定這個妄念的好與壞，會因此而衍生出各種因應的想法，並且念頭流轉不息，甚至會透過實修的方法想要把妄念消滅，這種情形叫「相執」，是對表相的執著及取捨的執著。

我們現在要努力地去做到：不論出現的念頭是好或壞都不要去執取與分析，只要好好地安住在這念頭的本質上，並且很安靜的，也就是頌文中所寫的「楞楞然」看著這個念頭的本質，讓妄念的起伏自然地在原處消散，此即「浮動原處自解脫」。

再以海浪的例子說明，海浪從海水湧出，不論海浪湧得再高，落下來時也仍然是掉回海水裡。所以，妄念本身既然從內心覺性本貌的實相出現，當妄念沉沒時，也是沉沒在內心的實相裡，也就是覺性的本貌裡面，是不離覺性本貌的，也不是外面另外還有一個念頭存在的。簡言之，我們所要做的就是讓妄念自自然然地出現，也自自然然地解脫，不要讓自己掉到相執裡，不要讓表相執著這個雜質沾染到內心。因爲內心沾染到雜質就會分析念頭是好或壞，對好的會想要繼續，若是壞的則會思考要如何消滅，如此造作就是已經摻雜到妄念表相執著的雜質，如此一來只會讓妄念更多，更不可能達到妄念浮動原處自解脫。

如果是已達妄念原處自解脫禪修層次的瑜伽士，就可以如同「狗或豬的行持般」，爲何是狗豬的行持？狗跟豬不論身處何處，對牠們而言都一樣並無差別，沒有乾淨跟不乾淨的執著，沒有好與壞的執著。因此我們以此來比喻能讓妄念浮動原處自解脫的大圓滿瑜伽士，其大圓滿的見地已經現前，觀修上也有能力和把握，其內心修持層次與行持上的自由自在。

如果在已經聽聞到高深的見地，也瞭解修持重點問題之所在，但自己在見地上並未達到眞正的證悟，也就不能做如狗豬般高深的行持。也就是說，假設禪修士的大圓滿觀修能力尚無法讓妄念浮動原處自解脫，此即表示他的觀修還沒有產生堅固的覺受，因此不適合如同狗或豬般的行持，而必須選擇具有獨來獨往而非群體特質的「麒麟行持」了。

妄念紛飛的禪修士必須離群索居獨自閉關進行禪修，因爲當他看到色法對境時會產生分別心，對悅意的對境會產生貪念，不悅意的對境則會產生瞋念，例如：聽到好聽的話他會高興，不好聽的話他會生氣，自己沒有能力讓貪念與生氣達到浮動原處自解脫，那麼唯一可行之道就是不要跟別人來往；所以他必須選擇離群索居，在寂靜的蘭若處獨自禪修，這是麒麟的行持者。

對每位大圓滿禪修士而言，應該是隨順著內心覺受實修的程度，來決定選擇何種行持方式。唯有見地現前並且在觀修上已經有把握能夠讓妄念浮動原處自解脫的瑜伽士，才具有遊方各處的資格。

一位眞正有證悟的大圓滿瑜伽士，我們會發現他內心擁有著很堅定也很強烈的觀修力道。不管是好或壞的念頭出現，他都可以保任在覺性本貌上。因此，不論遇到任何外境與外緣的變化，對他而言沒有一丁點的影響。

然而對一般上班族而言，想要在日常生活中的行住坐臥盡量保持這個狀態，是相當不容易的事情。因爲工作上的目標必須努力並小心謹慎地去達成，否則往往會造成不好的後果。現在的我們在修持方面，僅僅只是個剛開始學習的初學者，所以，即便我們現在已能清楚觀察到好與壞的念頭出現，但是我們都還沒有辦法做到僅只楞楞然地看著這個念頭的本質，並且讓妄念浮動原處自解脫，但我們可以透過學習，先對大圓滿的行持有所瞭解與認識，這會幫助自己對未來在選擇行持方式時產生實質性的幫助。

再次強調：《三句擊要》的見地、觀修與行持，有一定的修持順序。因此，在選擇高深的行持前，本身的觀修要達到妄念原處自解脫的程度，必須本身在見地有把握，並且觀修上也要達到堅固，如果沒有達到這個程度，就表示你沒有能力做高深的行持。

就世俗的層面而言，在工作上我們會有需要達成的預定目標，然而有效跟無效的方式都會有人採用，我們應當將兩者區分清楚，盡量朝著有效的方式去做，這樣會比較容易達成目標。當我們沒有能力區分清楚，或者當事情沒有達成預定的目標，乃至工作進度嚴重落後而且時間上又已經沒有伸縮空間時，我們就容易憤怒、發脾氣與怒罵，這些情況都是會發生的。

雖然目前的我們無法做到不憤怒，但是當憤怒、發脾氣與怒罵在第一剎那發生時，我們要在第二剎那就想辦法平息掉。不能讓憤怒從第一剎那拖到第二剎那，直逼第三剎那與第四剎那，乃至無止境的繼續持續下去，修行者必須要努力讓妄念的力道減弱及變淡薄。

如果是證悟的大圓滿瑜伽士，當面臨與我們上班族相同的情況時，相信不管他處在什麼情況，例如：工作落後也好、不落後也好，又或者聽到人家責罵雖然可能也會生氣，但是他也會有能力僅僅只是看著這個妄念的本質，讓妄念浮動原處自解脫。

然而現在的我們，不論是好或壞的念頭，只要念頭一出現，我們都會很強烈地執著於它，毫無能力讓妄念浮動原處自解脫，然而話雖如此，我們仍然要想辦法讓煩惱變淡變薄。我們發心辛苦勞累地學習佛法與大圓滿的教法，為的就是要讓內心的煩惱變淡變薄，雖是無法一蹴可幾，也要懷抱著安忍之心循序漸進地努力實修，對修持的困難要抱持著無畏的精神，持續不斷地精進才好，這是我們現在可以努力的。

如前所說的《三句擊要》裡，所教授的見地、觀修與行持，三者間有著不可違逆的順序。如果自己的實際行持不能隨順與相應於高深的見地，會讓世俗之人看到言行不一而心生不滿，就會導致對佛法沒有信心，倘若因為無法適當地隨順世俗而引發別人的批評就不好了。

經由以上的分析，大家應當能夠理解見地、觀修與行持，是不能分開而各自獨立，也不能背道而馳的，行者本身的見地與觀修達到什麼程度，行持也要達到相同的程度。

麒麟行持者

關於麒麟行持我們不要誤解其義，麒麟行持的意思是指，當他與很多人在一起時，本身的忍耐程度很低，別人講一點點不好聽的話，或者一點點外境的變化，對他內心的影響很大，究其因是源自他上輩子所累積的習氣。這種人內心很狹隘窄小，不能夠忍受一點小小的變化；他的內心很容易因為心量狹小而高低起伏很大，因此要想辦法幫助他的內心由狹窄慢慢地擴大開闊起來。

如果明白自己有心量狹小的弱點，當自己跟任何人或任何對境往來的時候，就要非常小心謹慎地觀察自己的內心起伏；如果有憤怒的徵兆時，就要好好地想一想，繼續憤怒下去對自己有何利益？對自己又會造成什麼樣的傷害？這個憤怒最初是怎麼發生的、從哪裡來的等等，這樣想一想之後，自己會發現這些憤怒是沒有任何用處的，每次遇到相同的情形都經常這樣思考，本身憤怒的習性就會逐漸地減弱。如此一來，原本常鑽牛角尖、內心很狹小的人，慢慢地心量就會擴大。

麒麟的行持者要小心謹愼並注意自己的起心動念，並非總是自己孤單一人待在屋子裡生活及修行，而完全不跟法友們來往，否則其修行是很難進步的，因爲缺乏對境來幫助他達到改變的效果，所以，麒麟的行持是指要小心謹愼地觀察自己內心的起伏，主要是以反省自己爲主，然後加以調整，這樣內心就會慢慢改變。

每個人的習氣除了是上輩子自己養成之外，也受這輩子外緣的各種影響而形成，所以每個人的習氣和個性都不相同，這個性也是科學無法改變的，即使去找醫生打針吃藥也是束手無策的。

個性是歸屬於心理學的問題，經由佛法的實修，眾生此生的個性與上輩子所累積的壞習氣，就會逐漸地發生改變。所以行持應當是要隨順著自身的見地與觀修層次進步，行持也要相稱地修持及進步。

五毒即五智

在大圓滿的理論裡，對五毒煩惱也有重要的開示，在教法裡五毒煩惱本身就是五智，不會把五毒當所應斷，也沒有「我要對治並消滅五毒」的方式，因爲那是屬於對治與應斷的理論，也就是將對境分成對治和應斷兩部分，靠對治的力量把應斷的部分消滅，這並不是大圓滿的方式。

《心經》裡談到「無色聲香味觸法、無眼耳鼻舌身意」，假設對境本身根本不存在，那麼就能瞭解沒有「對境」相對的「有境」當然也不會存在，既然有境與對境本身都不存在，那麼也就沒有新產生的本智可被證悟。

色受想行識五蘊本身是因爲我們內心不清淨與不瞭解，才把其顯現看成是色受想行識五蘊，若能正確地認識與瞭解五蘊的本身是清淨的，其本質就是清淨的五智和五方佛，那麼就不需把五蘊、五毒當作所應斷，所以要將自心對五毒錯誤的認識，重新正確地認識。針對五毒來講，純粹只有認識跟不認識本質的差別而已；不認識本質就是五毒，認識本質就是五智。

因此，「無妄念的本智」並非要將存在的妄念滅掉，這不是大圓滿的解釋與處理方式。大圓滿處理念頭的方式，僅僅只是好好地去看著念頭本身的起起伏伏，看著這個念頭浮動的同時去尋找念頭本身的入住出，當都找不到念頭的出現與浮動時，就可瞭解到念頭其實是勝義俱生本智，爲覺性本身力道作用的遊戲所顯與形成的妄念。基於此一認知，對大圓滿的禪修士而言，有沒有妄念都是一樣的，如果能夠在妄念本身起伏出現時，冷靜地安住在看著妄念本身的浮動，就會看到法身本身；如果都沒有妄念出現時，就只要保任在覺性本貌上就好。

佛與眾生擁有相同無差別的俱生本智

當自身的見地與觀修的程度還不夠時，先努力把壞的個性與習性改變，不論是否有觀修或是否有證悟，其實對俱生本智而言，本就是超越了一切的妄念，沒有修與不修的差別，也沒有證悟與不證悟的差別。就內心實相勝義俱生本智而言，不會因爲證悟佛性，內心的勝義俱生本智就比較高級，而輪迴裡的眾生的勝義俱生本智就比較差，這種差別是絲毫不存在的。佛內心的佛智與眾生內心的如來藏，兩者的功德是完全相同沒有高低的差別。當我們對此實相了義有充分的瞭解之後，會明白在內心的實相上，是不需要做任何調整與改造，只需要安靜地安住在覺性本貌之上，楞楞然地看著覺性本貌的本質，這樣的觀修便是所有觀修中最殊勝的觀修法；《三句擊要》頌文中的「觀修是智愛毫光」所要表達的內容，就是此觀修法，是觀修之中最殊勝的觀修。

就見地而言，當我們在進行實修時，應好好地安住在離戲論的空性上，並且針對空性的相關法義做實修，這就是配合見地來做觀修的實修方式。例如前面解釋過「觀修是智愛毫光」的意義，如果能夠經常地思惟與瞭解所講解的法義，對自身很容易憤怒發脾氣的人而言，他的耐心慢慢地就會進步，也比較不會發脾氣；很強烈的貪戀心也慢慢地逐漸變淡減少；而原本非常驕傲的習性慢慢地也會變成謙卑自處，這些改變都是禪修的功效。

觀修，並非只有閉上眼睛、坐在蒲團上進行內心的觀修而已，還有別的觀修方式可以運用，例如：遊方安住修、博士觀察修，這些都是禪修的方式。不過，最重要的是要經常好好地思惟前面所談到的法義內容，只要經常努力思惟前述的法義，任何的觀修方式都會對內心產生禪修的效果，所以觀察修對內心的幫助是很大的。

就改變內心而言，科學完全沒有能力能讓內心發生改變。對普羅大眾的我們而言，任誰也管不住自己內心，只能任由內心胡思亂想，如果內心掉到貪戀、瞋恨等很強烈的那邊，誰又能夠管得住呢？所以，當我們對自己的內心無能爲力時，只會造作使自己跟其他人都吃虧的錯誤，不但爲自己帶來很多現世的痛苦，也會讓自己下輩子又墮落到三惡道，這些都是錯亂的內心所造成的。

而能改變錯亂內心的方法只有佛法，特別是佛法的見地、觀修與行持，除此之外別無他法！這也就是爲什麼現在科學家對佛法越來越相信、越來越有興趣、越來越想學習的原因。

科學家可以藉由科學的器材，發明很多讓我們能飛天入地的工具，但這些並不奇特。如果能僅透過佛法的實修，觀察自己的內心，經由自己內心的改變就能飛天入地，這就非常奇特了。又或者，經由佛法的觀修讓自己的內心發生改變之後，在物體大小沒有任何改變之下，自己就有能力可以讓大的物體放到小的物體裡面去，那就更奇特了，而這些依靠內心的改變是能夠達成的。現代在大圓滿的見地、觀修與行持上修持得很好的許多上師與成就者，都能達到這樣的境界，至今他們都還留有著讓我們親眼看到的許多不可思議之事蹟，所以，無論如何我們都應該努力地如理實修佛法。

生圓次第雙運及動輪與寶瓶氣

在進行大圓滿的正行心性本貌禪修之前，有許多前行的安心法要先做；前行法的觀修基礎分爲生起次第及圓滿次第，即生圓次第。生起次第修法內容有準備支分、禪修支分及事業支分；圓滿次第的修法則主要爲脈氣明點修持，比如：動輪是屬於圓滿次第。

以生起次第及圓滿次第雙運來修持大圓滿的見地、觀修與行持，如此才能掌握關鍵，功效才能發揮，其爲相輔相成，有如金銀器皿，若再鑲上鑽石翡翠則更顯特別，所以若只觀修其中一個次第或項目，則較不易掌握大圓滿關鍵。

前行法中的圓滿次第裡其脈氣明點是很重要的，身體的動輪及氣的運行是其中一項修持，如同一個美麗的人，若缺乏威嚴，也沒有漂亮的物品來打扮，那麼就總是差強人意。

心性直指是安心法的實修，爲大圓滿正行。心的活動依賴於氣，氣安住在脈裡，而脈又依靠在身體上，是一個依靠一個。而動輪的禪修，主要是在透過身體的活動與運動去收束身體。由於脈是依靠在身體上，所以若身體不直，則脈易錯亂，而脈錯亂則氣無法運行正常，如此一來，則本智氣就無法收攝入中脈。由於心是安住於氣上，所以心也就無法安住了，所以動輪的修持是非常重要且有必要的。

有些法本描述中脈如竹箭般大小，然而現代人大多都不曾親眼見過竹箭，所以現在多改用手指頭或吸管來形容中脈大小。但這些都只是比喻，只是做為瞭解，讓我們去觀想中脈時能有所依。中脈為本智脈，並非眞有形體，是無形無相的，若有形體，則科學家們解剖人體時定會發現。由於其無形無相所以不易觀想，才會藉由手指或吸管來做比喻；中脈沒有固定的粗細，不會因為人胖則中脈粗，人瘦則中脈細，是沒有固定尺寸的。若中脈實有，就不需要靠比喻來觀想了。

動輪為圓滿次第裡「氣的實修」，透過動輪的實修去修寶瓶氣，主要用意是將氣收攝入中脈。除中脈外，脈還有左脈、右脈，因其左右脈均纏繞著中脈故易有脈結，若氣收攝到中脈便能將脈結鬆開。若能鬆開喉部的脈結，則講經開示無阻礙。若鬆開心坎處脈結，證悟會如虛空般廣大並且能對法性意義徹底決斷，古時證此者為數眾多。

氣裡有業氣及本智氣二種，圓滿次第裡脈氣明點的實修是為了使業氣停止不能作用而讓本智氣運作，而修寶瓶氣是為了讓呼吸停止，如此一來業氣也就能止息，此為關鍵。透過閉氣來收攝寶瓶氣讓上下氣相合，由於呼吸停止業氣就止息，剩下本智氣在活動，若閉氣能修持得好，那麼業氣將能慢慢消散。所以，透過身體的動功，幫助圓滿次第裡的氣實修，將動輪做爲圓滿次第的一個支分，這是非常有必要的。如果沒有做動輪，只單獨做氣的瑜伽是很難去收攝氣的，尤其練氣時若做得不好，氣會分叉出去而產生氣的錯亂，容易導致發瘋。因此若有聽聞實修士發瘋，這是因爲沒有掌握到關鍵，所以正確做動輪的實修是非常有必要的。

由於若寶瓶氣實修的過程中若沒有做好，會有發瘋的危險，因此，要隨時留意並審視自己的狀況，當感受上有內心不快樂、身體不舒服等現象時便要小心謹慎了。前面有談到在實修呼濁氣時，身體會越來越輕鬆，內心會有寬坦快樂的情形。若勤快的做了動輪或是呼濁氣，但身體上卻變重而且不快樂及易怒，那應是沒有掌握到身體上的禪修關鍵，可能其步驟錯誤因而出現這些毛病。有些上座禪修士，修了一段時日後會有些徵兆出現，如：會有夢境，或於夢境中有開示。因此，每實修至一個段落，最好要和上師或是關房導師做報告，再遵照指示去做。除了氣功或觀想上的問題外，食物方面的問題，例如：那些能吃，那些不能吃，這些都有傳統上的規矩與步驟，因此要隨時請教上師或關房導師，然後按次第如理如實地去做，這是很重要的。

前行法生起次第的實修中有持誦咒語，誦時有分不發聲音的金剛念誦及心意念誦，這也屬於氣的實修，所以不僅是圓滿次第，生起次第前行的部分也很重視氣的實修。倘若不能或尚不會做動輪，可改做九節佛風來替代。在九節佛風中最後一動作稱爲「上下相合氣」，也就是氣入丹田，當氣相合後不要閉氣要自然呼吸，以此來練丹田氣。

寶瓶氣有閉氣的訓練，如前所言修寶瓶氣能讓呼吸停止，如此業氣也就能止息。修持收攝寶瓶氣上下氣相合時，行者若已能自行控制閉氣之時間，且有能力維持足夠的時間時，其業氣將能慢慢消散，剩下本智氣在活動，其目的是爲了當拙火燃降至外息停止而轉成內息運作，因之，所以也有翻譯成「持氣」。

因爲長時修氣功的關係，會有身體輕鬆、心快樂且明分增強，持誦咒語威力也會很強大。金剛念誦是在閉氣的情況下去持誦咒語，所以其咒語的威力會發揮出來。若修行者沒有很多的時間依次第去修，而只能靠動輪，以法的角度來看，動輪的利益也是非常廣大的。

一、配合五加行實修

現在來談談修持五加行時，行者如何結合空性三要點及禪修的九次第來融入空性禪修中。在五十萬遍的前行法裡，法本的每個段落裡可以配合空性來做觀修。例如：皈依的段落，有分世俗諦原因的皈依、勝義諦果的皈依。修此段落時要先觀想皈依境於前方虛空處，自己帶領著左邊母族右邊父族以及親冤債主、六道眾生一起做頂禮。此為能頂禮者及所頂禮的對象，當口中念誦皈依文時，這些觀想都要做到，此為世俗諦有所緣取的皈依。其次，修完後其收攝次第為：觀本尊化光融入自己，自己慢慢消散在無所緣取的空性中，此為離戲論的空性，在離戲論的空性中安住，此為勝義諦無所緣取的皈依，即為皈依的空性觀修方式。

如理如實地實修，在離戲論的空性中安住，於此證入空性。雖然我們目前做不到，但仍要觀想皈依境化成光融入自己，並於離戲論中安住片刻，要以此方式努力做禪修。在我們日常生活中，會有一個顛倒的內心，認為有一個我存在，我要有財富、美麗、權勢等等，然而要思惟，這個我在哪裡？想法從哪裡來？我所執著的這個我，最初在哪裡？中間在哪裡？最後在哪裡？我所執著的這個我，是以何形狀、顏色存在？若有形狀，是方？圓？三角；若有顏色，是紅？黃？藍？綠？仔細去分析後會發現，想要找也找不到。倘若實有，應有外形顯現，也能用手指出來。我們要如此地去思惟，如此地去做禪修，此為禪修的方式之一。如此反覆長時間練習，久而久之，對空性的趨入，對於空性自性不成立，對於這個我是自性不能成立等等，於這些有把握時便能產生一個決斷，如此一來覺受便會出現。有些人，對於別人的辱罵、污衊不能忍受，稱讚而喜，貶低而生氣；當禪修士於決斷出現後，則完全不受影響，跟世俗之人所說的不知好歹是不同。世俗人之不知好歹者，是他們對於一切事務置之不理，如癡人一般。而有覺受的禪修士，則是了知萬法自性皆不成立而能不受影響，所以也不會去區分好壞差別，這是完全不同的。

二、因果無別，安住於無妄念本智

談及空性，大家很自然便會想到《心經》，但若單獨只會念誦，而不去思惟法義，有如空谷回音或鸚鵡學語般，這並非究竟明白。《心經》多念幾遍其利益及幫助是在於會因此累積深厚的良好習氣，讓自己能在將來遇到此法緣的機會變大，且容易在聽聞開示後而能實修，因此對法緣的持續性幫助很大。但還是要提醒，除了念誦外，最主要是要去思惟法義。

關於經常談及的《心經迴遮法》，又稱《心經除魔法》，此法在除魔法裡是最殊勝的。此法有強大的威力，能消除仇敵及逆緣障礙，對於被下的詛咒及傷害侵犯也都能遮止，能有此強大的威力。威力的產生主要是因爲修此法時，行者能安住在「空性的法義」中之故，而要達成此目標則須見地、觀修與行持三者結合。也就是修法者須在「見地上得到把握」、「觀修也有運行的力道」，並已體悟能修的法是「自性不成立的」，然後安住在空性的法義上，如此威力才會顯現出來。

若修法時，是爲了消滅及打敗敵人而讓自己不受傷害，完全是以自己爲主，以此動機去修法，想要達成目的是有些困難的。行者必須要思惟，對我造成傷害者及我想要消滅的人，其產生的原因從何而起？其實究其原因，大多是來自於自己的瞋恨、嫉妒、五毒煩惱之心，因這個心而去引發仇敵的傷害而造成權勢及財富的耗損。所以眞正要對付的是自己的妄念及錯亂的內心，內心錯亂才會形成痛苦。除此之外，要對付的是自己的我執及無明，我執是執著有一個自性的我存在，但在空性法義上，沒有自性成立的我，因此要對法義先有正確的瞭解，之後安住在正確的法義上而修，如此顛倒的內心障礙才能排除，痛苦才會消滅。大家須明白，修此法不是在消滅外敵，而是重視空性的法義並且用以調伏自己的內心。

大圓滿爲基、道、果三者無別做實修，完全齊備故稱大圓滿。若單說基或果，則不能稱爲大圓滿。大圓滿在實修上不似其他宗派，其他宗派認爲是由因而生出果，也就是因在前而果在後，你若要得果則要先種因，換言之，我好好修「因」，做久了便會得到一個「果」，「因」不是「果」，「果」是新產生的。而大圓滿的修法是：「因」的種子本身裡就有「果」，同時「因」的本身也是道路，所以大圓滿是因果無別的。佛所得到的功德，在基如來藏上已完全齊備，原來本在，再按次第實修之後顯現，並非去製造一個新的東西。

在西藏佛教史「拉薩法諍」蓮花戒大師與支那堪布的事蹟中，支那堪布曾提到「無念、無想、無作意」的修法方式，有些人認爲其相似於或等同於大圓滿。但就我們所瞭解，支那堪布主張不思惟，不作意，這不是大圓滿的見地。若是沒有做實修的行者，會認爲他的說法是可行的。支那堪布的論點是不做思惟，比較接近空洞的一無所有，以此爲空性。當其講解到離戲論的空性時，解說成像天空一樣的空無，也就是安住在如虛空中的「無」，不作意思惟，以此來當作空性的觀修。

大圓滿並不是安住在「無」上，而是安住在「無妄念」的本智上，並非空洞的什麼都無，也不是沒有妄念，而是當妄念起時可以看到妄念的本質，並安住在妄念的本質上，且瞭解妄念的本質是本智、是法身、是清淨的面貌、是法界、是佛智，因此稱爲「無妄本智」，此爲大圓滿的見地及修法。

打比方，當一個人昏倒時，是不做思惟也無法思惟，其內心沒有任何想法，是渙散的，也不可能會有大圓滿的見地。因此，不能把「空性」跟「無」當成相同一件事來講。譬如剛拿來時是空的保溫瓶，之後裝了水再把水倒掉，這兩個空是不一樣的空，第一個空是本來就沒有放東西的空，第二個是裝水再倒掉的空，其形成空的方式是不一樣的。以實修士來講，不做思惟和看到妄念的本貌而達到無妄念的本智，在本質上是完全不同的。

現在主要是以講《三句擊要》爲主，對於久遠前的那場諍論，各家有各自的說法，有些上師也對於支那堪布的見地做出深義解說，或許大家去拜見上師、善知識時，其答覆也許會有所不同，但今天的說法，大家都可以做爲參考，相信在修行上都會有幫助的。

頌文「行持是勝者苗芽」

前面所談的是見地、觀修與行持三個部分的簡略說明，在頌文裡，見地用龍欽巴尊者的名號「大界浩瀚」，觀修用龍欽巴尊者的弟子持明吉美林巴的名號「智愛毫光」，行持則用吉美林巴的弟子的名號「勝者苗芽」分別來做代表。如果實踐修持時能見地、觀修與行持三者合一沒有分別，於此情況下做禪修就能一生成佛無辛苦。

行持的部分是指六度波羅蜜，布施、持戒、安忍是用來廣大累積有所緣起的福德資糧；而見地和勝慧是累積無所緣起的智慧資糧。精進則是同時累積福德與智慧資糧。經由廣大累積此二資糧後，便可得到法色二身及究竟的果位。就六度的行持來講，善知識勝者苗芽已經把實修做到徹底究竟，內心中利他不造作的菩提心也已經產生，在行持中已具有無以倫比的大威力。因此，談到大圓滿行持的學習時是以「勝者苗芽」來做說明，用他的名號來期許行者們能好好努力地向他學習。

一般在解釋大圓滿的行持時，大多是引經據典地來做說明與講解；在大圓滿的續部所開示的詞句是：「大圓滿的行持是現解同時沒有偏頗的」。「現」是「出現」，意指當妄念出現時一視同仁，不會偏頗地去看待妄念，不會將妄念偏頗於是好的或壞的，讓念頭自然地消失，當下就解脫，故稱爲「現解無偏」，此爲大圓滿的行持。

續部中所使用的名詞是「不滅自現」、「覺性菩提心」或是「現解無偏」、「行持之國王」。所謂「不滅自現」是指不滅的覺性菩提心會出現；「現解無偏」是指出現後又毫無偏頗並立即解脫。若能如是行持，就是行持之中最殊勝的行持，因此又稱爲「行持之國王」，這是大圓滿教法中所開示的行持。

此段落的關鍵重點是輪迴與涅槃出現的情形，在大圓滿開示中，輪迴與涅槃是從「普遍基」開始，即由普遍的基礎上出現基的所顯。當此基所顯出現時，如果對於「普遍基」的所顯沒有迷惑，並且又能正確認出，就能證悟佛性；反之，若不能認識清楚而有所迷惑則落入輪迴，依此原理而形成了眾生。

這個問題與行持的關聯性是在於我們能否瞭解，當任何所顯出現時，實際上均爲法性力道本身作用時所形成的顯現。因此如果我們對於所顯的原因能認定清楚，能明白這是法性的本質，當能有此定見時，則妄念在第一剎那出現時，第二剎那就能解脫，此即「現解無偏」。

反之，當眾生面對法性界中出現基所顯時，由於眾生的內心一直存在著輪迴以來所累積之壞的習氣，因此，當基所顯出現時，壞的習氣會摻雜進去而形成迷惑。一旦形成迷惑時，對於基所顯會有所分別，把不清淨的執著爲清淨的，把痛苦認定爲快樂，也會把無常認定爲常；在此情況之下，當眼耳鼻舌身意六識，對應色聲香味觸法六境時，因爲內心中摻雜了累世的惡習氣，所以不能正確地認識清楚其所顯。

眾生因不瞭解所顯本身是法性力道作用而出現的原理，則其所顯本身便會形成蓋障，此即無明。而在無明的雜染與摻雜之下，就會看到六道所顯，六道輪迴也因之形成。如果能夠了知輪迴的實相本身是法性力道的所顯，並且能夠契入，則當念頭出現的第一刹那與第二刹那間，妄念就能滅掉，也就能獲得解脫。

再次強調，我們現在妄念無法解決的原因，主要是因爲摻雜了宿世壞的習氣，所以妄念本身會念念相續不斷。而宿世壞的習氣，也會一直交叉雜染進入妄念之流，導致三界輪迴也就一直持續不斷。這其中的原因，主要是因爲我們沒有了悟到「現解無偏」，以及對妄念的本質與實相，不認識也不瞭解之故。

大圓滿最主要的行持是「現解無偏」，也就是當念頭出現時，如果能夠對念頭保持不偏頗就可以達到解脫。我們舉水面畫圖為例，當您在水面上畫圖時，水面上每畫一筆其出現後就立即消失了，每一筆都轉瞬即逝，那又如何去執著它是好或壞呢？這是無法執著也無法有偏頗，故此行者當如是思惟：念頭出現時，沒有調整改造之心，即所謂不造作；面對念頭時內心要不破不立，要做到現解同時，此即現解無偏。換言之，即無破與立，無中無邊。

身為凡夫的我們，在面對念頭出現時，我們會專注於這個念頭，並追逐念頭而行。如果是快樂的感受，會認為這個覺受非常地好，會想要更多受；反之，如果感受是痛苦，就會想要消滅該覺受。為了此一感受的破與立，進而去推想了許多想要獲得或消除的方式；因此，一個念頭會招引出無限的念頭，念頭便如大江之水滾滾而來，這是輪迴眾生的行持與大圓滿行持的差異。

大圓滿續部中所談及的「無中無邊」，即所謂的不破不立，沒有中間，也沒有旁邊。對此，蓮花生大士做了開示：「用無中無邊的方式，保任覺性菩提心，即是行持之王。」然後針對行持的部分，蓮花生大士又開示道：「見地高如天空，行持細如麵粉。」這是指見地要高，行持要細，二者都要符合。因此，即使見地上達到了第一剎那妄念出現，第二剎那就解脫，但在行持方面，仍然要維持跟麵粉一樣的微細。

有些大圓滿的禪修士、瑜伽士，認爲大圓滿的見地很高深，所以就將其他事情認爲是旁枝末節無關緊要，從而在行爲上出現了喝酒、吃肉，與女性交往等混亂的情形。對於自己應該守護的界線毫無自知之明，此即是行持如麵粉般的微細這部分沒做到。對於密咒乘門許多要守護的誓言界線，該行者並不瞭解也未遵守，所以該行者並未具備大圓滿的行持能力。會有此窘境主因是妄念的續流沒有斷，所以當然也就無法達到現解無偏。此等行者，當念頭出現時便跟隨而去；這樣的人，即使學習了大圓滿高深的見地，但在行持方面卻無法達到修持大圓滿行持所需的要求。眞正的大圓滿實修者是非常重視業力因果，並且會堅守誓言不踰矩，面對念頭無中無偏及保任覺性菩提心，這才是行持之王。

大圓滿教法不管是見地、觀修或是行持，都是非常地困難。我們現在談論行持時，看似很簡單，不過即使講說者已經依照字面解釋得很清楚，聽法者也自認聽得很清楚並且也已有所認知，但當眞要去做時，困難度仍然很高。因此就必須要能夠掌握關鍵，才能使見地上的實修產生覺受，行持上也才能如理如實地實踐。

剎那成佛之道

若能就大圓滿的見地、觀修和行持三者無二差別地去實修，能了悟一切所顯都是法身力道的顯現，都是不離法身力道，並了知一切所顯與覺性及菩提心也是無二差別，若能證悟到這一點，就是大圓滿的見地、觀修、行持三者合一而修，那麼便可以一剎那就解脫，這就是大圓滿所談及的「剎那成佛」，即剎那就能夠成就佛果。

然而現在的我們尚不具備這個能力，爲什麼？舉例來說：我們皈依上師，要認爲上師是法報化三身的總集，也是上師、本尊、空行三根本的總集。這些我們都能照著皈依文的內容念誦，但皈依後在實修佛法時，內心的想法則是把上師、度母、臧巴拉、藥師佛都各別分開，常常都是一個個分別祈請的心理狀態：當弟子想發財時，會聯想需要修臧巴拉儀軌；想延長壽命，則是要修長壽佛儀軌；想要事業順利，則是祈請綠度母。完全沒有辦法如理如法地依據皈依文來觀修上師是三身三根本一切的總集，是無二差別。其中的原因就是因爲輪迴以來的壞習氣，有壞習氣的雜染就無法證悟。這就如同有眼翳疾病，被遮蓋而看不清楚。

雖然有許多方法能將壞習氣消除，佛陀與往聖先賢們也爲此開示了許多的法門，不過這些也全都是造作的道路，是爲了對應造作的壞習氣。例如在修生起次第時，須觀想本尊的形狀、顏色、身體、頭、手、腳等等；一般而言，修法觀想時「明、固、淨」三者要齊備，也就是外型要明晰及慢心要堅固並且要了解清淨的涵義。

舉例來說，觀修本尊時，本尊如果是一個臉，即代表法身唯一明點而無二，本尊左右雙臂是代表方便跟勝慧兩齊備；我們先透過觀想本尊頭手腳等，來培養並造作好的習氣以消滅我們輪迴中許多造作的壞習氣。再次強調，不論好與壞的習氣全都是造作的習氣。

如果按照生起次第修持，則是依三金剛儀軌的生起次第方式，首先要先觀想種子字轉爲法器，法器再轉爲本尊，接著觀想本尊的頭、手、腳的顏色形狀等，例如幾面、幾臂、幾足等，並思惟其清淨的涵義；事實上生起次第跟圓滿次第的修持，全都是造作性實修，目的是爲了要藉由累積好的造作與好的習氣來消滅壞的造作習氣。

然而想要用造作的道路去證悟不造作的勝義覺性菩提心，當然是不可能的。但是在還沒有證悟之前，要先將造作的壞習氣消滅，所以要透過生起次第的實修，慢慢地做觀想，然後在本尊的觀想與持誦咒語等逐漸堅固後，才能瞭解與證悟：「原來這些都是自性不成立。」之後，就能夠徹底地把壞的妄念習氣消除，透過這種方式的實修，最後再證悟不造作勝義諦覺性菩提心的本貌，這就是依照道次第進行的修持。舉例來說：黑色的雲朵會將天上的太陽遮蔽住，但同樣地，白色雲朵也是會將太陽遮蔽住。此例便能說明生起次第跟圓滿次第也是障礙的道理，這兩者也都是大圓滿道路上的障礙，因為它們也都是造作的，造作的道路自然會是不造作證悟的障礙。

當六識所針對的六種壞習氣的對境消失，以及造作的習氣也消失之後，就能瞭解及證悟所有一切都是覺性本智所顯現的；也是如前所述，第一剎那妄念出現，第二剎那就能解脫，不做任何的造作行持才是大圓滿的行持，亦即用不造作的方式，來證悟不造作的勝義覺性菩提心。

密勒日巴曾經開示過：不論是修大圓滿或大手印，如果瑜伽士於見地、觀修和行持都已證悟時，那麼當他看眾生時，便能清楚明白眾生當下內心的想法及其所追求的目標都是錯亂的，因為眾生都是用造作的方式在實修，然而用造作的內心做實修，想得到不造作的證悟跟果位是不可能的。

因此，如果想得到不造作的證悟與果位，須仰賴上師的口訣，並加上弟子本身信心強烈及誓言純淨，於實修時又能掌握關鍵，如此，弟子的內心天然本智就能夠證悟，他就會了知天然本智是涅槃跟輪迴變化的基礎，一切的顯有與輪涅都是覺性菩提心的本質，並非超出此範圍而單獨存在，都是由覺性菩提心而來的，所以覺性及菩提心就是一切變化的基礎。

大圓滿的教法裡如此開示：「顯有輪涅的一切法，都包括在覺性菩提心的法界之中，由覺性菩提心的力道顯現出輪迴跟涅槃。」所以，覺性菩提心圓滿地包括一切的輪迴與涅槃，不論何法均不超出覺性與菩提心的範圍。「大」，指的是不會有比這個法更加殊勝與超勝的法，因此稱爲大圓滿。

我們現在的學習跟瞭解，都是爲了要契入大圓滿的覺性本貌所做的準備。如前所述，不能因爲擁有很高的見地，就認爲在行持上可以馬虎隨便，或認爲觀想本尊與持誦咒語均可不做，這完全是錯誤的想法。

我們目前的所作所爲，都是爲了要證悟覺性菩提心而努力做準備。雖然，本尊觀想與持咒都是造作的，但這些對證悟不造作的覺性菩提心而言，是非常重要的準備過程。由於我們現在的念頭都是粗糙的，所以現階段的我們暫時需要用粗糙與造作的方式把造作的惡習消滅掉，等內心逐漸地進步後，才能走不造作的道路而得到不造作的果位。

上師爲覺性菩提心力道本質

我們須瞭解，我們所皈依的上師，就上師本身而言，他就是勝義諦覺性菩提心的本身，是覺性菩提心力道的示現所形成，上師也是不離開覺性菩提心的法界。因此，當我們誠懇地頂禮與皈依上師並請求給予加持時，如果是上等的禪修士會認定清楚上師就是自己內心的本質，覺性及菩提心本身就是上師，要在這樣的體認基礎上做皈依。如果無此正確的認知，就會認爲上師是其他者，也因此會到處去尋找上師。

皈依的原因與理由有千萬種，不論是因觀察上師的證悟、學問或因其佛行事業昌盛利益了許多眾生，又或者是其他各種的因素，而讓自己對上師產生尊敬與歡喜心，進而皈依上師，但是這些皈依的因跟大圓滿的行持卻是相違背的。

大圓滿教法中所論述的依止上師、頂禮上師和對上師恭敬，實際上是因爲上師本身的內心已經證悟，了知輪迴跟涅槃的一切都包含在覺性菩提心之中，一切輪涅都是覺性菩提心法身的力道所顯，上師已經證悟自己的內心與覺性菩提心是無二差別，其法身的證悟已齊備。我們要在這樣的體認前提下而進行皈依，並非是緣取或思惟上師外在的某一學問、事業或特色，因產生尊敬之故而皈依，若是此種皈依其信心是不會堅固且很容易消逝，這是因爲此皈依是緣取外相所產生的信心，並非是緣取內在菩提心的本質所產生的信心，也因此其所皈依的上師也就不能成爲究竟的皈依處。

大圓滿瑜伽士在依止上師時，不論自己選擇何種行持都要如前所說，上師的內心與自己的內心是無二無別的，都是覺性菩提心，然後在此基礎之上進行實修，並且把上師當作禪修的依靠處；若非如此，則想要實修之後脫離三界輪迴的痛苦是很困難的。

當上師直指內心本貌時，弟子的內心狀態就如同與一位很久沒見面的老朋友相遇並且相認。多年不見的老友因外緣之故一時未能認出，但在透過善巧之便後就認出這是我的老友，心貌直指就是如此。內心本貌跟自身從來沒有刹那分開過，但是因爲某些外緣之故已然不認得，話雖如此，然而如果沒有透過心貌直指的口訣，想要契入覺性本貌是很困難的。

在不認識覺性本貌的情況下，會被所顯外相蒙蔽欺騙並隨之起舞，因而在輪迴之中做了很多無意義的事情而空廢一生，也會把對解脫沒有幫助的事情當成目標，然後耗盡一輩子的時間追求。

同時，如果不認識覺性菩提心的本質，也沒有了悟到一切輪涅所顯都是由覺性菩提心力道所顯的話，即使外相所爲的是持戒、布施、禪修等等的善行，但是仔細一分析，恐怕仍落在世間八風裡，因爲所有的造作行爲都會摻雜了輪迴以來所累積的壞習氣之故。

因此對於所顯本身是覺性菩提心力道的所顯，這個眞理需要非常地重視和謹記在心，並且要讓自己的心安住其上，這是斬斷輪迴續流最銳利的寶劍。如果不能認識這法要，而執著地去修持戒、布施、安忍及行善等等，這些也都夾雜著輪迴時所積累的惡習氣，那麼在行這些善業的同時也造作了許多的惡業與罪業。

例如在布施時，可能內在也會同時存在著貪念、瞋恨、嫉妒或比較之心，所以表面上雖然也造很多的善業，但也同時累積不少的惡業，如此一來也就形成繼續累積未來輪迴的因與習氣。

佛經中常提到佛陀「摩尼常在定」，即釋迦牟尼佛常在入定的狀態之中，其所指的是「等持與後得無二差別」、「上座與下座也無二差別」。這只有佛才能做到，也是佛的不共特色。這句話所要表達的是：佛在下座後的衣食住行及在講經化緣時的心境，與上座禪定時都無差別，完全無凡庸的雜染念頭，所以用「摩尼常在定」這句話來形容佛陀的修持。而凡夫的我們，上座與下座差異就很大了，我們在下座後凡庸雜亂的念頭非常多，爲了因應此一窘境，因此我們在實修之前，要先充分瞭解見地、觀修與行持，並且要能掌握關鍵再做實修，如此實修就會進步，進而達到堅固，之後達到究竟，然後成就佛果。

一位殊勝的大圓滿瑜伽士的修持是能夠達到「無修、無渙散的境界」，亦即沒有特地上座禪修，其內心也不會渙散。他所依靠就是現在所談的大圓滿行持，才能達到這樣的境界。倘若你問該瑜伽士是否有在禪修，他會回答「沒有」，因爲沒有補特迦羅能修者的自己，也沒有特定的能修之法而需要特別去觀想。大圓滿的禪修法是不存在這些的，其內心也不會渙散於色聲香味觸法上，因爲他的見地、觀修和行持三者合一無別，其凡庸妄念的續流都已滅除，這是具有實修能力的大圓滿瑜伽士。

反觀一般行者多落於凡庸的所顯及粗糙的習氣妄念中而不自知，因此目前的我們要依靠粗淺的禪修及造作的道路來滅除粗糙的妄念，之後才有辦法對付細分的習氣以及妄念，我們目前仍處在對付粗糙的妄念階段而已。

總而言之，大圓滿所談的行持是在衣食住行的行持之中，從未離開六度波羅蜜，也都不離開見地及觀修，並從而行廣大的利益眾生事業，所以稱這樣的行持是行持之王。而能如是做到的是持明吉美林巴尊者的直傳弟子勝者苗芽，他具有不造作的利他菩提心，因此在大圓滿《三句擊要》行持的部分就用他的名號。

頌文「如前實踐修持時，一生成佛無辛苦」

當要進行大圓滿的見地、觀修和行持時，其修持的次第是首先要得到大圓滿的見地，如果配合頓超來做解釋，第一個階段是「法性現實」，即必須先對於法性能如理如實證悟，才稱爲契入大圓滿的見地。

但光是如理如實的證悟還不夠，必須還要讓證悟力道增長增廣，所以須在證悟的狀態之中再繼續維持下去，此階段稱之爲保任。而保任的工夫則是要靠觀修，透過保任的觀修工夫，覺受和所顯才會增長增廣，此稱爲「覺顯增廣」，或稱爲「覺受增廣」，此爲第二階段。觀修到最後，覺性的證悟會得到很堅固且堅定的把握，此時稱爲「覺性達量」爲第三階段。

如果見地正確並且已契入見地，就叫做掌握關鍵。在掌握關鍵之後，繼續維持保任的觀修工夫，在工夫達到覺性達量的過程中，三身道路上的所顯也會滅掉，最後法報化三身無別就會徹底現前而證悟，進而道上的所顯也會滅掉，此階段稱爲「法性窮盡處」，此爲第四階段。當達到法性窮盡處時，就會得到自成持明的果位。持明果位共有四個，其中最究竟的是自成持明。

簡言之，大圓滿頓超的自成四顯其四個道次第爲法性現實、覺受增廣、覺性達量、法性盡處。

大圓滿的實修是在見地、觀修、行持三者無分別的狀態做實修，之後把三者都修到徹底究竟，就會達到法性窮盡處，而得到自成持明果位，以上是配合自成頓超的道次第來做說明。經過自成四顯的修持過程，就是頌文「如前實踐修持時」之意，以白話來解釋就是從見地現前的「法性現實」，一直修持到「法性窮盡」。

能夠具備見地、觀修、行持三者無別做觀修的善緣行者，就是一個適當的器皿，這樣特質的人就能夠掌握關鍵進行實修。然而，凡夫的我們因爲尚未掌握到內心的關鍵，因此想要付諸實修時就應該要選擇捨棄世俗的事情，要讓自己住在關房或蘭若裡面，專心一意地實修。若能如此便可在緣境的基礎之上，達到一輩子就能成就佛果。「一生成佛無辛苦」其意指這是一條完整且非常快速的道路及殊勝的方法，不必浪費太多的時間就能夠成就佛果。

就大圓滿的行持而言，「適當的器皿」與「適當的緣分」此二條件須兼具，否則在實際修持上還是會有許多的困難。世俗繁雜的事情與法義及佛法的實修往往是背道而馳，當內心的妄念紛飛及世俗的喧嘩還很多時，想要見地、觀修與行持合一進行實修，其實是非常困難的。

密勒日巴尊者就開示：如果想要用一輩子的身體成就佛果，最重要的決定是在最初的修持階段時應該要獨自一人依止蘭若做實修，因為尚無掌握關鍵的能力。如果不依止蘭若好好獨修，而是在世俗的喧譁之中做實修，有時是無法精準地掌握實修的關鍵。

西藏有句俗語：「肚飽日暖行者形，偶遇外緣是凡夫。」肚子吃飽飽，太陽也照得很溫暖，這指的都是順緣。在順緣的情況下，自己的實修不錯，證悟也很高，大圓滿不造作的菩提心也能有，因此獲得很多的稱讚與恭敬，此時的自己看起來就像是個行者，這就是「肚飽日暖行者形」。但是偶然遇到逆緣、挫折與困難，或者被別人輕視與怒罵時，馬上勃然大怒並且用惡毒的詞句辱罵，那不就跟凡夫一樣？因此說「偶遇外緣是凡夫」。

這樣的人就不是適當的器皿，就應該是要捨棄世俗的外緣，獨自專一的實修是比較有希望的。對一般人而言，應該先做麒麟的行持，單獨實修捨棄外緣，有一點實修的能力之後，再做如狗如豬的行持，依照這樣的順序才是比較好的。

密勒日巴尊者又開示：見地、觀修、行持想要能夠修得好，所需要的基礎就是得依賴內心對輪迴產生不造作的出離心與厭離心，而其最好的方法就是獨自在蘭若好好地做實修，如此才能夠見地、觀修及行持無別地做實修。

一般人會有很多壞的行為與壞的想法，如：脾氣暴躁、妄念紛飛，容易怒罵等壞習性；這種人若能夠獨自到寂靜的蘭若做實修，他的個性馬上就能改變，內心也就能變得柔軟，實修也易專注及不會胡思亂想，此時要對輪迴產生出離心和對上師產生信心就變得容易些。

然而，我們身為平常人的禪修士，都是在城市裡生活，所以對衣食住行往往會設法創造很多順緣並努力追求；在此種情況下，實修上就會產生很多的障礙，因此想要得到成就也就非常地困難；此即意味著行者因為追逐世俗的食衣住行而無法生起出離心，所以想要透過實修得到成就是很困難的。

針對這種情況，持明吉美林巴尊者也對閉關房的修持做了以下的開示：「坐墊要柔軟、衣服要保暖、住的地方要住起來很舒適快樂、要有好的功德主，之後，我才開始實修，這就是還沒實修佛法前，就先成就魔業。」

正確的實修一定是要辛苦勞累才會成功，若想要快快樂樂做實修就沒希望。辛苦勞累不但能消除自己的罪障，也給自己有非常好的機會得到成就。閉關時若各方面條件都很辛苦困難，反而有助於自己一生成佛，也就是實修的外在條件辛苦反而容易成佛。

一般而言，禪修士應將內心放在佛法上好好做實修。然而現在實際上的情形是許多人擁有著上師或師父的名號，又擁有寺廟，並且還享用功德主以及十方信施的供養，將平白得到的供養用在自己的享樂上，那比世俗之人努力工作以換取報酬還糟糕。然而，倘若此修行人是爲了寺廟的發展和爲了照顧僧眾，所以必須有這個名號及好的功德主，且將所得到的供養全部用於寺廟建設以及照顧僧眾的生活上，因爲是用於弘揚佛法上，這是允許的。對禪修士而言，應當如同密勒日巴尊者與吉美林巴尊者所開示的「初學者應當依止蘭若而做實修」「在辛苦與勞累之中做實修」，這些都是非常重要的。

四種寄託口訣

噶當派修持的四種寄託口訣：「內心寄託在法上面，法寄託在乞丐上面，乞丐寄託在死亡上面，死亡寄託在空谷荒野上面。」若能如此，肯定一輩子能成佛。當內心完全寄託於佛法時，因爲全心努力追求佛法的實修，便不會去追求世俗的名利，所以也就如同乞丐般身無分文，如此地做實修直到死亡。而也因爲身無分文所以乞丐的死亡也只能寄託在空谷荒野，因爲是在深山之中死亡，所以也就沒有人知道，當然也就不會有人爲他安排後事了。

如果能夠按照這四種寄託做實修，那麼肯定能即身成佛，反之若依舊一邊懷著追求世間功名利祿之心，一邊實修佛法，是無法即身成佛的。

因此，密勒日巴又開示：「佛果就握在手中，因爲太過容易而沒辦法了悟。」在大圓滿的祈願文之中也談到：「成佛的方法太過容易，所以大家也不相信。」依照大圓滿的開示也確實是如此，因爲內心本貌是自己原本就擁有的，一直也都與自己同在，未曾剎那分開，是亙古相伴並非新製造出來的，只要認識內心本貌，便能剎那解脫、剎那成佛。

成佛易如反掌，如同：「坐時爲凡夫，站時已是佛。」如果能掌握關鍵實修則剎那間就能成佛，然而因爲太過容易眾生反而不相信，凡夫不但不做實修，反而會想很多的辦法去做很多其他不重要的雜事，如此的行持要成佛是很困難的。

總而言之，成佛首先一定要依靠上師善知識口訣所指示的正道，之後確實努力去實修，這才是比較有希望的。如果只對上師的加持或對法的威力懷抱期望，那成佛肯定沒希望。

頌文「否亦心樂阿拉拉」

依止蘭若，並且見地、觀修及行持合在一起實修，然後依循古聖先賢的開示去行持，若能如此則一生無辛苦的成佛是指日可待。然而，前面所談的這些內容對現下的我們而言尚無法做到，所以也就無法一生成佛了。

由於我們大部分都尚有父母與子女要照顧，也有事業要發展，還有男女朋友等等的事要忙碌，因此自己無法依循古聖先賢的開示去行持而能一生成佛，即便如此，但也要想辦法至少能讓自己的一生內心都能很快樂。以上就是頌文中的「否亦心樂阿拉拉」的意思，阿拉拉是快樂語氣詞。

在瞭解自己目前無法如上師善知識所開示的標準去行持後，至少也應該要像現在上課時這樣，努力地將見地、觀修及行持的內容好好瞭解，並讓自己對這些內容產生強烈的信心與希求心，再靠著宿世的緣分珍惜這個善緣，將自己的內心朝向見地、觀修及行持而去，期許大家的內心一定要有這種渴求之心。

如果自己對法能夠產生強烈的信心，逆緣也就很容易止息，如此自己的內心也就能很快樂。當惡緣出現時有很多的方法可以排除，但主要是自己的內心要相信佛法及因果業力，保持對佛法的強烈信心，之後再附帶的也做了一些實修，此時惡緣就容易止息，雖然排除惡緣之後內心容易快樂，但是這跟一生成佛是兩回事。

頌文中的「否亦」是指雖然自己無法如前所說的麒麟修持者，但是對法的信心很強烈，內心也對修持保有希求心，在這樣的心境之上，也在世俗法上尋求滿足，也明白自己無法一生成佛。而頌文的「心樂阿拉拉」是指因為對佛法的信心很強烈，自己也做了一些實修，同時也排除掉一些逆緣，因此自己的內心就很快樂了，所以是「阿拉拉」。

對一位身處世俗的禪修士想要做到「否亦心樂阿拉拉」，應該要注意：不要把需要的當作不需要；不需要的而當成需要。世俗的功名利祿，在成就佛果上是不需要的，不要把它當作非常重要或不可欠缺，也不要花很大的心力去追求。我們需要的是解脫成佛，不要把解脫成佛當作不需要。要讓自己站在道路的開端，讓心向著佛法，並且懷抱著強烈的信心與渴求心，然後努力地去實修，才能夠「否亦心樂阿拉拉」。雖然自己沒有機會即身成佛，但是已經讓自己走上道路的開端，將來還是會有機會成佛的。

「否亦心樂阿拉拉」另一種解釋為：「否亦」為「即使無法做到即身成佛」，「心樂阿拉拉」則為「我們至少也要做到，自己在面對死亡時，內心也要快樂」。

有些禪修士在面臨死亡之際，內心充滿著痛苦、恐懼與憤怒，對自己的錢財、父母、子女萬般放不下，對自己曾造下的惡業也心生恐懼，因害怕墮入惡道而無法心安，然後在大喊大叫與捶胸頓足的情況下死亡。若於此種情況下死亡，實在是令人汗顏，因為一位具行者身分的禪修士，更加不可以如世俗人一般地在充滿著恐懼與害怕的情況之下死亡。所以縱然無法一生成佛，至少要努力修持讓自己在面對死亡的時候，能做到內心快樂。

若想要死亡時能保持內心快樂的狀態，那麼在現下修持時，吃苦勞累是非常有必要的，要好好改變自己的內心，不要總認為自己很重要，也不要認為職業與財富很重要然後熱切地去追求，對世俗的功名利祿要看淡及看薄，同時應當謙卑自處，對法要保持強烈的信心，盡一己之力努力地實修，並且努力行善去惡，如此就能夠在死亡當下，內心能坦蕩且很快樂的。

達波仁波切開示，行者有上等、中等與末等三種。末等行者的標準，就是死亡的時候非常快樂。雖然我們上等與中等做不到，至少也一定要想辦法做到最末等的標準，不能連末等都達不到。如果讓自己陶醉在聽了很多佛法，就以爲已經很瞭解佛法；或者聽了很多的禪修方式之後，自以爲禪修就已經很有力量，認爲已是證悟者，已經很了不起。若有這些錯覺那麼在過完此生面對死亡時，自己一定會搥胸頓足及面目猙獰的。爲了避免讓自己發生這種窘境，因此一定要努力想辦法實修，讓自己至少達到末等的標準才好。

現在前面六句頌文其見地、觀修及行持的總綱都已說明完，後面將再做個別及詳細地說明與開示。其實講解前面這六句時，已連後面的內容一起開示與講解了，《三句擊要》見地、觀修、行持都是各自一個句子，所以將其命名爲《三句擊要》。

見地是「本貌之上直指」，觀修是「唯一之上決定」，行持是「解脫之上把握」，原本遺教的內容只有這三句，之後我會針對這三句法義再逐一解釋。

【第二篇】

正文詳述：見地

內心懷抱著爲了能夠利益遍滿虛空的如母有情眾生，而產生了心意廣大的菩提心動機以及方便廣大的密咒持明的動機，在具足這兩種動機的基礎上來聽聞佛陀的教法與實修佛法。

首先針對教法內容做一個簡略的介紹與說明，我們的導師釋迦牟尼佛所曾開示的法門無量無邊，這些法門可以歸納爲九乘教法；如果將九乘的教法再歸納，又可歸納成內續三部；然後將內續三部的教法再做歸納總集，就是阿底瑜伽，其爲究竟的乘門、是乘門之頂。如果再將阿底瑜伽的教法，再做歸納與分類，可分成外在的心部、內在的界部，及秘密的口訣部三種；如果再針對秘密的口訣部之教法再做分類，又分成外範圍、內範圍與密範圍，以及更密無上的範圍，以上這些都是以教法的內容所做的分類。

以禪修的方式來做分類與簡略的說明，可分爲遠傳承的教言教法及近傳承的耳朵傳承教法；如果把大圓滿的道路歸入實修方法的範疇裡，就實修的方法角度而言，最爲殊勝的實修方法就是《三句擊要》。因此我們今天將會針對《三句擊要》的正文內容做講解與說明。

對身處現代的我們而言，我們無緣親自拜見佛陀，也無緣親聆佛陀的開示與教授。我們所能做到的是親自拜見佛陀的代理者「上師善知識」，尤其對密咒乘門的弟子而言，上師善知識對自己的修持是非常重要的。因爲上師對自己的修行具有著無比的重要性，特別是對自己的修持與證悟所施予的恩惠是非常大，是無與倫比的。

因此，身爲弟子的我們，首先應當思惟如何成爲上師善知識的純淨弟子與純淨的行者，這是我們首先要努力與思惟的課題。我們須要靠聞思修來達成目標，聽聞之後再努力地依教行持，並且實踐到徹底與究竟，除此之外別無他法。而何種行持才算是純淨的行者與好的弟子呢？巴珠仁波切曾經開示過：「能夠耐苦、耐熱、快樂痛苦都承受得起，能如此便算是好的行者及純淨的行者。」因此，對於想要跟隨上師善知識學習與修持佛法的我們，要先想辦法幫助自己努力成爲上師的好弟子，一定要有這樣的想法，並且要好好努力做到。

純淨行者的行持應該要做到的是既能夠忍受痛苦與辛苦，在快樂時也不會太過囂張，不論順逆都要能夠堪受得起。同樣的，師徒彼此之間也都要有安忍的耐心。不僅是上師對教導弟子須具備耐心的安忍，弟子也要有耐心接受教導的安忍之心，這對師徒雙方是非常重要的。之後，如果自己已然依止上師善知識學習佛法，那麼身爲弟子的我們就應當把上師善知識當做導師般地承事。

當然對上師善知識本身而言，也應當要具足某些條件，如：須具有善良的內心與具有利他的胸懷或者具有利他的事業等等的條件，然而在所有須齊備的條件之中，最最重要的是要具備證悟的條件。同理，身爲弟子也應當具備當弟子的條件，雙方都應當要齊備。

在已然成爲俱德的上師裡面，殊勝的善知識又是怎樣的風貌呢？大佛尊阿底峽尊者曾經開示過：「俱德上師之中至爲殊勝者，就是能夠直接指出弟子的毛病，並且幫助弟子改正毛病者。」我們以師徒間安止爲例，師徒彼此間殊勝的安止是彼此的內心都不造作的安住，此爲殊勝的安止。然而現今的時代裡，卻是師徒之間彼此互相的隱瞞、互相的吹捧，之後也互相的有傲慢之心。就佛法實修層面而言，若我們希望能從上師善知識處取得眞正的佛法實修心要，上師與弟子是彼此都要具足條件的；如果師徒雙方都具足條件時，那麼當上師在指引實修的時候，弟子們就能夠取得心要；基於此，上師也就需要有直指弟子毛病的能力，並且師徒間不能夠互相隱瞞。

關於本次《三句擊要》課程而言，不論是講述的上師或者是聽聞教法的弟子們，都必須具備各自的條件與德行；俱德的上師要能夠直指弟子的毛病並給予糾正，而身爲弟子的內心也要對這個法懷抱著熱切的追求之心，師徒間彼此的條件與德行都要圓滿具足才好。如果師徒間這些條件不齊備，則會變成講說者只講解了一半的佛法，而聽聞者也只聽聞到一半的佛法，雖說也一定都有某種程度的功德利益產生，但所得到的就無法同一個不共及特別的教法的功德利益那般殊勝了。

很高興在這段期間，大家都沒有什麼特別的障礙，因此才能夠再相聚學習《三句擊要》的教法。我們一起把握少許空檔的時間先來呼濁氣，呼濁氣是每天修持的開端，對行者而言，每日醒來都應當思惟無常和死亡的痛苦，並因而產生對輪迴的出離心，同時要將死亡無常和輪迴痛苦這兩項做為自己修行的友伴；不論出家或在家，如果能夠將此二者做為修行的友伴，可以幫助自己在修持上避免走入錯誤的道路。

觀修死亡無常和輪迴痛苦的心理基礎之上，對佛法才能有正確的想法與認知，一切萬法都是佛的本質，若無此正確認知的人就是輪迴的眾生。因此身為行者的我們應當先以此生的父母為主要對象，希望大家未來都能具備勝慧之眼與方便之腳，先如此來幫助自己產生悲心，並進而擴及對所有輪迴眾生都產生悲心；不論在家或出家都應當具備這兩種動機來進行禪修，如此禪修就會正確無誤。所有修持的內心一定都要有勝慧與方便兩個支分，勝慧就是了空慧，方便就是大悲心，要讓自己能夠有深度的了悟，至少在做任何修持之前，也都須要造作地思惟一下，所以修持的行者在實修之前這兩個見地是必須齊備的。

一般大眾悲心的產生，大多流於習慣或受修行大環境的熏陶之影響而產生的一時感受，但是這樣的悲心對身爲行者而言是不足而且不夠正確的；行者悲心的產生應當是在面對眾生沉淪在輪迴痛苦的深淵時，而感自內心深處乃至從骨髓之中油然生起強烈的悲心。如若有這種不造作的悲心自內心生起，應當會淚水直流、汗毛直豎，因此我們可以用此徵兆來自我期許與驗收。

我們所當培養的悲心應如同沒有雙手的母親，見自己的子女掉落水中卻無力救助般的悲切；又或像父親很急切努力地想救回掉落懸崖的小孩。這樣的悲心並非只有人類獨有，即便動物也有著如是天性，因此既然連動物都有如是悲心，更何況是身爲佛教徒的行者或禪修士的我們，就更須培養與具備純淨無染的悲心。

當行者已經生起眞正的悲心之後，緊接著就是採取行動實際的利益與幫助眾生，因此自己要努力實修。在實修前應當思惟與懷抱著爲了救度遍滿虛空的爲母有情眾生之悲心，以此動機來修持正法，之後再開始正式實修。實修時要先從呼濁氣開始，實修完畢之後要將所有善根與善果迴向給一切的爲母有情眾生。以上這些是身爲行者應當要具備的實修心態、動機與修持次第。

《三句擊要》的特色

以《三句擊要》的教法而言，教法的內容已經囊括了大圓滿教法的見地、觀修與行持的三個特色在裡面；不僅僅如此，講法的上師還要能夠對弟子直指修持要點的口訣；此口訣本身不僅包括大圓滿法的三個要點，還同時可以對弟子直接指出個人修持要點的內容，因此將此法命名為《三句擊要》。

《三句擊要》之口訣已包括了大家所熟悉的大圓滿見地「本貌之上直指」，大圓滿的觀修「唯一之上決定」，大圓滿的行持「解脫之上把握」。僅僅只用此三個句子，就完整地囊括與說明佛法實修時所須明瞭與實踐的三個實修關鍵要點。此乃基於師徒間彼此的條件和德行都具足，且在彼此能相互信任的情況之下，上師才能用一個口訣的方式直接指正弟子的毛病並幫助弟子有所了悟。當上師對弟子做出直指的口訣之後，接受直指的弟子，首先要能夠契入見地之中，之後還要進行觀修，藉由觀修來進行保任的工夫，持續保任之後還要發起長遠心行持，透過足夠的行持之後才能夠成熟初果並得到成效，以上完整地陳述了《三句擊要》不共的實修方式及其獨門的特色！另外還有一個特色就是：本法是屬於口訣類型的教法。

舉屠夫殺牛爲例，如果是位經驗豐富且精通牛隻身體結構的屠夫，殺牛對他來說就只須一刀而已，也就是所謂的一刀斃命絕不拖泥帶水，因爲他熟知牛隻的命脈所在處，只要於關鍵要點處砍上一刀，牛隻馬上就死也不用承受太多的痛苦。反之，如果不熟悉者，就無法達到一刀斃命的功力，而牛隻也將因而承受更多支解的痛苦，究其因就是沒有砍中牛的關鍵命脈。

同理，《三句擊要》只用三句口訣的方式，就能擊中佛法實修的要點。舉人爲例，人的要點是心臟，只要直接傷害某人的心臟，某人立刻就會死亡。所以關鍵要點就如同是佛法的心臟般的精華要點。

此《三句擊要》的課程，如果於第一堂課講說總綱的內容時缺席，原則上是不能加入第二堂的學習聽聞行列，然而因上次講的只是總體概論之總綱，還尚未進入眞正的正文講解。

爲何第一堂課沒出席就不允許參加學習呢？此不僅只是《三句擊要》的法不可缺任何

一堂課，在聽聞與學習任何其他的法也都如此要求，從頭到尾完完整整地講說與學習是非常重要的。因爲倘若從中插入學習，其所聽聞和所學習的法將是不完整。不過因爲會再做完整的口傳，加上第一堂課只講總綱，所以才能允許部分弟子加入學習行列。學習佛法時不論是講說者或聽聞者，雙方都必須懷抱著非常正式的心境來進行講說與學習，絕不可抱著馬馬虎虎的心態進行課程。

實修時之準備

在正式進行前行法實修之前先做呼濁氣，其主要目的是修身、修口及修心，同時將身口心三門的罪業與蓋障排除，先以這種總體的實修方式來進行。而呼濁氣的修持方式有多種，有外在、內在及秘密三種理論和方式，其呼濁氣的次數也有九次、六次或三次，因此稱爲九節濁氣、六節濁氣或三節濁氣，都各有其獨特的法門與方式。我們現在所修的呼濁氣是屬於修前行法的方式，所選用的是流通最廣、最普遍的總體通行的方式。在正行圓滿次第階段時也有呼濁氣，不過屆時的呼濁氣跟現在的呼濁氣不論是本身觀想的內容或方式都將不同。

呼完濁氣之後才開始正式進行實修，大家已都是實修的弟子，應該都知道要採毗盧七支坐姿，即：1.金剛跏趺坐，雙盤的坐姿；2.雙手結禪定印；3.端身正坐、背脊直；4.微收下巴；5.舌頭抵住上顎；6.眼朝著鼻尖的方向平視出去；7.肩平放鬆如鷹展翅。

之所以需要調整禪修坐姿並採毗盧七支坐的方式，主要是因爲對每位禪修士而言，身體是內心修行的依靠處，若能順著所依身體的習慣來修持就會合乎緣起。

不論做任何事情緣起是非常重要的，因爲緣起能熟果，如果不能隨順緣起就無法成熟初果；一件事情非常辛苦努力勞累地去做，但最後的成果出現則要看有沒有符合緣起，如果符合緣起，再加上花心血努力去做，果就能成熟出現；反之則否。所以符合緣起是非常重要的。

如果我們希望透過禪修的努力修持，而得到成熟的修持成果，那麼禪修的緣起就得要做好才行。禪修的緣起在身體，因此如何讓身體成爲好的緣起，讓自己的實修能夠成熟結果，那就要花很多工夫研究。依照常情推理，如果內心所依的身體很堅固與穩定，則能依的內心也就會很穩定；內心是能依，身體是所依。根據醫方明《量論》理論，以及內明佛法的分析，都針對身體做了很多的研究分析；醫方明針對身體的血、脈及骨頭的情況做分析，再配合量論邏輯推理以及深奧的內明法義而形成了毗盧七支坐法的方式，其目的就是爲了能夠讓身體保持在很穩定的方式來進行禪修，故而形成了修持的傳統。大家都應瞭解毗盧七支坐法的必要性與功德利益，以及不採七支坐的弊病；如果還有人不瞭解，請參閱《覺醒的明光》一書中關於禪修相關的篇章，裡面有詳細的解釋與說明，能夠幫助大家快速瞭解。

佛法禪修與一般靜坐禪修之別

我們所談的禪修課程是配合佛法的禪修課程內容，因此需要先進行呼濁氣的修持和採取金剛跏趺坐的坐姿或菩薩坐姿，因爲眞正的禪修是跟佛法結合在一起的，而現代的禪修跟佛法的禪修事實上是不太一樣的，若已久修者應該不會有困惑存在。不過對新進學習佛法的初學者，可能就會對這兩者的不同而感到疑惑，所以有必要稍加解釋一下。一般坊間的大眾禪修最主要是讓禪修者內心能夠放輕鬆及感覺到非常的快樂，僅此而已。然而結合佛法的禪修，在進行禪修時，是非常重視內心禪修之所依處也就是身體；而身體穩定與否的關鍵就在於毗盧七支坐法的禪坐規矩，這可說是佛法禪修裡獨特的規矩，這對未來禪修的成果而言，是非常有必要的，因此有必要努力採取符合禪修規矩的修持方式。然而，若要努力符合禪修的規矩和標準，顯然不會是件輕鬆的事。首先當身體採毗盧七支坐時並不輕鬆，然後內心也要專注，對初學者而言更是不容易。如果只是要讓內心放輕鬆的禪修，那麼以上這些要求就都不需要，只要將手及腳自然地放輕鬆、背靠著牆壁好好地睡一下子便可輕易達到，也就能完全地放輕鬆了；若經常參加這類禪修的課程，內心也會慢慢地感覺到快樂，身體也逐漸覺得輕鬆，當然這樣也是可以的。只是這種快樂覺受的產生跟佛法是完全沒有關係的，這是屬於內心寧靜安止的一部分與支分而已，如果大家稍微做一下觀察、分析與比較，就會瞭解這種快樂完全不同於佛法實修之下所產生的快樂。

對佛法的行者而言，得到內心止息的寧靜、輕鬆與快樂只是個暫時的目標，最重要的是透過佛法形式的禪修來得到究竟的止息與究竟的快樂，這才是佛教徒禪修所要追求的終極目標。如果想要達到這終極目標，就須要暫時忍受許多符合佛法禪修規矩所產生的身體痛苦及勞累與辛苦，這是非常有必要的。

我們現在採取毗盧七支坐法進行禪修，會腰痠背痛的主因是因爲身體不習慣的關係，譬如說以前腳都是放輕鬆的，但是現在要盤腿，因爲以前沒有這些習慣，所以當然會感到痠疼與勞累。如果能把毗盧七支坐法的新禪修習慣培養成功，好的禪修習慣就能把行者的內心帶到道路上，如此一來修行的道路就會堅固與穩定，那麼究竟的目標「內心的寧靜與止息，以及內心永恆的快樂」肯定可以得到；所以，把不好的習慣轉變成爲好的習慣，這就是禪修的功效。

現在的我們不懂得毗盧七支坐的坐姿，所以需要先造作性的學習，並造作性的再三調整出正確的禪修坐姿，慢慢地就會適應並成爲新的及自然的好習慣，一旦成爲自然的習慣也就不造作了，如此一來身體也就會隨心自在，也不會再覺得辛苦勞累。同理，內心的禪修也是如此，先調身再調心，內心也是需要歷經造作與調整，不斷地再三調整之後才能夠達到內心不造作，當達到不造作的內心出現時，就會有永恆的安靜與快樂，這就是我們佛弟子禪修所想要得到的終極目標。須瞭解如果我們想要得到不造作的內心品質，那就得先經過造作地調整身心，因爲這是必經的修持過程和修持的道路，若沒有先經過此過程是無法得到不造作的成果。

何謂內心的造作作意呢？其指的就是內心的思惟，我們用造作的方式好好分析一下自己的內心到底在做什麼？就如同是內心的偵察兵，因此又稱爲正念偵察兵。亦即針對自己當下的每個內心到底在想什麼？已經想到哪裡去了？隨時要有一個正念當做內心的偵察兵去分析與觀察，能夠經常如此分析就稱之爲修心。如果沒有經過修心的階段，想要馬上進入禪修當然是不可能的，因爲修心是禪修的預備動作之故。

禪修是將心專一地安住在所緣對境上，並且無剎那的渙散。由此可知，我們是不可能越過修心階段馬上達到的，所以要先偵察自己的內心，並透過調整與改造慢慢來修心，然後在修心的過程中再三地調整與控制內心的專注力，之後內心就會有力道產生，此稱之爲練習力道，若內心的力道沒有經過練習，是無法控制內心而讓心專注在所緣對境上一念不生。所以，首先一定要先造作地調整自己的內心來修心，之後慢慢地培養出內心的力道，等力道產生之後才能進行所謂的禪修。現在不能夠控制內心，也無法做偵察的工作，就是內心無力道的徵兆，因此，更可確定現階段的我們，需要先造作地調身與調心。

大手印的實修方式是用正知正見去觀察內心，如同偵察兵去觀看內心到底在做什麼。在大圓滿教法裡，前行法中有兩種修心法幫助行者掌握住內心，達到內心妄念消散窮盡的狀態，其一是觀察修，觀察內心的形狀顏色；其二是安止禪修，觀察內心的入住出。而被廣爲流傳的是觀察內心的入住出的禪修方式，這個修心法在大手印的修持法裡稱爲「正知的偵察兵」或「正念的偵察兵」。

第一種方法觀察修，也就是觀察分析的禪修法；當我們已然瞭解及認識與掌握內心之後，緊接著要做的是觀察思惟修。首先好好觀察一下，這個妄念紛飛的內心本身是什麼樣子？爲實有法嗎？而所謂的實有法，就是存在的法。若爲實有法，其形狀與顏色爲何？這些都需要好好地去做觀察、思惟與分析。因爲唯有把內心認定清楚之後，才能找出對治辦法讓妄念紛飛的內心消散掉，覺性才有機會顯現出來，進而才能有所謂的契入內心本貌。

第二種方法就是安止禪修，即透過禪修觀察內心的入住出，妄念紛飛的這個念頭本身最初在哪裡？從何而來？安住於何處？最後又消散於何處？透過安止禪修的方式去尋找內心，並把內心認定清楚。因爲，覺性依舊是在內心消散窮盡處，法性也仍然是在內心消散窮盡的那一端，因此，還是需要先找到內心並且分析與對治。

禪修坐姿與時間

相信初學的禪修士對這種禪修方式，內心會存在疑問：倘若不論看到什麼、聽到什麼、想到什麼，都不去做調整與改造和控制，那麼根本就不需要實修。因爲這種禪修方式則跟平常的看到、聽到，以及念頭出現等等，都一樣並沒有什麼差別。然而，其實這兩者之間的差別是非常大，因爲我們平常的見聞覺知以及內心的念頭，都是摻雜著雜質。而究竟是摻雜著什麼雜質？又如何得知摻雜著雜質呢？這可從下面之方式得知：當我們在日常生活中如果看到任何對境時，內心會去分析所看到的這個對境是好或不好、所聽到聲音是好聽或不好聽？此即當六根對六塵及六境時摻雜了「執著」的雜質，才會有所謂的好與不好。

而實修就完全不同了，也就是在實修時，不論是聽到、聞到或想到，都不去分析，所有的重心都僅僅只是安住在那個看到者、聽到者、聞到者與思惟者，都不要去摻雜到內心執著的雜質。並且努力想辦法讓內心的本貌與主體逐漸地堅固與穩定地安住，這才是實修要努力的目標所在。

曾有人問：「是否保持跟平常一樣的看和呼吸，或者只是把注意力放到所謂的心，抑或連這個也不要？」關於此問題，因爲現在的我們毫無疑問地還不能夠看到自己內心的本身，我們目前的情況是：內心有時安住，有時又離開，還無法控制內心。舉例來說明此狀況：平常不論自己聽到什麼或自己的內心胡思亂想什麼，恐怕自己也是不知不覺的。所以我們須要想辦法做調整與實修，趁著禪修時努力去觀察內心，好好調整一下，幫助自己的內心好好地安住；倘若內心還是處於思潮起伏及念頭不斷，那就是沒有調整好的緣故。觀察內心就好比要出遠門時，一定要先找出一條適合的道路，或者要先去瞭解這條路的路況如何。

實修時，首先依毗盧七支坐調身，背挺直端身正坐之後，把身體輕輕地放輕鬆，如此才能坐得久一點；接著眼睛朝著鼻尖的方向看去，既不看正前方、也不看左邊、更不看右邊，同時也不可以閉起來；再來就是雙手手掌相互上下平貼，雙手的兩個大姆指互碰或不互碰都可以並無差別，或者將雙手的手掌心輕鬆放在膝蓋上也可以，我們開始坐幾分鐘的時間。

如果無法坐雙盤的金剛跏趺坐姿，那就採單盤的菩薩坐姿，禪坐時一定要從中擇一做爲禪修的基礎。雖然一開始也許無法做到毗盧坐姿，但也要盡自己的努力去鍛鍊，而不是認爲做不到就放棄。剛開始採用毗盧七支坐時，因爲不是我們所熟悉的習慣坐姿，所以當然會經過一段辛苦與勞累的過程，只要花一點點的力氣把坐姿調整好之後，緊接而來的禪修狀況就會做得比之前還要好。若一開始的心態是反正自己做不到，然後一點點調整的努力與勉強都不願做便放棄了，那麼是永遠都做不到標準的禪修坐姿，當然禪修也就不容易進步。

之後就隨著禪修進程的推進，每個段落的實修可能會不太一樣；就禪修的坐姿而言，即便是前面曾談到過的往聖先賢們與上師們各自可能也會有些不同的講解，但差別都不大。

開始學習禪修的行者，其每座的禪修時間長度不要太久，時間要短而次數要多；也就是進入禪修時間短短的就結束一座，之後再進入下一座的禪修。雖說採取的模式是時間短而次數多，不過慢慢地禪修就會有覺受產生。

大圓滿教法中的兩種修心法，在修持時眼睛都不可以閉起來，其原因有二，第一是閉眼禪修會障礙自己的覺受跟證悟的增長及增廣。第二是修持的緣起不好。因此，一般禪修採用的方式，就是眼睛看往鼻尖的方向，視線則是落在鼻前面四個手指處，輕鬆地看過去就可以了。

四分離三

現在的我們完全不瞭解自己內心的情況，經常處於完全不曉得自己內心在想什麼的狀況下過日子，有時甚至是內心已經結束胡思亂想了也還完全不自知，也沒有辦法去控制內心的運作，所以都是任由內心胡思亂想並且缺乏正念與正知。

因此，對初學者來講，最重要的第一個步驟，就是先學會認定自己的內心，接著要學會認定自己內心的活動，而其進行方式是採四分離三的方式。

首先，第一個步驟是先認定自己的內心。這是件非常重要的內心工程，需要依靠正念跟正知，由正念跟正知去觀察內心每個當下到底在想什麼？已經跑到什麼地方去？這是需要花很多時間來練習好這個認定內心的工作。當我們能夠把認定內心做好就是能看到抓到內心；之後，緊接著就是第二個準備步驟，要認定內心活動本身的趣向是善業或惡業？內心當下的活動是何種類型，是善是惡？這些內心的活動與運作都要認定清楚；禪修用的是四分離三的內心，而不是用胡思亂想的內心，所以若已經能認定與抓到內心，並已能進行觀察與分析內心活動的善惡及好壞時，就可以開始進入禪修的階段。

以我們現在的內心運作而言，只有三個內心狀態：1.會回憶過去的過去心；2.會思惟未來很多計畫的未來心及3.當下現在想要做什麼的現在心。然而不但過去心不可得、現在心不可得、未來心也是不可得；不過我們現在是這三個心都有，而且起起伏伏並有著很多的妄念。要把這三個念頭全部滅掉，之後所呈現出來的那個才是自己的內心，所以稱四分離三。我們禪修時一定要用四分離三的內心去做禪修，而不是用這三分心的念頭去做禪修。

用四分離三的內心去觀想、持誦咒語和進行實修本尊法，如此其實修的終極目標就可以達成，若是用三分的內心去做，則只是個馬馬虎虎的禪修，能達到的也就只是普通的目標；做實修之前，應該要先分析一下自己的內心是非常重要的。

譬如說：樵夫帶了把磨得銳利無比的斧頭去森林砍樹木，砍了很多木頭回來，不僅可燒火也可以賣錢，可以得到努力砍柴的成果；若他帶去的是非常鈍的斧頭，即使他花了渾身的力氣與辛苦勞累也將無成果的，因爲鈍的斧頭根本砍不斷樹木，因此也就毫無成果可言。

同理，我們現在用這個充滿著三心的內心去實修觀想本尊，就如同樵夫用鈍的斧頭去砍樹木，不會有任何的成果；但是如果用四分離三的心進行禪修，就會如同樵夫帶著銳利的斧頭上山砍柴，收穫會很豐盛的。

現在的我們，人雖沒有瘋但內心已經瘋掉，那顆瘋狂的內心如猴子般，我們將這樣的內心狀態稱之爲心猿意馬，此爲不受控制的內心，對這樣的內心無論講再多的法，都無法使其受用與改善；這種情形就好比把這隻猴子關在屋子裡，牠也不會安安靜靜地坐下來，只會像瘋子般躁動不安，除非給牠吃安眠藥睡著，否則只要牠還能活動，都是瘋狂與不受控制的。

同理，處在輪迴中的我們內心是狀似清醒的狂猴，完全不受控制的，若我們用如此狂亂的內心與沒有經歷修心過程調整及改造的狂心去做實修，將不會有所成就。因此，充滿三時的妄念心是無法直接進入禪修，更不用想能直接追求大圓滿的實修與心性的直指。因爲弟子的內心本身還沒具備實修的基礎與條件，即便悲心強烈的上師對著內心狂亂的弟子，直指千百次的心性也是枉然。

例如：雖然明知只要上山砍到一根很珍貴的檀香木回去賣錢，就能夠讓自己發財並且一輩子不愁吃穿；然而若拿著鈍的斧頭上山，就算眞的找到檀香木也會因爲砍不斷而徒勞無功。同理，如果我們的內心始終處在狂亂的三心狀態，即使很幸運地遇到珍貴的上師，他也不會爲我們做心性直指，因爲其內心尚未調修過，不具備心性直指的基礎；又即使偶爾遇到一、二位悲心很強烈的上師，肯爲我們做心性直指，縱使心性直指千百次，也仍無法契入內心的本貌！爲何？因爲我們的內心是瘋狂且不穩定。

話雖如此，是不是因爲已經呈現瘋狂的狀態就放棄努力呢？當然不是，因爲如果放棄，其狂亂的情況只會越來越嚴重，將來也很可能會造更多嚴重的罪業，然後在輪迴裡面歷經多生多劫的流轉與痛苦，而且一世會比一世更加地痛苦。譬如瘋子，我們不處置或治療他，將他放棄了，那麼他便會胡作非爲，殺人放火的可能性就更高了，對其他的眾生而言，危險性也相對地提高很多，因此無論如何都要想辦法救治他，不能輕易地放棄。

面對內心已經錯亂不堪甚或已經瘋狂的眾生，即使眾生已經放棄救治自己，基於悲心我們仍然不能選擇棄之不管。一般來說，發瘋的病人都會說自己沒有發瘋也沒生病，但在正常人的眼中，他確實已然呈現瘋狂的狀態。因此，我們可能會選擇將他關在屋子裡，並且找醫生來幫他看診及開藥做某種程度的治療與控制病情，會想盡各種辦法幫助他逐漸改善，然後一點點一點點地進步，這是可以達成的，所以一定要努力想辦法盡可能地幫助他而不是放棄他。

同理，明白自己的內心已經呈現瘋狂的狀態，自己就要努力地先瞭解自己內心的狂亂情況，之後努力地用修心的方式調整內心的狀態。大家可以選擇將《三句擊要》當成自己每天課誦的禪修內容，每天都念誦《三句擊要》的口訣根本文，雖然自己對法義不是很瞭解，但是透過傳承上師的加持力以及口訣甚深法性的加持力，再加上努力學習的決心，在這些因緣條件結合的影響之下，假以時日內心的狀況就會慢慢地得到改善。如果自己能發長遠心以這種禪修方式去持續努力，那麼將來也會有機會如同往聖先賢們般得到解脫與成就佛果。

爲了幫助大家的心靈回歸寧靜與正常，以及尋求未來能如同往聖先賢般地解脫與證悟成佛，因此我們特別安排了這個禪修課程，依據《三句擊要》的內容與法要，做爲禪修的基礎來進行實際的禪修。

首先依照毗盧七支坐法將身體調整坐好，開始進入禪修之後，先幫助自己的內心好好地安住在一念不生的狀態，同時，不管內心起任何的念頭都不需要去管它，任它自自然然地起伏，不去做任何的調整或改造，只要保持覺知就可以。當眼睛看到對境時，就僅僅只是「看」到了；耳朵聽到聲音，也僅僅只是「聽」到了；同理，鼻子聞到氣味時，也就僅僅只是「聞」到了。在眼耳鼻處於見聞覺知的當下，內心不再去分析所看到、所聽到的是好是壞，心識上完全都不要做任何的研究與分析，所有禪修的重點都著重在內心的那個「看」到者、「聽」到者及「聞」到氣味者，而不是看到或聽到什麼，如此好好地安住在這個重點上，若能安住在這個重點上，那麼不論是看到什麼，聽到什麼，都沒問題。

頌文「見地大界浩瀚者，三句擊爲義關鍵」

請大家看一下法本，其立題是《三句擊要》，依此立題就可明白《三句擊要》是屬於口訣類型的法要，完整的立題是《三句擊要口訣根本法》。頌文一開始「誠心頂禮上師，見地是大界浩瀚，觀修是智愛毫光，行持是勝者苗芽，如前實踐修持時，一生成佛無辛苦，否亦心樂阿拉拉。」這六句是本法的總綱領，接下來是針對頌文中的見地、觀修與行持，爲大家做廣大且詳細的解釋。

《三句擊要》僅僅用三句就擊中佛法修持的關鍵要點，是佛法的修持關鍵的精華處。然而要怎樣去擊中佛法的關鍵要點呢？首先第一個內容是「見地大界浩瀚者」，此句講的是見地，是《三句擊要》的義關鍵。在實修之前，應當要對見地瞭解清楚，才能進行觀修力道的練習與培養，之後是保任的行持；如果不能先建立正確的見地，觀修的階段就無法順利進行，那麼其練習力道的修持或所修練出來的力道將效果不彰。

如同當某人不具備足夠的能力解決某個問題時，我們就冒冒然地將這個問題丟給此人，那麼這個問題是無法被有效地解決的。故而在付諸實修之前，必須先針對見地的內容做一個詳細的說明，以便幫助大家正確地瞭解見地與建立正確的見地。

然而見地為何用「大界浩瀚」命名呢？「大界浩瀚」是龍欽巴尊者的名字，因為龍欽巴尊者已經親證內心廣大的境界，並包括了浩瀚無比的萬法；也就是浩瀚無比的萬法被包含在覺性菩提心裡面，因此以龍欽巴尊者之名來表達精要法義與命名。

頌文「首先我心置鬆坦，不放不收無妄念」

頌文中的「首先我心置鬆坦」於此段落開始，就是直指見地的段落。在顯教乘門裡也會針對佛教的見地做廣大無比的說明與解釋，當佛教裡談到見地時，有三五十五道，五道就是資糧道、加行道、見道、修道和無學道；不僅聲聞乘門講五道，獨覺乘門也講五道，大乘門也是，所以三乘五道如此就共有十五條修持的道路，這就是所謂的地道次第。在地道次第裡，都詳細開示每道的見地內容；而對見地的了悟，又可分爲現量與比量兩種了悟的方式。

那麼最初應當在內心產生什麼樣的見地呢？主要的見地內容就是：萬法本身是自性不能夠成立的，萬法是無常的，又或者宣說四法印的內容，諸行無常、有漏皆苦、萬法皆空，無我涅槃才是眞正的寂靜。對四法印的內容，有現量的了悟方式，如若現量了悟達不到時，就用邏輯推理來得到一個比量的了悟。經由比量的了悟方式，也能夠幫助我們排除內心對教法的懷疑，也能讓內心因此達到對教法完全的相信。

不過現今我們內心的情況是對萬法所顯現的對境有著很多錯亂的執著，把不是諦實成立的，執著爲諦實；把不是恆常的，執著爲恆常。這些執著就形成諦實的內心與常執的內心，然而這樣的內心是錯亂的。因此，我們要有一個正確的認識及見地，才能夠將錯誤的認識消滅，汰換成正確的見地。然而什麼樣的見地才是正確的？那就需要對萬法做邏輯推理的分析，在詳盡的邏輯推理分析之後，就會瞭解到萬法的實相。這種邏輯推理的分析方式，在顯教乘門裡面就是中觀，中觀的推理也是在做抉擇見地的工作。

而在果乘門的大圓滿裡，也有共通的方式來抉擇見地，就是靠著方便的生起次第與圓滿次第的信心，透過方便生起次第的修持來引出成熟的初果，而初果就是圓滿次第，此爲大圓滿的觀修方式。

在密咒乘門裡也有抉擇見地的方式，其所使用的方式是屬於無上瑜伽續的不共特色，就是透過第三灌頂和第四灌頂的灌頂方式，爲弟子直指覺性本貌。第三灌頂是比喻本智，而第四灌頂是勝義本智；透過第三灌頂的比喻本智指引出第四灌頂的勝義本智。弟子透過第三灌頂來掌握到關鍵要點並透過修持去瞭解第四灌頂，而上師在爲弟子進行第四灌頂時，就用詞句爲還在這個道路上修持的弟子直接指出果位，把果位明白地講解清楚，這種方式又稱詞句灌頂，此爲無上瑜伽續部灌頂的不共方式。

不過，這也不是我們所選用的方式，我們所選用的方式是禪修傳承的純正口訣。是經由上師的口訣與教誡，爲弟子直接指出內心的實相，而且只用三個句子的口訣，也就是本次的課程內容《三句擊要》的口訣傳修方式，跟我們前面所談的無上瑜伽續灌頂的方式又不相同了。

禪修的方式一般有博士觀察修與古蘇拉的安住修兩種，博士觀察修的方式是要做思惟的邏輯推理，因此需要經過長久的聞思，直到對地道次第的理論以及很多的經論典籍都非常瞭解之後，才有能力進行邏輯推理，因此走這條道路所需花費的時間非常長。而古蘇拉的安住修，則是行者本身，在見地上已具備足夠的能力能夠認定得很清楚，只要透過上師的殊勝方便就能夠來進行安住修持的方式。

如果弟子有能力時，上師依賴於自己實修的親身經驗直接傳授教導給弟子，弟子按照上師的方式實修後直接產生自己親身的經驗，這就是所謂的「直指」。《三句擊要》就是這種類型。

在實修傳承裡的心貌直指，其內容就是一切萬法的沉沒之處與圓滿之處就在自己的內心裡，也就是都在覺性菩提心裡面，不是離開覺性菩提心之外還有他法。因爲覺性菩提心廣大無比，一切的法都圓滿包括在覺性菩提心裡面，因此這個教法命名爲大圓滿。當上師爲弟子對上述法義內容做講解說明時，聞法的弟子其內心若能瞭解並同時契入此見地，之後再透過上師教授的觀修口訣實修後產生覺受的道力，並能繼續保任且培養出修練力，最後又能到達果位者，就稱爲大圓滿的行者或大圓滿士。如果聞法弟子能如上述修持，那麼上師的本貌之上直指，就馬上能夠產生效果。

沒有聽聞與學習過大圓滿教法或初接觸的人，常常會問見地直指到底是要指出什麼？就是要指出大圓滿的見地是「現有輪涅的一切萬法都在覺性菩提心之中，覺性菩提心圓滿包括了輪涅的一切萬法；萬法全部也都沉沒在覺性菩提心裡面，離開覺性菩提心之外也無一法獨立存在。」此即見地直指。

接下來，要針對心貌直指的部分先說明一下。首先，要先爲大家講解一下寧瑪派的教義中對內心與覺性所下的定義，寧瑪派的教法說明內心跟覺性是迥然不同的。內心是指我們現在充滿著妄念與思惟的心，當內心已經完全消散與窮盡的當下，就是覺性菩提心顯現的時候，覺性菩提心本身已圓滿包括佛的一切浩瀚無邊功德，所以稱爲大圓滿。而對覺性本貌無法了悟的行者而言，輪迴的萬法也仍然是在覺性菩提內心裡面繼續不斷地顯現，所以也稱之爲大圓滿。覺性，是寧瑪派大圓滿教法裡獨特使用的不共名詞，大家對內心與覺性要有這樣的瞭解與認知。

如果是新派教法，則是將這兩個心當作是一樣的內心。而顯教乘門是把能覺知妄念的心翻譯成「了別心」，就是我們一般眼睛所看到的、耳朵所聽到的了別心，當了別心到窮盡處後成佛，這樣的定義和認定與另外一派相較之下，心態比較好些；不過，以大圓滿的教法而言，心的窮盡與消散之處的當下才是覺性本貌，而覺性本貌已囊括佛一切浩瀚無邊的功德。

《寶性論》裡有個比喻：以黃金爲例，就黃金的本質而言是沒有污垢的，當黃金表面被層層的泥土、灰塵與油垢包裹遮蓋住時，無法顯耀出黃金的光華，更無法彰顯出黃金的價值。但是，當我們將黃金擦拭洗淨之後，黃金本身的光華就會顯現出來，還原了本無垢染的黃金本色。同理，如來藏的隱顯情況也是如此。

又如天空闊朗無垠，然而當天空被白雲或烏雲遮蓋住時，雖不復見天空的開闊光采，但天空的湛藍開闊本質不變；當雲朵都消散時，天空本身湛藍色的光采就會再度顯現；因爲雲朵只能暫時性地遮蔽天空本具的湛藍色光采，這並不是在雲朵離散之後所新製造出來的天空。

同理，我們現在的內心被貪瞋癡傲慢嫉妒的惡劣習氣所垢染，因此內心的實相本貌也被垢染所遮蓋住而呈現隱沒狀態；當我們透過修持，將造成內心垢染的所有惡劣之習氣雜質全部滅除，並且達到內心的窮盡消散處的當下，唯一僅存的內心就是內心的本貌，也稱之爲覺性。如同天空的比喻，覺性本身是沒有任何垢染的，只有顯與隱的狀態。只是尚未修持的我們，目前都是妄念心在發揮作用，因此自己獨有的覺性也就被遮隱了，當我們透過修持將妄念心都消散窮盡的當下，齊備佛一切功德的覺性本貌就會再顯現出來。

上師對聞法弟子直接指出並說明「所謂的內心窮盡消散掉後的內心覺性本貌」，此即稱爲本貌直指。當上師直指內心本貌並給予講解說明之後，不論聞法的弟子當下能不能契入或直達證悟之境，至少對總體的意義一定會有所瞭解。如果上師已經爲聞法弟子做了本貌直指的教授之後，聞法弟子對整體的概論仍然一無所獲或毫無瞭解，那麼這個直指本貌就顯得毫無意義與效用了。

就如同用手指頭指天空的方式來說明天空的樣貌一般，天空本身也是無形無相的，之所以用手指頭指天空，僅僅也只是指引的動作而已，然後將天空的樣貌，做一個名言安立爲天空的動作；現在讓弟子有時間對內心有一個概略性的瞭解，慢慢地就能夠證悟天空的本貌。上師對心貌直指做解釋與說明之後，有證悟當然是非常好，如果不能，至少也要對本貌直指的意義有所瞭解，留待時日慢慢地就能有所證悟了。

在大圓滿的教法裡，當觀察自己內心的入住出之際，會發現心念的最初生起、中間安住，以及最後消散的地方其實都找不到，此時自心就會了悟到內心本身是自性不成立的，是諦實成立爲空的。自己對這了悟生起完全堅定的信心，因爲是透過觀察心念的入住出禪修的實修之後所得到的了悟，是來自於自心的觀察分析與體會後所得到的結論。以此領悟其內心的諸多妄念因而會滅掉，妄念滅盡後的內心，依然好好地安住在無妄念的狀態之中，此即「首先我心置鬆坦」，是禪修的成果。

舉水爲例，當水呈現混濁的狀態時，我們就無法知道這個水質本身是否乾淨、清澈，唯有不去搖動水，讓水慢慢地沉澱之後，我們才能看出水的品質如何。如果讓水持續地滾動，那麼水中混雜的泥沙與雜質，就會不斷地上下翻騰，如此一來，我們就無法得知水質如何了。

同理，我們想辦法讓如濁水般妄念紛飛的內心沉澱下來，當內心完全沉澱下來之際，內心清澈的本質覺性就會顯現。而能夠讓內心沉澱的方式與沉澱濁水的道理相同，就是不要再去動它，此為不造作；當心不再去造作，慢慢地內心的妄念就消散回歸明晰。

我們現在內心妄念造作得非常地嚴重，所造作的妄念，無非就是貪念、瞋恨、愚癡、傲慢及嫉妒等等，因為持續著很多的造作，如同不斷地去搖動內心，內心一直呈現搖動的狀態，當然就永遠在混濁當中，內心的明晰也就一直沒有機會呈現。

在生活中要如何才能做到內心不再造作呢？舉例說明，當我們眼識看到色法之後，第六意識就會決定所看到的是悅意或不悅意；如果分辨為悅意的則會產生貪念，不悅意的則會產生瞋恨；第六意識就因此一運作而產生了貪念或瞋恨，而因為內心的貪念、瞋恨及愚癡一直在造作，也就讓內心呈現混濁狀態無法明晰了。

如果，現在我們能夠不要再去造作內心，也就是當眼識看到色法之後，第六意識不要再去分辨所看到的是悅意或是不悅意，只要保持著看到就只是看到，不再造作內心起分別。在日常生活中這樣子實修，能夠讓我們不再因造作而去干擾內心；久而久之，內心的妄念紛飛就會逐漸地沉澱。當妄念消散沉澱之後，心識的清明就會出現了。

這種方式如同牧童放牧牛羊的方式，當牧童將豢養的牛羊放牧到山上吃草、喝水休息的時候，他需要做的僅僅只是時時刻刻地看顧著放牧的牛羊，並確保牛羊們不會因爲走散而走失就可以了；如果牧童沒有用心看顧放牧的牛羊，則就很可能會發生牛羊走散的危險。

同理，我們只要好好地看著自己的內心，不要去干擾它，也不要去做分辨；內心能夠不造作，妄念心就會逐漸消散，內心也就會呈現出寬坦與輕鬆，此即「首先我心置鬆坦」。

一開始時，我們曾談到眾生的內心起伏變化非常大，有如瘋猴，那些內心的起伏改變非常地大就是妄念，也就是由貪念、瞋恨及愚癡等等相互交織而成的妄念之網，眾生都被妄念之網層層地包裹起來不得自由而不自知；妄念之網存在一天，眾生就一天無法契入內心的本貌。

因此，實修的首要就是先滅掉妄念之網，依賴的方法就是大圓滿教法中觀察內心入住出的修心法，慢慢的妄念就會停掉。不過，這僅僅只是滅掉貪瞋癡所構成的粗分妄念，還有很多細分的妄念是非常不易察覺的。

何謂細分的妄念？譬如說，因爲基於對於法的相信，在努力實修時，總會伴隨著很多期望的念頭或懷疑的念頭。所謂期望的念頭，譬如會期望自己得到本尊的功德與成就。又或者是因爲障礙是不好的，自己內心期望透過修法將障礙消除，這也是個細分的妄念心。

一般而言，粗分的妄念心比較容易被掌握住，也比較容易滅掉；但細分的妄念心就完全不同，甭說要將它滅掉，僅僅只是要掌握看到細分的妄念心就實在是很困難，因爲大多數人於修法時，不可避免的都會期望得到好的功德，對不好的或懷疑的部分則存有著避開的想法。倘若在實修時經常伴隨著期望或排除的心念，我們的實修將無法眞正地進入道路裡。若修法不能入於道，那麼法的果就無法成熟，因之實修時任何的細分妄念心都需要認定清楚，要能認清楚則須依靠上師的直指口訣與教誡。

有妄念心才能夠證悟法性

密勒日巴尊者曾經針對細分的妄念心開示過：「不靠著世俗諦，不可能證悟勝義諦，不靠著妄念，不可能證悟法性。」因爲，內心窮盡之處就是法性，內心消散之處是覺性。當這個妄念心出現時，要能夠直接安住在這個妄念心的能思惟者及所思惟的內容，並且能夠直接了悟到妄念本身自性不成立的特質，因此能夠在妄念的本質上安住。之後當內心的妄念消散後，就能夠看到法身覺性的本貌，這是大圓滿教法的修持特色「妄念自解脫」。此完全有別於一般的能斷與應斷的對治處理，這是透過世俗諦去證悟勝義諦，也就是需要透過妄念心才能夠證悟法性；因爲當妄念出現的時候，只要單純地看著這個妄念心的本質，離開這個能思的主體與所思的內容，採不用對治的方式讓它自然消滅與窮盡，當妄念窮盡之際覺性顯現才有契入覺性本貌的機會。這也就是密勒日巴尊者所開示的意涵，靠世俗諦才能夠證悟勝義諦。相同的道理，有妄念心才能夠證悟法性。所以，當妄念出現的時候，僅僅只是看著妄念心的本質，完全離開妄念心的主客體，契入妄念心的法性覺性本貌之中。

再舉海浪爲例，大海中的海浪無論怎麼翻騰，最後就是沉沒到海水裡，因爲海浪是海水湧動的現象，海浪與海水的本質相同。

妄念心來自法性及覺性本貌的心性光明力道的作用與顯現。因此，只要不要讓妄念心相續不斷，當妄念心沉靜下來時，也唯有回歸沒入心性光明之中。因此，我們所需要努力的就是透過上師給予的口訣與直指，依此方式努力做實修，讓自心安住在妄念的本質之中。對此教法大家不僅只是瞭解，一定要在聽聞與瞭解之後努力付諸實修，想辦法讓自己在依止教導及正確修持之後能產生覺受。

頌文「首先我心置鬆坦」，觀察內心的入住出：「內心不造作靜待妄念消散之後，呈現明晰狀態的同時，也會感到輕鬆與寬坦。」此即本句之意境。而要如何達到這樣的狀態呢？後文接著談到讓妄念滅掉的修心法，就是頌文中的「不放不收無妄念」，讓妄念本身自現自解脫，這是一個重要的關鍵；其中「不放」指的是當內心的妄念在第一剎那出現時，不去追逐它，也不繼續去追逐妄念的第二剎那或第三剎那。「不收」，指的是當妄念出現時我把它收回來；或者因爲妄念是不好的，所以用對治的方式把妄念滅掉並將心收回來。「無妄念」，既非是一念不生，也不是單獨的一念，指的是當妄念自現自解脫時，在內心妄念窮盡與消散之處，當下那個完全都不造作的內心狀態就是無妄念。

當妄念出現時，心不造作、不對治及不放也不去追逐，僅僅是觀察來自本智法界的力道搖動時出現的妄念，讓妄念自然地又沉沒回歸本智法界之中，如此一來不放、不收及無妄念，妄念自己解脫與消散掉，能掌握住這個關鍵要點，妄念便能自現自解脫。

妄念的續流之所以源源不斷的原因，就是因爲心被妄念引動而持續造作，因而幫助了本應如雪般瞬間消融的妄念卻紛飛不斷，從第一剎那、第二剎那、第三剎等等地如波濤般翻騰不斷。

如今我們已獲知觀修的關鍵，就是僅僅觀察妄念然後沒有造作、不放也不收，也就是不採取助長妄念生成的動作，如此一來妄念就會有如雪紛飛之後，沉沒入湖裡般地消散得無影無蹤，這就是妄念現解同時的解脫方式。

若心能不隨妄念造作，妄念的力量就會變薄弱，那麼也就不會造輪迴的業，因爲它只有一剎那，沒有第二或第三剎那。而當念頭的力量不夠並逐漸變薄弱後，久而久之也就消散解脫了，這也是我們前面所講解的「首先我心置鬆坦，不放不收無妄念」就是讓妄念自現自解脫，若能如此則內心就會安住在清澈明晰之中了。

巴珠仁波切也曾開示過「現解關鍵念六字」，用自現自解的關鍵要點方式來念誦「嗡瑪尼唄美吽」六字明咒；念誦時，當妄念出現不要去對付它，讓妄念自現自解脫，這是念咒修持的關鍵處。一般眾生持誦瑪尼咒的方式是，嘴巴上念六字明咒，腦子沒有念；因爲心腦總是想著過去、現在與未來，妄念紛飛如同萬馬奔騰的浪花一樣，無法讓妄念本身自現自解脫。這個修持要訣若是對一般行者說，他們會覺得沒有什麼意思，但如果是針對大圓滿的禪修士，他們明白這是大圓滿的道路，而且是大圓滿的見地、觀修與行持的修持關鍵要點，應當掌握此關鍵來持誦六字明咒；如果，禪修士能掌握此關鍵進行禪修，本身會有禪修的味道出現，會品嘗到法味，其所禪修的成果就會成熟出功德，當然他的信心也就會非常地強烈，也因之會更加地用功。

由以上可以理解到，不論是在禪修或持誦咒語或念誦經典時，要做到如巴珠仁波切這般的往聖先賢們所做開示的內容，要掌握關鍵修持。雖然往聖先賢們很可能只是講了一句很簡要的句子或開示，然而本身所含的義理已是深不可測，且廣博的法義已蘊涵其中，明白人只要一聽或一看，就瞭解簡要的詞句中包含很深奧的境界。

所以我們現前當務之急，就是要先努力地想辦法把自心的妄念去除掉。否則在妄念紛飛的情況之下進行禪修或持誦六字明咒，我們只會覺得身心都很辛苦，身體瘦痛難耐、內心覺得很無聊；如果眞是這種情況的話，還不如去做世俗的士農工商，因爲其內心都很專注同時也會品嘗到做事情的世俗味道；因爲他品嘗到俗味，所以他會對這件事情的信心很強烈，因此會更努力去做，也就會做得非常好，那麼自然就能很成功了，這對法緣尚未成熟的人而言，未嘗不是件好事。

言詮不足以證果

話雖如此，不論是大圓滿的心貌直指這個名詞，或者是大手印以及大中觀這些教法與詞句，他們的作用，都不是提供給法油子用在嘴上的詞句而已，更不是讓法油子用來向別人講說炫耀，或廣受別人崇拜以及自己驕傲自滿的，更不是讓眾生濫觴於言詮之流的。這些法的內容，是讓我們從實修中品嘗到法味，並且持續地修持到成就果位，進而利益眾生的。

基於廣傳教法與利益眾生之需，透過名言詞句的流傳，來幫助有誠懇之心的修持者進行教法的實修是非常重要的。因爲若無名言詞句的講述，則世間之人皆無從得知教法的意涵和精要。然而，這些甚深的法義雖能依靠名言詞句來說明，但詞句的說明也僅僅只是說明而已，不可能僅僅依賴名言詞句本身就能如理如實把意涵與境界指出來，即便是心貌直指也是如此。

對現在的我們而言，可以透過所謂的方便善巧法門，幫助我們瞭解內心本貌，如透過大中觀或大圓滿，乃至大手印等等的方便善巧詞句的講說，然而這些講說也僅是如指月般的手指。要想達月或體會品嘗到法味，則非得依靠實修不可，因為透過教法的實踐，法味才會漸漸地出現，內心也才能漸次地品嘗到法味。

這個義理在《般若大佛母祈請文》裡面也有談到：「離言思詮勝慧到彼岸，不生不滅虛空本質性，各自覺性本智所行境，頂禮般若大佛母。」行文的意思也是在解釋著用離言思詮的詞句，為每個人介紹自己的覺性本智或覺性本貌本身，這些詞句僅僅是個概述與解釋，以及用來幫助眾生能夠契入與了悟對境而已，真正要能親自品嘗到法味，是必須自己掌握到實修的關鍵要訣並付諸實修，才有機會親自品味到的。

修持的究竟之處，不論是大中觀、大手印、大圓滿甚或是般若佛母，都只不過是各自解釋的方式不同，各自用不同的詞句去解釋，但其實所要解釋的內容與意義都是相同的；也由此可理解到，名言詞句真的只能達到指月的功用，是無法如理如實地讓行者內心證悟；行者想要自心如實地了悟與證悟，必須依靠掌握關鍵的精進禪修才有機會達月。

妄念是輪迴三有的主因

妄念是讓我們依舊在三有輪迴裡流轉不停的主因，佛陀與往聖先賢們為了幫助我們把妄念的續流斷滅，因此，慈悲地開示了大手印、大中觀與大圓滿等等的善巧之法，嘗試著透過詞句的描述與解釋，來爲我們講述覺性本貌本身的正見關鍵要點，以及正確的斷離妄念續流的方式。因此，在闡述到見地的一開始就先講「首先我心置鬆坦，不放不收無妄念」。

現今的我們還沒有足夠的能力和福報資糧，能讓自己達到勝義本智現前。我們現在最應該努力的就是不斷地累積資糧與消除罪障，並且在道路上掌握關鍵努力的禪修，若能如此則內心不造作的本貌就能夠出現。反過來說，不能證悟勝義俱生的本智，或者達不到內心完全不造作本然無妄念的狀態，主因就是一開始修持時沒有先辛苦勞累地爲自己廣行累積資糧與消除罪障；所以大家應該要理解到積資淨障的重要性與必須性。

即使只是「不放不收無妄念」這個句子，也都飽含法義的關鍵，我們有必要非常地重視它；哪怕僅僅只是以見地及觀修的角度而言，可以直接讓自己安住在「不放不收無妄念」法義上進行觀修也是可以的。

當行者在修持本尊生起次第實修時，即使只實修一位本尊，也都必須齊備明晰、堅固、清淨的明固淨三個條件。同理，在圓滿次第觀修時，如果有覺受產生，也不可對覺受產生耽著心。一般而言，如果行者對於樂明無妄念的安樂覺受產生耽著貪戀，將來則會投生到色界、無色界及欲界的天道；由此可知，即使樂明無妄念覺受產生，也是不可以產生耽著貪戀的，否則這個耽著覺受本身的妄念心就會變成三界輪迴的因，也會成為達到成就的障礙，因此一定要努力想辦法對治並將其滅掉。

耽著的妄念心，就如同在風吹動之下燃燒的蠟燭，會發生很多的危險。因此要像沒有風的蠟燭或沒有浪的海水般，在無絲毫妄念雜質的禪修狀態下，繼續單純地保任才好。倘若在禪修的半途，對法味產生了執著與貪戀，那麼後續的了空慧與無我勝慧就無法產生，這也就非常可惜了；這也就是為何只單修安止，是不可能脫離輪迴的原因。

如果行者在修生起次第的階段，懷抱著一定要獲得果位及成就的大期望，如：懷抱著我要得到本尊的成就，那麼，修長壽法的就想要得到長壽成就；修阿彌陀佛法的，要得到親見阿彌陀佛本尊的成就；又或者說我要成功地驅除障礙等等。在還沒有修行之前，內心就先有這些妄念心，這是未實修前先為自己製造了實修證悟的障礙，也就是所謂的未得禪修先障礙。修行者不論是實修上座前的期望妄念雜質，或是對禪修覺受產生耽著貪戀的妄念雜質，這些都會形成禪修證悟的障礙，甚至會是輪轉於天道之因，因此行者對這些禪修問題和狀況，一定要極力避免及小心謹慎處理。

曾經有初學者問：「不是有方向的實修，才會有效果嗎？如果實修完全沒有方向與目標的話，可能就無努力的著力點？」針對此一疑問，可從幾個角度來談，有些人因爲自己的內心產生妄念執著，導致對大圓滿的見地不能夠接受，肯定是會有這樣的人。不過我們現在是在說明大圓滿見地內容，如果要依大圓滿的教法進行實修的弟子，那麼他就必須對大圓滿的見地有強烈的信心及信賴才行。實修大圓滿教法的弟子，也是必須依著大圓滿教法的見地，在三輪體空的基礎上進行實修。即使在修持本尊法，也是如此，要建立在能修、所修與本尊成就，這三者都是自性不能成立、都是三輪體空的基礎上來進行實修。

如果事先在內心緣取一個目標與期望，並懷抱著堅持要得到這個目標，之後才努力地進行禪修，這種禪修方式只能當做得到大圓滿見地前的順緣，以大圓滿的見地標準來講，這不算是眞正的禪修。

吉祥獅子尊者對當時聞法的弟子們開示大圓滿教法《三句擊要》的內容時，許多不同根器與修持下乘道路的弟子們，在聽聞之後毀謗而且完全不相信極喜金剛的開示，並說極喜金剛所開示的教法，是極喜金剛的涅槃遺教而已，而且是違背佛法的業力因果。結果毀謗這教法的弟子，之後有的是口吐鮮血，有些是頭痛欲裂等等，像這類故事記載在歷史上是很多的。

不同的教法都有各自教法所應機與調伏的各類根器之弟子，大圓滿的實修的確沒有那麼容易，也就是因爲沒有那麼容易做到，因此就有很多人在取得大圓滿教法的見地之前，先用這種預設目標的禪修方式，當成獲得大圓滿見地前的順緣來暫時性修持。

爲何需要用這種暫時性修持？因爲，如果沒有暫時緣取的目標，就沒有動力進行實修，那麼也就沒有幫助自己進入大圓滿見地的順緣了。如果他仰賴這個暫時性的順緣去精進禪修，有一天他就能夠契入大圓滿的見地。

我們現在所處的階段，是屬於內心不清淨的輪迴眾生。因爲內心的妄念很多，所以我們認定有所謂的痛苦存在，因爲有痛苦的存在，所以要有把痛苦消滅掉的對治法門；而對治的法門，當然就是道路上實修所得到的果位與成果，因此要好好地努力去實修。當然這是個很好的實修念頭，不過這仍然只能當做是進入大圓滿見地前的順緣修持，等到將來具備了大圓滿的實修能力時，仍然應依著大圓滿的見地，不緣取任何的期望、不摻雜任何的念頭來實修，必須仍舊是要依著三輪體空的方式，來進行大圓滿教法的禪修。

這兩種法門是不能混爲一談的，對下乘道路的行者而言，修持本尊法之前應先對本尊產生虔誠的信心，並期望透過實修取得本尊的成就，這對他來說是好的念頭和動力之源，所以須仰賴這個好的念頭來當做實修的順緣。因爲如果沒有這個念頭，他就不會進行實修，當然也就無法進入道路。因此，對下乘門的行者就暫時不適合介紹大圓滿的教法，因爲不契合他們的根機。

然而，對於相應大圓滿教法機緣的行者而言，在聽聞大圓滿法的見地、觀修與行持教法之後，就會對講法者與教法和修持方式都能產生強烈的信心，並且掌握教法的關鍵要點進行實修。同時也明白，即便只是修持本尊法，也應把握三輪體空的修持要訣，不會讓自心又摻雜著期望的妄念之心，爲自己增添不必要的修持與證悟的障礙。

爲了因應各類根器，修持法門如同湧出海面的浪花般地多彩多姿。不過，當修持進入最後的證悟實修階段時，也應如同浪花般再回歸到海水的本質之中。也就是萬般的修持，在進展到最後的實修階段時，依然要進入到不能摻雜任何的執著來進行實修。如此一來，不就是和大圓滿的修持相契合了嗎？因爲每個人的因緣福報與修持的根機不盡然相同，而所謂修持的根器是指相應的修持法門。因此，不能一言以蔽之，應當依自己所需的實修的道路來分別做討論。

我們再以搭乘交通工具爲例幫助大家理解，譬如我們預定之目的地是台南，那麼從不同地點出發的人，都要順著自己條件及情況與喜好來選擇適合自己的交通方式。因此，每個人的方式也會不同，有人坐高鐵、有的坐火車、有的坐飛機、有的自己開車、有的坐巴士等。

然而，因所選擇的交通方式不同，到達的速度快慢也就不一樣了。此外在路上遇到障礙的大小與情況也是不一樣的。相較之下，開車或坐巴士可能遇到的障礙會比搭高鐵跟火車多一點吧？總之，無論如何只要最後可以順利到達台南就行了。然而，既已到達台南，也就不再需要任何交通工具了。

同理，邁向證悟的實修道路有很多種，應當順著自己的能力與根器選擇實修方式。上等根器者，適合上等實修方法；中等根器者與末等根器者，也都有他們各自適合的方式。但是不管選擇任何方式，只要是進行到最後的修持階段，一定會來到大圓滿教法的見地之修持方式與標準。大多數的行者是沒有具備足夠的能力，能一開始就用上大圓滿的見地、觀修與行持的方法，因之，在此之前須進行很多實修的訓練工作。

身為凡夫的我們內心都有著很多的想法，我們認為痛苦跟快樂是完全不一樣的兩個狀態：想要追求快樂、也想要避開痛苦；因為想離苦得樂，所以要用方法來對治而要努力實修佛法。凡夫因為先有這種想法，之後才會進入求解脫的道路，也才會勤快地做實修，讓地道功德逐漸地進步與成長，直到福報資糧具足之後，對大圓滿的見地也就會產生信心了。接著才會進入大圓滿的道路來實修，然後靠著佛法的實修，就能離苦得樂解脫成佛。一切的應機修持都是有其不可逾越的次第，好比一位身無分文的人，是無能力買機票搭飛機直抵台南的，他只能選擇其他的方式。

不論是我們現在所談之禪修樂明無妄念的覺受，或是修本尊法乃至修安止，當內心能夠稍稍安住時，也會產生一些快樂的覺受。如果我們對覺受能不貪戀執著，則這個覺受的本身就沒有摻雜到雜質，於此情況之下，其力道就會增長及增廣，當力道很強大時，就會轉變成為證悟，只要證悟了，就不會再弄丟了。反之，若未能好好地保管覺受，這覺受有的會丟失，有的會變成障礙——一旦對覺受產生貪戀執著，覺受就會變成障礙，那麼當然就不能得到證悟了。

當修持的道路上覺受出現時，要如何去判斷？如何才不會形成障礙？這些都有很多的解釋與說明，但總而言之，禪修上有覺受出現，這是會發生且必經的過程，因為不經由覺受的力道，就沒有證悟的產生。當我們走到覺受的路段時，如果我們能對覺受不進行取捨，也就是保持讓這個覺受沒有摻雜到任何執著的雜質繼續實修，覺受的力道就會越來越強，如此一來覺受會幫助我們眞正地走到證悟道路的開端，此稱之為道端。當走到道端後，再繼續做實修，證悟就會產生。

密勒日巴尊者曾針對覺受出現時，應不應執著的這個問題做了以下的開示：「覺受不稀奇，因為它像晨霧一樣容易消散；但證悟就像天空一樣，是不會消失的，那才是稀奇。」

當樂明無妄念覺受產生時，若能完全沒有任何執著的貪戀心，那麼自然就不會去追逐，心也就不會朝向它而去了，這在大手印教法裡專用的名詞為「無朝向」。帝諾巴尊者在他的大手印口訣裡面就談到「心無朝向大手印，無朝向得大菩提」，在大手印實修教法裡的要求就是：內心沒有朝向一個指向的目標而去，如此便會得到大菩提了。此大手印之教法的無朝向口訣，對應到大圓滿教法裡，就是「沒有耽著心」。

頌文「等住此況鬆坦時」

「等住」指在這個內心本然無妄念的狀態中，平等安住繼續保任。「此況」在大圓滿教法裡，解釋成法身的狀況，指內心無妄念、內心本貌本然的狀態。而大手印解釋「此況」是用「本然」，本然的意思就是它原來就是這個樣子，不是用任何造作的方式把它製造出來的，本來如此之意。大手印用「本然」，大圓滿用「此況」。

而全句「等住此況」，大圓滿解釋爲安置於法身狀態之中。此爲關鍵要點，在內心的本然狀態上繼續保任而安住，這是大圓滿教法獨特的觀修方式。如果行者只是達到一念不生，但並沒有保任在覺性本貌上，則不能稱爲「等住此況」，必須是一念不生並且平等安住在覺性本貌之上，才可稱爲「等住此況」。當處於等住此況鬆坦時，應該是像沒有風吹的蠟燭，或者沒有浪花的海水一樣，如是地好好安住。

曾經有弟子去請教頂果欽哲仁波切關於「等住此況」的這個「此況」是什麼意思？頂果欽哲仁波切回答：「那是法身的狀態，安住在法身的尊意之中。」所謂法身的狀態之中與法身的尊意，其實就是前面講的無妄念，是當妄念自現自解脫完全都消散掉的時候，內心的覺性本貌法身浮現出來。而「等住」就是平等安住。平，也就是不造作而安住。

平等安住指的是當內心妄念窮盡消散之際，內心本然的覺性本貌會赤裸裸地浮現出來，因無妄念摻雜，因此當下內心就能很輕鬆及不造作地平等地安住，因為繼續安住於此況，等於就是在修練安住的力道，因此，越能安住也就越增強安住的力道，這是正向的發展。

寧瑪派把這個不花力氣、不用造作的安住方式，稱之為「自停而住」；是讓內心自自然然地就停住在法身的狀態當中，也因為沒有用造作的方式去改變或調整，所以稱「自停而住」。

當我都不造作讓妄念自現自解脫，而讓覺性本貌赤裸裸地浮現，也就是法身出現的時候，繼續採用自停的方式、不造作、不花任何力氣，而安住保任下去，因為已達等住此況鬆坦時，那麼樂明無妄念的覺受就必定會出現。但是如果我們又對這個覺受產生耽著心，那麼就又走到岔路去了。

假設我們現在都做不到前面所說的標準，那麼就要先努力幫自己累積資糧消除罪障。

不收不放無妄念並且努力修持大圓滿教法中的兩種觀修心法，雙邊同時進行直到自己達到眞正的「不放不收無妄念」，念頭自現自解脫、一念不生、覺性本貌赤裸浮現前，之後再好好地平等安住。此時，才能在觀修上進行保任的工夫與練習力道，如此一來力道就會越來越強。

頌文「驀然擊心呼一呸，猛烈力短耶瑪霍」

假設，在實修時內心對樂明無妄念的出現產生耽著心，又因爲耽著心很強烈，導致妄念紛飛而讓自己暈頭轉向無法繼續做實修時，那麼應該要馬上把這個念頭去除！去除的方式，就是「驀然擊心呼一呸」這句頌文是說：馬上口中就要呼一聲「呸」，把耽著心去除。「驀然」是馬上、毫不猶豫、不能等待；「呼」是口中用力出聲念；「呸」是呸字音。全句意思就是：馬上用力出聲念「呸」，刺中自己妄念紛飛不能自主的內心。不過，這個方法是針對實修進程已經是有樂明無妄念的覺受產生，並且對其覺受伴隨著緣取及貪戀與執著的行者而言。

我們現在的情況，應該是處於禪修的時候妄念紛飛的處境，甚至因爲妄念紛飛而胡思亂想、暈頭轉向無法安止。所以通用的處置方式，也是用「驀然擊心呼一呸」，用這個方式也能夠頓時就消散那些念頭。禪修士在面對上座禪修所產生之妄念紛飛的狀況，必須毫不等待地在突然間，就口中猛力地念一聲呸，用此「呸」聲音立刻把妄念全部消滅掉。不過，如果要自己在毫無準備的情況下念誦一個「呸」字，這也是很困難。但，假設是別人念誦一個「呸」字的同時，我們自己的內心也會「動」了一下，這是因爲有「呸」的聲音出現，內心動的同時也會自動配合「呸」的聲音，而此刻的內心會呈現出明晰與清澈的狀態，這是「呸」的幫助效果。

爲什麼會有這樣的效果出現呢？因爲「呸」一聲的當下，就等於幫助內心專注在「呸」的聲音上，當下的內心是完全沒有摻雜到其他的妄念，所以內心能夠達到暫時性的安住。在「呸」的聲音上安住一下下，隨著「呸」的聲音逐漸遙遠與慢慢地消散掉，別的念頭又浮動和疊上來了。所以「呸」的聲音，也只是幫助禪修能夠把妄念暫時消滅與止息的一個方法。

「呸」的方式可有下面兩種：一、突然就出現「呸」，且要很大聲、猛烈並且力短。二、「呸」小聲一點，但還是要有力氣而且時間要很短，要像突然間嚇一跳像打雷一樣，這也可以。這樣的「呸」，就可以把妄念的持續之流斷掉。補充說明一下，我們在這裡的「呸」跟在修施身法時所使用的「呸」，是不一樣的。

常有一種情形，就是有的人平常想法很單純、也不太會胡思亂想，或者是記憶力很不好、很容易忘記事情，但上座禪修、持咒或課誦佛經時，當內心寧靜下來，反而會冒出很多的念頭，或想起很多之前已經都忘記的事情，比方說誰來借東西、誰跟我借錢、誰跟我講過什麼話等等，這種情況也常見。以前有一個人在講解上師的事蹟與故事時，有些上師的故事他完全想不起來，在底下聽法的人就說，沒關係你現在立刻禪坐一下，肯定可以立刻想起來。

在實修時當念頭多如海浪翻滾不斷時，就應當要斷然地「驀然擊心呼一呸」，將妄念做一個有效的處置。藉由念誦「呸」的當下，將這些妄念之念頭止息掉。要怎麼念誦「呸」呢？「猛烈力短耶瑪霍」，就是要用猛烈且強而有力的方式來念誦「呸」。念的時候，這個「呸」本身要很大聲、很猛烈、很有力量，並且音要很短促，不能念得老長老長的。如果念得很長的話，那又會對這個聲音產生耽著心，所以這個字的音要力量強且短促。倘若念誦一次還沒有辦法斬斷念頭，可以念誦二或三次。

我們這麼做的主要原因，是因爲目前大家內心的思惟與行爲方式像個瘋子般，既不能安住下來，放出去也是隨便亂跑，不應該忘記的卻忘記了，該忘記的卻又記得牢牢的。面對這種情況時要思惟：如果我們說內心是有的話，透過剛剛修心法時觀察自己內心的形狀、顏色卻什麼都沒有看到；但若說沒有內心的話，我們在輪迴裡面所遇到的順逆境的痛苦與快樂，又都是內心與念頭所造成的。

在大圓滿的祈願文裡有談到「非有」，因爲看不見佛，所以不是有不是無。此是輪迴涅槃的基礎，大圓滿的實相即遠離二有及二無這四個戲論邊，希望自己能夠證悟。然而問題是我們與眾生都還處在不瞭解實相的階段，內心的實相爲內心本身有一個原來的樣子和安住處。但是，現在我們的內心都是另外一種樣子，也沒有安住在原來的處所，我們現下的內心和內心本貌已經脫節了。因此，希望透過消滅妄念之流，幫助自己回到內心本貌。因爲內心妄念若不能滅掉，則不可能證悟勝義俱生本智的內心本質。因此之故，就需要藉助「驀然擊心呼一呸」，幫助自己的內心達到前面所談到的「大圓滿無耽著之心」，或者說「大手印無朝向的內心狀態」。

剛剛有弟子反應：「如果一直有妄念，就一直『呸』，那不就『呸』不完？」若弟子們擔心會有這種情況，你以後禪修的時候，先準備好棍子放在旁邊，然後先預定「呸」三聲爲標準；如果，呸完三聲，還是妄念紛飛的話，就直接用棍子敲自己的頭，而且是要猛烈有力地敲自己頭才可以。因爲輕輕敲的話，顯然不會有什麼效果，也沒有什麼感覺，要打大力一點，如果打到昏倒了，就沒有妄念了。

稚兒童心之喻

當一個純眞的幼稚園小孩，走進擁有很多壁畫與佛像的佛堂裡，孩子並不會去分析圖畫本身或者畫師的手藝好或不好，或材質是否好；但是如果是我們一般人進到佛堂，不論是看到佛像或是壁畫，心腦就會馬上開始分析這是舊的佛像、那是新的佛像、這是黃金做的佛像很珍貴、那是泥巴捏的佛像沒有什麼價值等等，我們的念頭裡會做很多這樣的分析，換言之也就是分別心很強。

反觀如果是個小孩子或是個愚笨的人，他們不會有這麼多的想法與念頭，甚至完全沒有任何念頭。而對一個瘋子來講，也差不多是沒有這些念頭的。什麼意思呢？首先，我們先來認識或定義一下所謂的瘋子，瘋子內心的念頭大概都是突然出現的。比方說，他突然間就快樂，或者他突然間就痛苦了，又或者突然間就又想到什麼，他的思緒都是突然間出現，完全不能預測，內心也完全沒朝向，所以既沒慚愧而且內心也不會顧情面，什麼都毫不造作自然地就流露出來了，因爲都是突然的，所以大概是沒有什麼妄念之心的人。

而我們的情況就完全相反，我們每天的生活幾乎全部都是造作出來的。比方說今天出門前要先想一下，等等見到誰什麼話可以講、什麼話不可以講。要去見某人時，衣服要這樣穿、頭髮要那樣梳等，等到出屋子之後的待人接物，就依照預先思考與設想的如法操作，然而這些全部都是造作出來的。

不論是生活中的男女朋友交往、兄弟姊妹互動、左鄰右舍的相處，乃至於辦公室同仁的交流等等，我們的衣食住行百分之九十以上，全部都是造作的。彼此間都是在欺騙對方，甚或彼此間都在互相造作而不自知。我們沒有神通，無法如同已經證悟勝義本智的聖者一看就全明白，每人及每天都在自己與對方毫無所知的互相欺騙與裝模作樣之下，暈頭轉向地過日子。

如何能確定呢？因為大多數的人在多數的輪迴時空裡是苦的，因為雙方所做的事都是互相傷害與造作的緣故。所以也為自己與他人都帶來無限的苦楚，由此可以證明，大家都是在矯揉造作、互相欺騙與假裝之下來過日子的，輪迴就是這個樣子。然而，實際上的情況是，萬法自性不成立的。但是愚昧的我們，把「它」執著成有和眞實存在的。事實上，連自己也是不成立的。而且大家絕大多數的時間，都是浪費在沒有心要的輪迴活動中，糊里糊塗地過日子，空費一生的生命與錯過可能的證悟。

頌文「任皆不是楞楞然」

「任皆不是楞楞然」，本句中的「任皆不是」所指的就是輪迴的法其本身自己不能夠成立，所以叫自性不成立，是勝義諦天然本智；但因爲眾生內心的妄念造作，而形成輪迴的痛苦，已經偏離了所有法的實相本貌，所以這個法本身已不是原來所顯的樣子。因爲不能夠了悟萬法自性不成立，所以無論如何努力做也無法得到解脫。

「楞楞然」是指內心安住在沒有渙散狀態之中；因爲楞楞然類似發呆，沒有胡思亂想。總而言之，讓自心認定勝義諦天然本智的樣子，並且讓內心的持續之流，沒有離開也沒有渙散，繼續地安住在那個狀態之中，這樣的心續狀態稱之爲「楞楞然」。

就大圓滿的教法而言，即使聽聞再多的法，如果不能夠對見地認識清楚，修持常常會產生許多的錯誤，也會讓自己在很多的錯誤之中暈頭轉向，無法讓自己的修行進入道端，當然修持更無法有突飛猛進的進展。

如果沒有契入內心本貌，則所做的一切都只會是錯亂的，即使是禪修也是錯亂的。契入內心本貌這件事，並不像做個面具讓自己戴起來這麼簡單，那是無法裝出來的。行者透過見地做觀修，並在觀修之中契入內心本貌，那時的覺受就如同啞巴做了個美夢，或者是啞巴吃甜甘蔗般無法言喻。

這些都是在比喻已經走在大圓滿道路上的禪修士，當他進入道端或者是已經走到後面道路上時的突飛猛進，都是像是啞巴吃甘蔗或做美夢般無法向別人講述；即便是向自己的上師做報告，上師也只是做一個名言上的表示，然而詞句的表示並不能如理如實地做說明的，因爲那是自己各自覺性本智所行進的。就自己實修而言是無法先向別人詢問清楚的，因爲那是屬於個人內心的覺受無法言喻。就自己的內心本貌而言，一旦有所講說的當下，所講說的內容跟詞句，就已經離開了內心本貌；內心的本貌必須是能表示、所表示跟表示的活動三輪體空。

與大家分享一個禪修的例子，有位禪修士準備閉三年三分的閉關，結果去閉關一天之後他就出來了，有人就問他怎麼沒有繼續閉關呢？他說「總而言之，閉關的時候，沒有這個能看到者、也沒有所看到的內容、其實也沒有看的活動，所以閉關跟不閉關也沒有什麼差別。」說完之後，他就離開了。這是什麼意思呢？就是在禪修的時候，他禪修的力量對內心無朝向這個部分，已經做到力道圓滿，已經到最廣大的程度，已達內心無朝向。所以對這位禪修士而言，禪修就不一定是要金剛跏趺坐，也不一定要關在房間裡才能進行。

對大圓滿證悟現前的人而言，因爲他已經持續不斷地安住在大圓滿的見地禪修之中，行住坐臥、上座、下座皆已在禪修之中，因此對他而言閉不閉關都已經沒差別了。

頌文「楞楞然且爲通澈，赤裸直通無言詮」

寂天菩薩在《入菩薩行論》第九《勝慧品》裡談到，就內心所證悟的勝義諦實相下，就是勝義非心所行境，勝義諦本身不是妄念的內心所能夠去證悟的。因爲，勝義諦的實相，是天然本智證悟的對象，而天然本智是各個覺性本智所行境。

那麼，勝義諦的實相又是什麼樣子呢？在《入菩薩行論》裡面寂天菩薩又開示道：「實有法非實有法，不安住於心之前，彼時無其他形相，無所緣取最寂靜」。而這其中的涵義，就是本頌文中所說的「楞楞然且爲通澈」的那個楞楞然。內心認清一切萬法本身不是這個法的樣子，一切萬法自性不成立，包括它自己也是自性不成立的，這才是勝義諦的實相。而安住在這個體認之上時，就不會執著萬法中的任一法，因爲它沒有緣取任何一法，所以也就是達到大手印的無朝向。

前面曾解釋過，無朝向就是內心本身沒有朝向任何法而去，內心對任何法都沒有分別好或壞，對任何法都無所緣取，在無所緣取的時候，內心才是最寂靜的狀態，而那時刻的內心狀態，就稱爲「楞楞然」。

依寂天菩薩所開示的：「勝義非心所行境的勝義諦本身，不是妄念心能夠了悟的對境。」勝義諦就是「實有法非實有法」，亦即不論是緣取成爲實有法，或緣取非實有法，這兩個項目都不會安住於心之前，在我內心都沒有這二法。

「不安住於心之前，彼時無其他形相」因爲內心如果有朝向任何法的話，內心本身就會顯現出那個法的形相；因此如果內心無所緣取時，則內心本身也就不會有任何形相出現了，此時也就是內心最寂靜的時刻，當內心最寂靜的當下，就是證悟的勝義諦的實相，這是證悟勝義諦實相的次第。

在《入菩薩行論》第九《勝慧品》中所記載的歷史故事裡，曾這樣描述著當時寂天菩薩開示的實況，當寂天菩薩開示本身所思惟的勝義諦內容的句子之後，他就進入到勝義諦的證悟定境裡，當他入定時，他的身體就從法座往天空中飛去，越飛越高直到消散得無影無蹤。

安住在實相的證悟當中，內心就會達到通澈，所以楞楞然且爲通澈。如前所談的，內心無所緣取最寂靜，因爲內心寂靜所以就通澈，則其內心的對境也就很通澈，這是因爲對境本身自性不成立，所以對境會隨著內心的通澈無阻礙而也跟著通澈無阻礙。這也就是密勒日巴尊者爲什麼能夠穿越泥石土牆而過，如鳥一般地在天空中飛翔，也能如魚一般毫無困難地在水中沉潛、自由自在的原因所在。因爲內心通澈，所以萬法也就都通澈了。由此可知，若證悟到大圓滿時，那麼在心離開阻礙的同時，對境也會離開阻礙。

若從勝義諦的角度來講解「楞楞然且爲通澈」，內心通澈後對境萬法也通澈的原因是因爲行者本身已經捨離我執，其「心王」跟「心所」這些對境也全部都捨離，赤裸直通無言詮而住己本智，本身是通澈的，所以「赤裸直通無言詮」講的就是：住己本智原本的樣子。何爲「住己本智」？就是本來就跟自己安住在一起，住在自己內心裡面的本智。猶如原住民，非新搬來或新製造出來的，大圓滿教法中用此來表達這種情況所使用的名詞。「無言詮」是指無法用詞句去描述它，所以叫做離言詮不可思議，即不管你用任何善巧的詞句與理論去解釋和說明，也無法說清楚明白。法身覺性本身，不是我們用內心邏輯推理分析之後，能用詞句解釋清楚的。

在此略說一下心王與心所，「心王」指的是「心」，通常我們談到「心王」跟「心所」時，「心王」一般主張有六個或七個或八個的各種理論主張。如眼耳鼻舌身意再加上第七或第八等。而「心所」，指的是「心王」的眷屬，一般的理論為五十一個心所。「心所」，為煩惱及習氣發生作用時的內心活動，統稱為「心所」。

有人以為「心所」跟「覺性」與身體的二十一個所有關係，其實他們彼此是沒有關係的，因為「心所」是屬於心法，而身體是物質屬於色法，這兩者存在著物質與內心的差別。

內心的本貌本身就是法身，而法身就是前面所談的內容，當內心念頭都自現自解脫沒有妄念之後，內心本貌會自然顯現，然後安住其上並且保持內心無朝向，也不做任何調整與改造，讓那個狀態繼續維持下去，那就是法身覺性本貌的本身，這個大家一定要瞭解及認識清楚。

既然已經瞭解法身覺性本貌是住己本智，也是每個人原來就有的，如何讓其能明晰顯露出來呢？傳統的說法是：「勝義俱生之本智，乃是積資淨障之成效，與俱德上師之加持，捨此他法為愚笨。」也就是說，最主要是要依靠自己努力做實修，廣大累積資糧、消除罪障與懺罪，因為勝義諦俱生的本智是積資淨障的成效；但是光如此還是不夠，還須加上俱德上師的加持並做口訣傳授，依著上師的口訣精進實修才行。

所謂俱德上師指的是，不謹上師本身須是具足條件的上師，並且弟子對這位上師也要具足清澈與不退轉的信心，都會如理成辦上師的指示，因此就會對上師產生不共的信心。當對這位上師產生不共的信心之後，他所傳授的心性直指的口訣具有非常強大的加持威力，如此才可以稱爲俱德上師之加持。師徒間的關係經營至此時，當他爲弟子指出覺性本貌本身就是法身覺性時，這個信心直指教法就有不共的加持威力，而且能幫助弟子契入覺性本貌之中，這也就是頌文中的「本貌之上直指者第一要」。

假設自己不努力積資淨障，也不依止俱德上師，也沒有得到俱德上師的口訣，妄想用其他的方式證悟俱生勝義本智，這些都叫「捨此他法爲愚笨」。這如同去做一定虧本的生意般，必定血本無歸。因爲完全沒有具備所有相關的條件和福報資糧，這實在是太愚笨的人才會有這種癡心妄想。

密勒日巴證悟色法無阻礙的故事

跟大家分享一則關於密勒日巴證悟的故事，因爲密勒日巴尊者的外相看起來像是位沒有學問的遊方瑜伽士，所以大家視他爲一位很糟糕的人。當密勒日巴證悟時，有一位當代的格西大博士便去質問他，大博士說：「按照瑜伽士您的看法，這個色法本身是有阻礙還是沒阻礙？」密勒日巴回答說：「色法有阻礙也好，沒阻礙也好；但是，在我看起來色法是沒阻礙的。」他就將帽子拿起來並穿越過柱子，當帽子穿過時，他就說：「你看，色法有沒有阻礙？」此故事裡所談的色法就是指物質體，這是佛法裡面需要討論的問題。而故事中的帽子和柱子都是色法，也都是物質體，但是帽子在密勒日巴手中就是能穿過柱子。究其因，是因爲內心已經通澈，已楞楞然無所緣取，所以法的形相已不成立，所以當然也就無阻礙了。由此可知，如果是已經得到大圓滿的見地，而且之後觀修的力道也已經是圓滿者，此時狀況就是楞楞然且萬法通澈。

頌文「法身覺性請認定」

法身覺性的內容甚深且廣大，不是光靠詞句就能夠解釋清楚的，詞句的解釋也僅僅只是個代表或描述而已，法身覺性內容的證悟是要靠自己努力做實修的。覺性爲什麼稱之爲覺性？那個覺是覺知自己原來就已擁有法身普賢，能夠知道自己原來就有那個部分的了知，稱之爲覺性。而上師做心貌直指的句子，就是這句頌文「法身覺性請認定」。此句本身就是一個詞句的表示或描述，當上師講完之後自己是否能證悟自己內心的本貌法身覺性，這就要靠自己努力積資淨障，以及得到俱德上師的口訣加持和精進觀修了。

「法身覺性請認定」這是上師針對心性直指的弟子所做的開示告誡詞，全句意爲：請你一定要認定清楚，這個就是你自己的法身覺性。這個「請」字是一個助詞或告誡詞，此句是行者在透過大圓滿觀察內心的形狀與顏色，與觀察念頭入住出的兩個修心法之後，體認到內心怎麼找都找不到，而找不到的部分，就是法身覺性。當上師講說「法身覺性請認定」時，就是在對弟子傳授直指口訣了，如果弟子本身各方面的福德智慧資糧都具足的情況下，是有可能很快就能契入見地，或契入覺性本貌的。

覺性指的就是普賢如來，法身覺性就是法身普賢。普賢本身就是法身法界，法身法界是具有平等的性質，也就說法身普賢深奧廣大，就像天空一樣沒有中間、沒有邊界、也沒有邊際。然而上師爲弟子說完心貌直指的句子之後，弟子就有能力馬上證悟法身覺性了嗎？這恐怕是有點困難的，因此前面才會一直強調，最重要的還是自己要努力積資淨障和精進禪修。

頌文「本貌之上直指者第一要」

「本貌之上直指者第一要」中的「直指」是指身爲上師直接對聞法弟子指出內心的本貌就是覺性，而覺性本貌本身已具有三身的功德。當內心消散之當下是覺性，內心妄念窮盡之處當下的心就是法性，也是法性與覺性顯耀之時。

如果聞法弟子在上師直指內心本貌之前，已經有很長時間在修持大圓滿前行法中的兩個觀修心法，並已能將內心掌握得很好，也能使內心妄念消散而讓覺性現出，那麼此時的弟子因爲覺性本貌已經出現，所以當上師爲他做心貌直指時，他就能直接安住在覺性本貌的實相上，也就能夠契入覺性本貌本身的法身功德之中。亦即當上師對弟子直指法身功德的覺性本貌時，就能對弟子迅速產生法益。

如前所說，如果沒有做觀察內心的工夫是無法契入內心本貌的，因爲弟子覺性本貌沒出現，上師無法爲他做本貌直指，自然弟子也就無法契入覺性本貌，因之也無法修練覺性的力道，而若不能修練，功德更不可能得以增長增廣。由此可知在本貌之上直指之前，身爲大圓滿行者還有很多非常有必要的禪修需要修持的。

當我們已經明瞭心識的本身是離戲的，是自性不成立的，在這個前提之下才能眞正地認識到內心本貌；然而要想契入內心本貌顯然不是經由上師的嘴巴講一講，聞法弟子就能馬上契入的。大多數的弟子必須透過禪修，幫助自己先將散渙以及妄念紛飛的內心先消散與窮盡之後，內心本貌覺性現前之際，才有機會契入覺性本貌。

從前面我們所談到的內容可以瞭解，想要契入內心本貌顯然不是那麼地容易。首先得明確地瞭解與認識何謂內心？何謂覺性？又何謂內心本貌？之後，才有所謂的契入以及尾隨而至的觀修與力道的培養和證達佛果。

如果沒有做觀察內心的工夫，是無法契入內心本貌的；因爲認定自己的內心，使內心窮盡，覺性顯現，修練覺性的力道及保任工夫，並令覺性上的一切地道功德都持續地增長及增廣，最後得到果位，這是絲毫不能錯亂的修持次第。

大家要經常地運用大圓滿前行法中的觀察修與安止修這兩個觀修心法，對自己的內心進行觀察與分析，唯有對自己的內心認定清楚之後，才有可讓內心妄念窮盡掉，也才能接續後面的大圓滿修持。

在修行的次第中以何做爲契入覺性本貌的標準呢？應是以十五道中的見道位來做爲契入的標準點。五道中先修持資糧道，達標之後進入加行道修持，再達標之後緊接著再進到見道位。在見道位時會見到法性眞諦而得到無妄念的本智，因而說見到法性眞諦就是契入見地。

在契入覺性本貌看到法性眞諦之後，若不能繼續保任維持下去，這個內心的體悟狀態也是隨時有可能會失去。因此，緊接在後的就是要繼續努力保任，再透過修道位階段的保任修持工夫，讓自己所得到之無妄念的本智之地道功德逐漸地進步再進步，讓此了悟的力量能進入修道位階段而繼續禪修保任，使了悟的力道逐漸強化，直到力道圓滿的最後那一刹那，此時稱爲金剛喻定。此階段會把自己的本分所應斷給斷除掉，這是歸屬於最細分的蓋障，稱爲「三顯遷移習氣」。當到達修道位的階段時，其修練力道若能達到圓滿，便能斷掉最細分的蓋障。當三顯遷移習氣蓋障滅除當下之刹那就到達無學道，也就是擁有一切智而得到佛果。

一般的說法，在見道位階段之前的修持，上乘門跟下乘門的差別很大，但是到見道位階段後就無差別。不過要契入大圓滿的見地，或者是契入覺性本貌是不容易的事。法身覺性之廣大與深奧，是需要依靠自己精進禪修、多閱讀、多做實修、積資淨障與上師的加持，並且還需依賴師徒之間很堅固的誓言。但是千萬不要因爲證悟勝義俱生本智非常困難就選擇放棄，而是應該順著自己這輩子的能力，努力地精進實修。即使這輩子不能契入見地或無法證悟俱生本智，至少養成深厚的實修習氣，下輩子接著修持時，資糧道與加行道的階段可以很快地達成，之後也會比較容易抵達見道位的階段。

從大圓滿的道路角度來看，在大圓滿的四顯中的第一個就是法性現實，或者稱法性現實的了知，亦即見道位的果位已經得到，也就是本頌文中的「本貌之上直指者第一要也」。當上師對弟子講：「法身覺性請認定」時，也意味著弟子本身的實修階段，已來到有能力契入覺性本貌的「見道位」的果位關鍵點上。

【第三篇】

正文詳述：觀修

三種禪修根器的行者

禪修分為上等、中等、末等三種根器，舉例來說，如果上等根器者，上座時禪修生起次第，下座後當面對一切所顯及其所有思惟，都能了知其與本尊的身語意三門無二差別，下座後若能繼續這樣安住者，就是上等根器者，對他而言就根本沒有上下座的差別。

中等根器者，雖說無法正確地認清白天的一切所顯與夢境中的一切所顯是兩者無二差別，但在感覺或感受上已了知白天一切所顯也如同夢境般地如夢似幻，能有此種感覺者，就是中等根器。

末等根器的行者指的是連萬法如夢似幻的這種覺受也沒出現的修行者，如果是此等根器的行者，他的修行重點就不會是對萬法做觀察，以及分析萬法是不是如夢似幻的修持內容。而是要在自己日常的衣食住行，或者與家人相處，乃至在工作上班與同事們相處時，在這些隨處隨時的日常生活段落裡，經常地反省與檢討自己的身口心三門，要積極努力地斷惡業修善業，這是末等行者至少要努力做到的行持標準。

雖然說末等行者的根器，無法對萬法做觀察，也無法分析萬法是不是如夢似幻，但是對自己的身口心三門不僅要努力斷惡業，更須努力修善業，如果能每輩子都這樣努力地累積廣大善根，就會持續地進步，直到有一天也可以接受大圓滿教法的心貌直指與契入見地，將來也就有能夠契入覺性本貌的一天。如果能如上述這般生生世世地努力斷惡修善，即便是末等行者的根器，也算是一個行者了。所以即使自認為不是上等或中等根器的行者們，也是可以努力地對自己的內心想法、說話、身體行為等等各方面，都好好地努力斷惡修善，不斷地提升自己的福慧資糧與根器，有朝一日證悟法性也是指日可待的，千萬不要輕言放棄修行之路。

透過觀修去除諦實的內心

我們現在所處的禪修階段是調整身體姿勢的階段，也就是須用調整的方式來進行禪修。於此階段我們會認爲唯有端身正坐、調整坐姿才是實修，否則就不能算是實修。然而其實禪修並非如此，只有於初學禪修階段時是需要特別區分出禪修的時間，並且非常講究姿勢的調身正坐。於此階段時是將禪修分成上座和下座的二分法；上座的階段：端身正坐，對所觀修的法，一心專注而不渙散；等專注禪修結束下座後，回復到日常的衣食住行而自然地結束禪修，這是下座的實修方式。爲什麼日常的一切會中斷我們的禪修呢？這是因爲目前的我們都還有諦實存在的緣故。

然而眞正的禪修指的是：所有身口心三門都能夠做調整與改變。我們現階段的禪修，主要目的是在串習與累積經驗，因此需要做身形的調整與改造，等到我們進步到隨時能夠用正念正知去攝持與觀察分析身體的行爲、講話的方式、內心的思惟等，並且能隨時調整，這才算是眞正的禪修。

何謂諦實？就是我們把現在眼前所看到的及所顯的當做是眞的存在，認爲一切都是眞的，這種想法是諦實。譬如晚上做夢，我們知道夢境裡的一切都是假的；但是我們卻認定白天眼前的一切都是眞實存在的，這種想法就是諦實。因爲我們目前的內心是摻雜諦實的內心，因此禪修時就得要先區分爲上座跟下座，這是暫時性順應大家目前的內心狀態的作法。如果有一天證悟了夢境裡的一切跟白天的一切所顯無二差別，都是如夢似幻，這二者在實相上是沒有任何差別的，若能有此證悟，就已不再需要有上座禪修跟下座禪修二分法的禪修方式了。

所謂的觀修，就是串習的意思，串習成好的行爲，也就是將自己身口心三門的習慣做改造與調整，不斷地保持進步並且串習成爲好的習氣，這就是觀修。至此大家應該可以理解到：觀修，顯然不是只有在佛堂時才進行的，在佛堂裡恭敬地頂禮和遶佛做禪修，雖也都非常好，但一點也不奇特。爲什麼？譬如每天殺生的屠夫，他到佛堂也是虔誠拜佛及恭敬遶塔，但回到自己家裡後其身口心三門是否能繼續行善去惡？能在日常生活中努力地斷惡修善求取進步，才是眞正串習的開始，這才是觀修的眞義。

禪修時，要保持內心不放不收及無妄念；也就是內心不要太過強烈地渙散，同時也不要太過強烈地收回心思或太過專注。如果內心渙散太過嚴重，會易胡思亂想、妄念紛飛；但若內心太過專注，則又會太過緊繃而陷入昏沉，接著就陷入黑暗或睡著。這些都不是我們禪修想要達到的目標。因此大家禪修的時候，要努力讓內心保持在鬆緊適中的狀態才好。

語燈佛母和帕札巴桑切也是這樣開示：「鬆而緊、緊而鬆。」鬆的時候，要不花力氣地鬆，但也不可太過放縱它；緊的時候，也不花力氣地緊，同時也不太過緊繃。總而言之，就是努力調整與保持內心的鬆緊適中，當內心在鬆緊適中的狀態之下安住時，就能夠實修得很好。

心無朝向的禪修方式是屬於上等根器或是禪修得非常好的禪修士們，「心無朝向，諦執減弱」指的就是：內心保持著完全不寄託對境，也不朝向任何有境。如果禪修者本身的禪修程度還沒有具備讓心安止的能力時，冒然選擇心無朝向的禪修方式，反而會讓自己變得更愚癡，也會因爲這個錯誤的選擇，而爲自己累積更多愚癡的習氣，更會變成自己實修時的障礙。因此，應當審慎選擇才好，心無朝向的禪修方法對初學者尤其不適合。一般而言，初學禪修時一定要有一個所緣依靠處幫助自己的心安定，譬如可以選擇數息的方式。此次與會者有一些是新的學習者，大家應該還不知道怎麼進行實修，所以今天將會帶領大家進行有所緣依靠處的數息禪修法。

初學者之禪修法

不論何時要進行禪修時，都應該先呼一次濁氣，透過大力量的長「呼」氣，把濁氣都呼出體外，之後再穩定並慢慢地長吸一口新鮮的空氣進到體內，然後試著在體內肚臍下四指處讓上下氣相合，如此禪修就會變得比較輕鬆而不勞累，「呼濁吸清」對禪修是很有助益的。

初學者之禪修法可採數息禪修法，就是：禪修時的所緣依靠處就是呼吸，選擇數出息或入息均可。若選擇數入息的方式，就是當我們氣吸進來時，就專注在吸氣這個過程並且計數，每達十次就重頭數，幫助自己達到心定下來；而選擇數出息的方式，就是改成於呼氣計數；雖然數出入息的禪修方式是屬比較基本的有所緣取的方式，但卻是非常適合初學者。

對內心不渙散的人而言，他是有能力將心安住在無能修者、無所觀修的內容，也沒有觀修這件事的三輪體空境界，其內心始終安住在三輪體空的行者，就不必再做觀修這件事。而我們目前的內心是呈現渙散且妄念紛飛的情況，在此情況之下的我們，是一定要選擇有所緣取的觀修方式來幫助內心專注地寄託在所緣取之對境上，藉此方式來取代及隔離以斷掉其妄念，幫助我們達到初步的禪修目標。

初學者除了選擇有所緣取也就是依靠對境的方式來進行禪修，也可採內心無所緣取的「內心一念不生」方式，即在一念不生的狀態之中好好地安住，也就是內心完全沒有摻雜到任何念頭的狀態來進行禪修。

用數息法及看住內心的禪修來做爲禪修方法的代表，一個是有所緣取，一個是無所緣取，大家可以依照這兩種方式擇一做實修。以現今的世間環境而言，有心修習禪修的行者們，最好是選擇在精舍蘭若處進行實修，這可能會是比較好的選擇。蘭若，就是遠離人煙複雜的城市或市鎮，按傳統的說法是距離城市中心五百支箭距離的處所。不過，簡言之就是獨自待在寂靜的地方做禪修，直到內心能夠達到堅固之前，都維持獨自實修。

除上述二種方式外，也有一種是在海邊的禪修方式，當放眼看去是廣大及沒有阻礙的海天一色之對境時，將內心安住在這情境上，這會幫助內心也跟著變得更廣大與開闊起來。

有些人的內心始終很緊繃，也很容易鑽牛角尖，有時也許別人沒有什麼特別的想法或心意，但是對他而言，他會多想及猜測：「別人是這樣看的」「別人是這樣想的」「那他這樣做是什麼意思」等等，想得很多。這些都是內心很緊繃和很會鑽牛角尖的人會有的情形，這類型的人可以選擇到高山或山頂，向遠處眺望廣闊無邊際的天空景色，或者是到海邊遠眺一望無際的海天一色景緻；在這些地方進行觀修，能夠幫助他們開闊心胸，內心變得較寬闊些。

對初學者而言，如果要長時間持續地觀修是會有點困難，倘若在禪修時妄念紛飛，行者卻還再三地堅持繼續做觀修，這也是不對的。故此才一再交代初學者每次禪修的時間要短，但次數要多。在剛開始實修時，應好好地安住，如果念頭紛飛妄念產生，就下座休息讓自己輕鬆一下，之後再繼續禪修。這樣是比較好的禪修方式。

此外，禪修時不要預設期望，不要期望自己禪修時能沒有妄念。其實，妄念也會是幫助自己透過觀修達到堅固的一個很大的助緣。我們觀修的目的，就是透過觀修慢慢地串習出新的好習慣，要禪修到將內心不好的習慣去除，之後內心會非常地明晰，內心的明分就會出現。

開闊心胸對禪修大圓滿法的重要性

一般談到所謂的大圓滿禪修士或行者，因爲他們實修大圓滿的教法，所以內心通常都是保持著無比地開闊，因而能夠涵容一切，所以內心也就無比地穩定，不易被外境及外緣所擾動。他們的內心能夠經得起任何的變化，於順境時不會導致內心的改變而放縱自己，逆境時也不會改變內心狀態，而且也能夠坦然地接受逆境，不會怨天尤人或抱怨、發牢騷，順逆皆能不爲所動。

大圓滿教法中，有到山頂上或到海邊做實修來幫助內心開闊的禪修方式。爲什麼內心不可以鑽牛角尖，而是要保持內心開闊呢？又爲什麼大圓滿瑜伽士的內心會很開闊呢？因爲若內心鑽牛角尖，就很容易爲了一點小小的變化，而馬上產生很大的負面反應；例如，一點點小小的變化，內心馬上就產生貪念心，或者瞋怒又或嫉妒等。因爲內心太過狹小，太會鑽牛角尖，所以煩惱就會非常地強烈，導致自心經常處在三毒、五毒煩惱非常強烈的狀態之中，也給自己帶來很大的痛苦。

如果內心開闊能夠涵容一切，那麼不論順逆境也不容易改變內心的安穩與寧靜；也因爲能夠堪受一切，所以內心就會很開闊，而內心很開闊也就更能夠堪受一切，當然也就不會有痛苦，那麼逐漸地就能夠達到解脫。所以做一個內心開闊及能夠堪受一切的行者是非常重要的，而實修也會幫助行者內心開闊。

「聞」兆「寂靜調伏」，「修」兆「煩惱減少」，這些都是禪修的成長。如果一個人能夠好好地禪修，因爲他內心變開闊了，他自心的貪念、瞋恨及愚癡就會逐漸地減少，因此他的三毒、五毒煩惱也會逐漸地減少。禪修的徵兆就是內心的煩惱減少，而廣博多聞的徵兆就是寂靜調伏。由於內心很寂靜及調伏，便不會有很多粗暴的行爲，那麼在別人眼裡就不會看到很多令人感到不高興的行爲，他的身口心三門表現出來的行爲讓人看到都很歡喜。想達到內心很調伏與寂靜，並不是聽聞很多的法或者向外去找，而是從內心去找。綜合上述的結論就是，不管是聽聞也好、禪修也罷，標準應該都是從內心去判斷。

爲何內心開闊能夠堪受一切呢？因爲輪迴裡的痛苦都是由煩惱所產生的，造業也是因煩惱去造業的。譬如，因爲愚癡所以就輕視佛像，或者是違背佛陀的教言；又或因嫉妒之心，例如嫉妒別人的順利與學問等；或者因爲競賽心及比較心，所以跟對方有所計較；更或者是因爲內心的偏頗，如偏袒自己的宗派是最好的，認爲對方的宗派是很糟糕的。以上這些都是因內心的煩惱而造業，再由此形成輪迴的痛苦。如果內心很開闊，煩惱就不會有什麼力量，也就不會造輪迴的業，當然也就不用受到輪迴的痛苦，因此讓煩惱的力量減少，提升內心的寂靜調伏是非常重要的。而要達到內心的寂靜調伏，只能依靠佛法的實修，所以佛法的實修就顯得非常重要了。

是否眞正地學習到佛法並付諸實修，或是否有產生眞正的法益，這些都是要從內心寂靜調伏程度的角度來判斷，倘若很懂禪修理論或讀過很多佛法經論之後，沒有將所知所讀及所學習到的佛法用在實修上，也沒有運用佛法降伏內心的惡劣習性，佛法的功效沒有發揮出來，內心的貪、瞋及癡也沒減少，仍是任由貪念、瞋恚、傲慢、愚癡的習性叢生，那麼這樣的學習方式有學跟沒學根本就沒有差別，也不能算是學習佛法了。雖然修習佛法經論，但是若沒有付諸實修，那麼佛法就無法產生實質的對治功效。

因此我們應當明白，學習佛法的方式一定要針對內心，讓自己內心的煩惱逐漸地減少，如此一來，貪心、瞋恨與愚癡就不會對行者產生很強大的影響力。

有弟子問：「關於數息的方式，如果不數息時反而比較專心，這樣是正確的嗎？」如果沒有所緣對象時，內心能夠比較專注且沒有摻雜到其他的念頭，這樣是很好的。如果能夠繼續維持下去這種狀態，那就更好了。

《三句擊要》的內容又分有簡略地說明和廣大的解釋兩種方式，前面已經講解完簡略說明及廣大解釋內文裡的見地段落，接下來要講解的內容是觀修。

契入見地是極爲重要的，在見地之上，除了弟子自己的部分要累積資糧及消除罪障，就上師方面而言，也要有大悲攝受的加持，上師內心的尊意遷移進入弟子內心，自他的條件都齊備後就非常美滿。若能夠掌握關鍵要點，就有機會契入見地，能夠證悟見地。

譬如屠夫宰牛，如果是善巧的屠夫便能做到一刀斃命，因爲他能一下就擊中關鍵要點。因此若是師徒雙方條件都齊備，就能夠直接指出實修的關鍵要點，當上師直接指出要點的那一刻，具信弟子剎那間就能夠證悟與解脫。

此情形就如同密勒日巴尊者所開示「佛在手心」，佛看起來好像在很遙遠的地方，需要經過長久的辛苦與勞累才能到達佛境地。但實際上也能很容易的，能在剎那就得到解脫見佛，就如同握在自己手掌心裡面。怎麼說呢？因爲當上師對弟子進行直指的當下，如果是應機的弟子就能夠剎那間證悟而成就佛果。

譬如一個貧窮的人，他不知道在他屋旁有黃金埋藏在地底下，因此每天都悲慘地過著沒有衣服、沒有吃喝的困頓生活。如果有位神通士或瞭解者告訴他屋旁有黃金埋在地底下，將它取出來就能發大財，聽話的貧人就可瞬間消除飢餓及貧困的痛苦。

所以，本貌之上直指時，應機的弟子在刹那之中易如反掌地就立刻成就佛果。又或是如同「坐時爲凡夫，站時已是佛」這般地容易。弟子具備條件契入見地，上師再大力攝受，是非常重要的。

抉擇去疑生定解

在第一個階段，上師要做的是本貌直指，弟子要努力的就是契入本貌之中。因此對禪修士來講，契入本貌就顯得非常重要。當證悟內心本貌之後，並非就很輕鬆而無事可做。因為自己所契入的法身覺性勝義實相，只是契入法義，還需要進一步去除懷疑，此時只剩去疑，沒有其他需要再做了，所以「唯一之上決定」。

「唯一」，就是契入法義、覺性本貌、法性本身；「決定」，就是內心要得到一個定解。如何得到？要把懷疑與不瞭解都排除掉，這就得要靠觀修，透過觀修達到唯一之上決定。

在觀修時要達到安住在所契入的「法義」、「法身覺性」上面。若能如是繼續安住與保任，那麼當保任工夫做得好，疑問自然慢慢地就會去除，之後安住然後就會得到定解，就能夠達到最高的境界，也就是能夠安住在勝義法身的本質之中。所以在中間的這個階段要做的是，將最初對勝義法身、覺性本貌及尚存的疑問去除掉，此稱為「抉擇去疑」。所以要契入法義，一定要透過保任的工夫來引發一個定解，並且達到堅固，其內心一絲一毫的懷疑都沒有。

現在我們的修行尚無法讓定解產生，這是因爲雖有契入法義，但是保任工夫沒有做或是沒有做好，因而無法達到引發定解，即使內心無絲毫的疑問及念頭與想法，到達堅固契入的廓然大公，也就是雖有達到覺性本貌，但倘若沒有達到堅固形成定解時，所契入法義、覺性本貌往往會被妄念搶奪而失去。安住之後要能達到堅固才不會再發生改變，而這就要靠觀修的力量，由觀修來進行修練力道，契入覺性本貌的威力也才能隨著觀修的力道而越來越強大，由此可知，保任的工夫非常地重要。

觀修者內心要保持不鬆不緊地精進，再加上了空慧的正見，用這兩者當工具來幫助自己持續安住在所契入的法義之中，法義指的是法身覺性的見地；透過如是觀修而引出覺受。也就是要掌握住「見地法義」此一關鍵，然後內心繼續地安住；而繼續安住的情況就是「等住此況鬆坦時」，平等安住在覺性法身這個狀況當中；「等住此況」就是指持續保任的工夫要像長江大河般不停地奔流不斷，這必定是要下的工夫。

掌握禪修的關鍵是非常重要的，一定要對禪修的方式有所瞭解，並依照方式進行觀修。見地的關鍵是契入本貌，在所契入的法義上繼續維持，就是保任工夫，也就是所謂的觀修。觀修時其內心的基礎，就是住在本自俱有而且一直都存在的內心實相中，此實相並非外來或新製造的。我們內心的實相「如來藏」的部分，是每個人本具有的，只是要透過觀修來覺受此「本有的覺性如來藏」。

要透過觀修引出覺受的關鍵，就是第二句：「唯一之上決定」。我們現在的情況只是透過聽聞而瞭解到內心原有的功德——「佛性、心本具如來藏」只是被污垢遮蓋住，所以現在看不到；它確實存在而我們也相信它有。如果沒有透過觀察與分析，就沒有辦法把中間的疑問排除掉。現在透過口訣來進行觀修，疑問都會被排除掉，之後就可以直接領受到如來藏的存在，也就是契入法義。再透過長久的觀修、保任之後，親身感受它的存在。譬如古代生火，要用打火石打出火花並且發熱才能生火，如果石頭才剛發熱就把打火石放下，那就一定永遠生不起火。所以精進要長久持續，在沒有得到堅固之前，一定要長久持續下去，直到堅固的覺受產生。

頌文「其後放或住亦可，或怒或貪樂或苦」

在觀修所談到的「其後放或住亦可，或怒或貪樂或苦」，是以阿賴耶識或本然基做爲抉擇的基礎。本然基會出現一個所顯，稱爲「基所顯」。如果能夠認定清楚是「基所顯」，就會覺知法身的本質爲法身涅槃而得到佛果。反之，若沒辦法認定清楚，以爲是輪迴所顯，則迷惑形成輪迴與六道眾生。因此只有認定清楚與否、覺知與否的差別。

三界輪迴的原因就是無明，而無明就是對「基所顯」的不瞭解，因爲無明所以會去造業；若是造瞋恨的業就墮到地獄，若是造愚癡的業就墮入畜牲，若是造貪業就墮到餓鬼道。仔細分析輪迴的產生，就是對基所顯無法認定清楚，這就是對「基所顯」有沒有正確覺知的差別所在。

這裡談到「其後放或住亦可，或怒或貪樂或苦」。首先，放射出妄念及念頭，這指的是先有「基所顯」，而在「基所顯」放射出的妄念及念頭的背後是法身的力道，是本然基的力道與遊戲。妄念本身並非離開「基所顯」而另外存在，念頭是由法身普賢、本然基或覺性如來藏的力道所產生，倘若不認識就會變成妄念。如果不明白念頭的本身就是覺性本貌的力道與遊戲，而將妄念認定爲不好的，就會把妄念界定爲所應斷，然後要把妄念消滅掉。此種情況就是將念頭當作是本然基之外的另一個其他外來者，因此是所應斷。其實妄念是基本然基的意義及本質與力道所形成的，透過妄念可以證悟自己的本然基。所以妄念其實是在幫助行者來透過妄念了悟本然基。

下乘之「應斷對治」與上乘之「基上解脫」

就大圓滿道路上的禪修者而言，會把大圓滿的解脫稱爲「基上解脫」，也是基於這個原因。「基上解脫」的意思是：當妄念放射或住的時候，行者會從妄念本身看到放射的基礎與來源是覺性本貌的力道；當行者在看到妄念本源處時的當下就得到解脫，證悟也就達到很高的境界。證悟大圓滿的行者能從妄念本身看到如來藏，因此不會把念頭界定爲壞的而要消滅掉。

然而此方法對下乘道路的行者就不能講授，因爲即便講解他們也無法按照這個方式實修。以貪戀心做例子，下乘道路的行者，會將貪戀心界定爲所應斷、是不好的、須修不淨觀將其消滅。而在大圓滿的道路裡，當貪戀心出現時，雖然它是一個妄念，但大圓滿的行者會從妄念看到覺性本質的力道及法身的力道，所以貪念對大圓滿行者而言，反而是幫助他修行的證悟越來越高。

如果下乘道路行者，選用大圓滿的修持方式，反而會放任妄念與貪念變得越來越多。因此這兩者所應選用的方式，應當完全不同。之所以不一樣的原因，有時是行者本身程度的差別，有時則是在法的本身見地上之差別；下乘的法本身沒有辦法具備上乘見地法的威力，因此就無法做大圓滿見地上的實修。

再以風爲例，風到底是朋友還是仇敵呢？端視火爲小火或大火，風對一盞小油燈或蠟燭而言是仇敵，因爲這兩者是小火，所以被風一吹就熄滅。但是對草原上的火而言，狂風則變成朋友，因爲此時的風，會助長草原上的火，燒得更旺盛。

同理，對安住在大圓滿見地的行者也是如此，當貪念與瞋恨等等的妄念紛飛之時，妄念反而會變成修持道路上的幫助而非障礙，因爲行者了悟：妄念本身，是本然基的遊戲與力道。所以，當他安住於此了悟時則變成是在修練力道，那麼他證悟的力道就會越來越強烈。大圓滿的修持方式，並不會採取「應斷對治」的理論。

就大圓滿的道路來看「其後放或住亦可」，爲何叫作「亦可」？因爲沒有差別。內心安住也好，出現妄念也好，都是覺性本貌所放射出的念頭，也是覺性本貌的力道出現與搖動，都是相同的，所以說「亦可」。

這情況就好比古代的說法：如果耳朵有進水的時候，進的水不會跑出來，因此要再多滴一些水進去，等滴滿之後搖一搖水就全部都流出來了。但如果只有一滴水在耳朵裡面，怎麼搖也搖不出來。由此可知，如果是下乘的道路行者，就不適合用上乘道路的方法實修。

如果行者已經用抉擇將一切根本懷疑都完全排除，達到完全沒有疑問時，就是「唯一之上決定」。前面談到的「本貌之上直指」，上師做直指，弟子做契入。契入本貌之後，要對本貌毫無疑問，這是最主要的修持項目，所以叫做「唯一之上決定」，也就是沒有其他者。假設是位經過思惟抉擇之後去除疑問的大圓滿行者，他的行爲本身其後放或住就沒有差別。因爲對他而言，不論內心是否妄念紛飛或根本沒有念頭，他的內心一直都是安住在覺性本貌之上。他已經很清楚明白念頭本身也是法身覺性的力道、本質與遊戲。所以當他看到念頭的當下，就是看到法身本貌，內心仍然是安住在覺性本貌上。

「或怒或貪樂或苦」，就行者而言會遇到的對境不外順逆二境。如果遇到悅意的對境，自己的內心就會產生貪念；而遇到不悅意的對境，內心就會產生憤怒，樂或苦都是自心的處境。如果財富、名氣、權勢都順緣得到時，內心就會很快樂；如果都吃虧、窮困潦倒、財富權勢都得不到，或生病的時候，就會很痛苦。以上這些，對我們平常人而言，不論是放或住、好跟壞、怒或貪、樂或苦是有差別的。

對大圓滿已抉擇去疑的行者而言，當妄念放射出來時，他看妄念本身；當安住時，他看安住本身；當憤怒時，他看憤怒本身；當貪戀時，他看貪戀本身；當快樂時，他看快樂本身；當痛苦時，他看痛苦本身。當他如實地看著每一個念頭本身的時候，他就會看到法身，這叫「法身紛紜」，法身以眾多不同的面貌出現，其實骨子裡的本質全部都是法身，因此對這等行持方式的行者而言，他本身的行持會達到念頭無好壞、心念無取捨、正法無取捨。然而一般人看到以上的情形，則是覺得全部都是不一樣，因此其內心的狀態就會有很大差別。

大圓滿行者具有獨立性，能安住在覺性本貌上

因此之故，念頭無法打擊大圓滿行者的正知正念，其內心也不會受到妄念的傷害。不過如凡夫般的我們的現況並非如此，我們仍然會受到念頭的傷害以及打擊，這是因爲當念頭妄念紛飛時，我們內心的貪念、瞋恨、傲慢、忌妒情況嚴重，而這就是內心錯亂的表徵。追究其錯亂的原因，是因爲當念頭出現時，我們不能安住在法身的本質。也因此，大圓滿的行者與世俗者的差異，就如同天與地的差異，差別的根本在於立定的基礎「獨立性」的存在與否，如果擁有獨立性，則外緣就不能夠去影響行者，反之則會受影響。

以孩童爲例，若遇到好的老師與父母的嚴格教導，在孩童時期就已幫助他養成心性的獨立性，那麼即使長大外出生活時遇到不好的環境或人事，他的心性也不會因而變壞。反之，若小時其心性未養成獨立性，長大後當他遇到壞的環境時則容易養成壞習慣，內心無法與其對抗，心性將會變得更壞；究其原因，在於他缺乏心性的獨立性，所以內心無法對抗壞的環境。同理，之所以大圓滿的行者和一般人有如天壤之別的原因，最主要就是在於獨立性。

依照大圓滿《普賢王如來大力祈願文》中所提到的「覺性安住於原樣，三有毀壞亦無懼」，也有譯爲「本覺清淨原安住，三界毀壞亦無畏」，這句是指如果行者的覺性能夠安住於覺性本貌之上，就算三有輪迴、天崩地裂，對他而言也不會有絲毫的恐懼，這指的就是獨立性。就是因爲安住在覺性本貌之上，內心才能得到獨立性。當大圓滿的行者在覺性本貌上安住且達到堅固者，也就是獨立性出現時，該行者將不會再受到業力煩惱的控制，因而也不會再造業，同時他的輪迴續流也會中斷，所以能夠自身獨立決定要投身於何處，此即爲大圓滿的行者覺性現前，並且達到覺性法身的境界。

反之，現今的我們並沒有獨立性，仍然是受業力煩惱的控制；因此，凡夫的我們仍舊會造業，並持續在輪迴中打轉。我們可以觀察到，世間凡夫之間的行爲是雙方彼此互相遷就於對方的模式；然而初始的動機若是要遷就於世俗之人的話，就會從此走上顚倒的道路。也就是無論在行爲或言語上，都想讓對方喜歡或高興或不讓對方生氣，這就是缺乏獨立性，一切輪迴的眾生都是如此。

然而這樣的解釋，對不瞭解大圓滿見地的人來說，則會令他們因爲不瞭解，而犯下毀謗修持大圓滿教法行者的惡業，他們會批評此種行者是不分辨善惡，進而毀謗大圓滿的教法是違背業力與因果，這些情況屢見不鮮。究其毀謗之因，是因爲毀謗的人並不瞭解大圓滿行者獨立自主性的存在；也不瞭解大圓滿行者，本身不會再受到念頭的影響而牽引他繼續在輪迴中打轉；更不瞭解大圓滿行者的輪迴續流已斷，業的影響力量也很薄弱。伏藏大師列繞林巴的轉世，怙主晉美彭措法王也經常提及獨立性的重要性，行者莫失獨立自主性。

覺性安於原樣是非常重要的；在得到獨立性之後，就不會再受到妄念的影響。但現在的我們都是妄念在活動，覺性並沒有力量。因此，大圓滿行者與三有輪迴眾的差異，主要是在於能否將覺性安住於原樣（平常心）與心是否具有獨立性，這兩者有著很大的差別。凡夫對平常心不瞭解，更不知道覺性安住於原樣這件事，甚至於對覺性也毫無所知。

薩迦班智達尊者也對於三有輪迴基礎有所疑慮，因此他非常積極地到處參訪善知識，並向每位有緣的上師請益，請每位上師指導與解答這個疑慮。曾經有一位上師的回答是：「內在的氣如果不做調整，跟隨著外緣而行，內心因此形成疑惑，故而輪迴。」但此回應無法解除薩迦班智達內心的疑惑。因此接著繼續詢問，上師又回答：「輪迴的基礎是無明。」但又如何肯定輪迴的基礎確實是無明？譬如：若有人成爲大惡人，但什麼原因使他成爲惡人？有人回答是說謊；說謊是壞人的一個行爲。但是說謊而使他成爲惡人，這其中的進程我們確實無法掌握。就如同，雖知輪迴的基礎是無明，這是正確的答案，但如同霧裡看花的我們卻無法掌握。

後來有一天，薩迦班智達尊者特地拜訪塔波仁波切（岡波巴大師），並請教關於輪迴的基礎這個問題。塔波仁波切回答：「因爲眾生的內心沒有得到獨立自主性，因此會造業，所以會落入三有輪迴中。」這樣的回答切中薩迦班智達的內心，他認爲這是最殊勝的口訣。因爲這個解答能立刻去除他內心的疑問，並得到豁然開朗，也因此讓他的內心能夠得到徹底肯定的定解。

所以，一位好的上師善知識，應該要能擊中弟子內心的毛病，讓他能夠立刻改善。無論行者是選擇安住修或觀察修來做修持，一定要逐步徹底地去除疑問，並達到內心的獨立自主性，而產生定解，這就是實修殊勝口訣。

頌文「一切時常暫時中，認定舊識法身下」

因此之故，無論何時，法與內心都要結合在一起；如果二者能結合在一起，則行者不會再受到三有輪迴的束縛，因此就能夠逐漸得到解脫。但現在的我們聽聞佛法時，將法與內心分別而置，那麼法對內心就無法產生幫助，因此心仍滯留在輪迴的續流當中。並非法無用，而是法沒有往內心裡去；把法跟內心結合在一起的實修的方式，就是「一切時常暫時中」，亦即時刻不離開禪修、須臾不離開法、也不離開覺性本貌。當上師直指弟子，弟子因而契入覺性本貌之後，安住在所契入的法義上，不斷透過禪修產生觀修力道，並讓力道達到圓滿。

譬如老鷹，當牠在幼鷹時期，仍需要等待羽毛長出與反覆地練習飛翔，直到長大並且翅膀也已訓練成功之後才變得威猛有力。又如，雖出身貴爲王子的身分，也是得自孩童時期就開始不斷地學習各種學問、技藝、武術等等的專長，等到他登基時才能夠懾服群臣與人民，也才能發揮影響力。

同理，其對應到實修上時，當我們能夠契入覺性本貌時就如同幼鷹與孩童時期的王子，其實是既無能力也絲毫無用處的，必須在見到覺性並契入覺性本貌之後，還要繼續安住並不斷地練習直到力道圓滿。當我們能夠無時無刻都不離開法身，就是力道圓滿之時。

而要達到這樣的境界就要透過觀修，不斷地練習力道直到圓滿。觀修的時候要認定舊識法身，認定一切皆是法身紛紜的面貌。爲何說是舊識呢？因爲前面已經契入見地，也已經明白：一切皆是覺性法身力的作用與遊戲。之後雖仍然透過觀修的方式繼續修持，但也不改見地初衷，認定一切仍爲覺性紛紜的法身相，所以稱爲舊識。也就是：掌握住觀修的見地關鍵之處，依此繼續觀修之意。

要把法跟內心結合在一起，須經常不鬆不緊地精進，而且須了知法義而精進，不是愚笨者的精進。因爲，愚笨者的頑固精進本身毫無意義可言，而且也不會有成果。除了頑愚的精進者之外，還有部分行者僅透過看書與聽聞，但本身對法義的關鍵並沒有如實地了知，就自行按照自己所以爲的方法實修，這也是屬於愚笨者頑固的精進，肯定是沒有成效可言。

因此，行者應當要在了知法義並掌握關鍵之後再精進實修，內心能深入法義當中，行者的內心才能跟法結合在一起。無論是在進行生起次第的累積資糧與消除罪障或是本尊的觀修法以及禪修之前，都要先瞭解法義的內容，譬如如何觀想及順序如何等，要先把一切疑慮排除掉再來實修，因爲已經充分瞭解法義，之後再進行法本的課誦、持咒或大圓滿的觀修，如此才會產生很大的功效。善巧者會依止上師的指導，並透過詢問去除修行的疑問，並且順著自己內心的程度而不鬆不緊地努力實修。若能如是，那麼即使無法馬上達到證悟，也會逐漸進步。

如今講授大圓滿教法的現況是，教法的解釋者將大圓滿教法的內容解釋得很輕鬆及容易，並且說透過這個法能讓行者內心快樂且順心如意。而聽聞者，在聽聞之後，也沒有如理如實地做實修讓自己的內心產生覺受，就志得意滿地自認爲是大圓滿的行者，導致許多外在的行爲悖離正行，造作了許多的惡業而不自知。行者的內心在尚未具足修證的威力前，這些行爲並非內心不假造作的流露，而是內心受到貪瞋癡等念頭的控制，如此則與世俗之人無異。因此雖自稱爲大圓滿的行者，實則不然，反而會造成誓言衰損，肯定將來會投身到金剛地獄。

大圓滿教法所教導的是高深的法與深奧的見地，禪修士本身要非常地注意，要努力經常地發願、累積資糧、消除罪障，並且對於業力因果的細微之處，不但要瞭解，還要努力細心地持守，而對眾生的悲心也要益發地強烈。不能因爲聽聞過大圓滿教法，而讓自己對眾生的悲心變得薄弱，對佛法的信心也衰減，對上師的信心也益發地脆弱，如果是這樣的轉變，基本上就已經不是大圓滿的行者。

現今的時代裡可以觀察到很多聽聞過部分大圓滿教法的人，他本身並沒有透過觀修與禪修來引出內心的覺受，甚至自身連一小時的禪修也不曾做過，但卻形同證悟者而對別人滔滔不絕地傳授口訣，這樣的行爲是完全不可取的。

我們學習大圓滿教法的目的是爲了對自身產生幫助而非傷害，千萬不要適得其反。在對大圓滿法名言上的內容做講解的人，在講解前應當自身先要努力精進實修；而聽聞者本身也要明白，一切的講解只是名言上的講解，自己仍然要不鬆不緊地努力精進實修，要先在見地上去疑，而後透過觀修引出覺受，最後，下座時也要努力行持，直到成熟出果位。

聽到名言的解釋，如同指月之手；聽聞之後，還要靠自己努力實修，才能產生內心的覺受與證悟。這是普賢如來與歷代祖師傳承與教授下來的實修口訣，即便僅僅只是聽聞到此口訣教法的講解，也要瞭解這是千載難得的善緣，一定要產生珍惜此善緣的想法，並依此口訣修持，將來必會逐漸地產生瞭解與幫助的。

總結而言，就大圓滿的行者來說，我們觀修所要做的事情就是「遠離所修」，亦即沒有所修者，也沒有一個主體的要觀修者，更沒有觀修這件事，這是非常重要的。不論苦樂與憤怒或開心，任何念頭的產生以及在做任何事情時都要在禪修當中，並非只有在佛堂裡念經、拜佛、打坐與禪修才是實修。倘若一離開佛堂就不繼續實修，且在待人處事的行為上比一般人更加糟糕，這就是法與內心分開的徵兆，大圓滿的行者不能如此。

大圓滿教法的行者，在內心出現任何的念頭時，不做任何的調整與改造，也沒有主體跟客體的差異，並且認定一切都是法身相，在長此以往實修後便會逐漸地得到獨立自主性，也就是即使出現成千上百的念頭，能明瞭一切所見都是舊識法身，都是覺性本貌力道遊戲所現，並安住在覺性本貌上，當能依此認定並繼續保任之後，所契入的覺性功德，也會逐漸地露出來，覺性的力道也會逐漸地圓滿，最後就會到達最高的境界——法身，進而得到解脫，這就是「認定舊識法身下」。

一通百通的關鍵要點

如前所談到的，只要抓住「輪迴跟涅槃兩者間實際上只是迷惑和瞭解的差別而已。」此為主要的關鍵要點，基於此認知，我們千萬不要把大圓滿的行者，說成是得到最高的證悟者，因為迷惑跟覺知這二者的差別，並非一定要在大圓滿的修持上得到很高的證悟。

一通百通就是萬應丹的意思，舉例說明一下萬應丹的意涵，對下乘門的法而言，煩惱是所應斷，因此他就需要有一個對治法對付一個所應斷的煩惱。譬如煩惱、貪念、瞋恨，這些不好的念頭與習氣都需要滅掉，所以想斷貪念時須修不淨觀；要斷憤怒時，須要修慈心觀；要捨離愚癡時，要修戒的緣起觀。下乘門用不同的方式來對付不同的煩惱，我們不採用那種方式，而是只用一個口訣直指，掌握此關鍵要點，然後靠著此要點就可以斷掉所有的煩惱並獲得解脫，不必一個煩惱用一個法門來對治，這便是所謂的一通百通的意思。

從大圓滿的理論來做說明覺性、菩提心或是天然覺性，或者用另一個名詞「平常心」，如果對本然基有覺知與有覺性出現，就能成就佛果。如果對本然基沒有覺知、覺性也沒出現，那麼妄念就會出現。當煩惱妄念出現時，就是輪迴顯現，自己也就成為輪迴中的眾生。所以，從大圓滿的角度來講，有如蛇的身體自己打結，此結是束縛住牠的原因；因此，能做的就是靠牠自己把結打開，這只有牠自己能做到，也做得到的。若能如此實修，定能脫離三界輪迴痛苦的大海，所以只要靠這一個方法就可以離苦得樂，這就是一通百通的方式。

頌文「前熏光明母子會，置於無詮覺分況」

現在來談談大圓滿教法的基、道、果三個部分；基，是原住母光明，是原住民，是原來就有的；道，是修子光明。基大圓滿教法的教授重點就是：輪迴和涅槃，顯有輪涅的一切萬法沒有不包括在基之母光明裡，這些重點我們前面已經解釋非常多。

基的實相就是本然的法身，輪迴跟涅槃顯有一切的萬法，唯一的要點就是基的實相。基的實相就是本然法身，一切萬法都是法身的本質、法身的自性或是法身的力道所顯露出來的，這是本來就已經有的；所以原來就有的基的實相、本然法身稱之為基「原住母光明」，原來就安住的母光明。

契入母光明的方便法，首要是在實修的道路上努力實修而得到的光明。而如何才能得到自己修行道路上的光明呢？首先要拜見上師，因為上師會針對修行道路上的道光明之修持方式指導。在教導時，會要求先進行修持許多與大圓滿教法相關的前行法，也就是我們前面所曾談到的五加行前行法的實修，即累積資糧、消除罪障與修心法。實修的方式很多，上師都會逐一教導弟子們進行實修，這些實修就是禪修道光明。

由此可知，累積資糧、消除罪障與前行法這些都是非常有必的；而且當行者依照上師所教導的方式進行實修之後，每人各自的內心都會產生各自的覺受，各自的禪修力道也都會進步。當然，每人內心的明分、住分、安住直到堅固，這中間還有很多的修持過程，但仍都是在禪修的道路上。

譬如「安止」在內心上面安住，安住之後繼續串習。因爲行者能抓住禪修關鍵要點之故，所以，就能讓內心安住繼續串習。如果這些關鍵要點都能掌握得非常好，實修到最後，上師才能夠幫行者做心性直指。如果前行法有所欠缺，上師就無法爲行者做心性直指，所以弟子們要努力把前行法圓滿。

在進行心貌直指之前，師徒之間都要先彼此觀察，上師會先觀察弟子的信心是否很強烈，弟子也觀察上師是否具足功德。如果上師具足功德，且弟子的信心也很強烈，並都依照上師所教授的逐一實修，那麼當弟子全部的修持都達到要求之後，雙方都已合乎標準，則上師就可以爲弟子進行心貌直指了。

當上師要爲弟子做心貌直指的時候，須要有大圓滿覺性力道的灌頂，這項灌頂的意義象徵著弟子本身的能力已經達到標準，為他做本貌直指的時機已經成熟，因此就為他舉行大圓滿心貌直指的灌頂，此為覺性力道的灌頂。倘若弟子於前面的實修都沒有做到，誓言也不純淨，那麼上師是無法為弟子做心貌直指的。因此從初皈依至中間的禪修實修階段，直到覺性力道的灌頂，其所有修持過程都是非常重要且必要的。

密勒日巴尊者在得到口訣後，實修進步得很快；但在得到馬爾巴上師傳授口訣之前，當時身為弟子的密勒日巴尊者，也是歷經很多修持上的辛苦與勞累。外表看起來像是馬爾巴上師對他又打又罵，然而事實上是馬爾巴上師透過威猛的方式幫助密勒日巴尊者斬斷其殺死二十五個人的罪業，以及前輩子所累積惡業的持續之流。事實上馬爾巴上師對密勒日巴的關愛之心是非常強烈的，上師透過這個方式幫助他淨除罪業蓋障、累積資糧，最後才給他一個口訣的教導。

從密勒日巴尊者修持的例子，我們可以充分瞭解，在傳授口訣之前的所有前行法的修持過程是很重要的。也可以明白密勒日巴尊者的上師，並非故意要去傷害他，不是表面上大家所看到的情況；而當時密勒日巴尊者的內心，對上師的信心也依然保持很強烈，所以馬爾巴上師才能透過這樣的方式，幫助弟子積資淨障，之後才能為他做禪修的直指口訣，而此直指口訣的內容就是禪修的道的光明。

當上師直接指出覺性本貌讓弟子們認識後，弟子們要安住其上，在長久安住的情況下，禪修的力道會越來越強烈。在禪修的力道很強烈的情況下，當內心出現念頭及看到任何的對境，與對境所顯現的一切色聲香味觸法等，便都能全部清楚明白地認知其爲自己覺性的力道所顯，因爲內心安住在覺性本貌上，所以很清楚明白一切念頭及所顯都是覺性的力道所顯。

當念頭出現後，我們不選用破立「這個不要做或那個要做」的理論去安立。意思就是一般當念頭出現時，我們會忙著將念頭界定爲這個對自己是好的或壞的，若是好的就會想要更多，那麼就會造成貪戀；或者界定爲這個是對自己不好的，因此想要把它消滅掉，那麼就會造成瞋恨現前。當內心的心念本身忙著把生起的念頭區分爲好與壞、破與立之後，更忙著用破立的理論與道理來進行增與減，其結果就是會衍生出更多所謂好念頭以便來破除所謂壞念頭，如此一來反而造成越來越多及越來越嚴重的妄念紛飛的窘境。然而這樣的結果，並不是我們透過努力禪修所想要的結果。

大圓滿的行者所選擇的處理方式，叫做「置於無詮覺分況」。「置於」，安置在覺性上面進行保任工夫。「無詮」，無法解釋的；覺性與光明，是無法用各種的理論去解釋的。「覺分」，是覺性所出現的部分，也就是內心的任何念頭。當行者已歷經前熏光明母子會，或繼續安住在覺性本貌上的時候，任何一切所顯、任何內心的念頭，全都屬於覺性所出現的部分。

覺性本身是不能被解釋的，也不是用各種的理論能解釋的。因爲覺性本身的本質，就是法身的本質。法身的本質之中，所出現的任何念頭和所生起的一切苦與樂、生氣與憤怒、喜悅跟高興等等，全部都是法身的本質、力道與遊戲。基於這樣正確的瞭解前提之下，繼續保任就稱爲「置於」，安置在覺性上繼續保任；而這覺性本貌本身所出現的部分，卻是無法用言語所能詮釋的，所以叫做「置於無詮覺分況」。「況」，是繼續的意思，繼續在這種狀態之中、繼續地保任。若能如此，則覺性本貌將能得到獨立自主性。

在契入見地段落中，所講解到的見地直指及說明的內容，是在契入見地之後，要能契入覺性本貌，然後要引發覺受，這非常地重要。而引發覺受要靠觀修，所以契入見地後，要進行抉擇去除疑問，然後透過觀修引發覺受，再藉由覺受繼續觀修，並進行觀修力道的培養與維持住保任的工夫。不論你是選用大圓滿的博士觀察修或安住修，其中任一個修心法皆可。總而言之，一定要努力禪修，並且讓自己在禪修之後能引出覺受，這是非常有必要的。

已經契入見地之後，要在觀修上繼續保任在天然本智與覺性本貌的上面，如此一來即使念頭出現時，內心也不會雜染到煩惱；因爲念頭出現時，內心會知道一切皆是由覺性的力道本身所出現，爲煩惱及念頭的樣貌。所以妄念與煩惱就是覺性自己，一切所顯在本質上就是覺性本質，因此就不再成爲煩惱了。

所以要先能充分理解煩惱本身是覺性的力道、覺性的遊戲及覺性的本質，對此充分瞭解並做爲禪修的基礎，然後繼續努力禪修，這是非常重要的修持環節。因此，在禪修之前一定要瞭解此道理。

以燃燒木柴爲例，當火正在燃燒木頭時，若說火就是這個木頭，這要有合理的根據和理論，要解釋清楚所根據的道理爲何，自己也才會相信火就是木頭。如果沒有合理的道理，或根本不知道它的原因爲何，內心是無法產生堅固的信心。

我們現今的內心，對一切法與念頭都二分爲好與壞，因此對治跟所應斷的理論應運而生，其中一邊當作所應斷，另一邊當作對治法，心續之流就是以這種方式不斷地運作著。

但是，大圓滿教法中所教授的法理，並不採取對治與所應斷的理論和方法。因爲依大圓滿的教法，即使是所應斷，其本身也是對治。所應斷本身的本質，實際上就是對治。爲什麼所應斷本身的本質是對治呢？這要努力地做抉擇與去除這個疑問了，抉擇去疑之後，還要透過禪修引出覺受。所以，要掌握住一個關鍵要點，並透過努力觀修而達到「一通百通」的境界。

我們希望能夠不必像下乘門般，須用一個對治法去對付一個所應斷那般地繁複與忙碌不已。因此，現在只要掌握住一個關鍵要點，就可以對付所有的煩惱，所以說這是一通百通的萬應丹。這個關鍵要點，就是覺性本貌本身，對這點的理解非常的重要。爲何一個關鍵要點就可以對治一切的煩惱，其道理要好好地思惟，之後努力地禪修，這是非常值得大家花上心力與時間充分地去理解與瞭解的。

以上這些，都是我們需要高度重視的重點，所以不厭其煩地一再叮嚀，請大家要在這上面好好地思惟，並且達到瞭解和進行實修。

法性中陰的前熏光明母子會

之前提及基光明與子光明，在這裡再稍加說明。上師在直指口訣所指出的內容，就是原來我們內心已經有的，那是原來安住的「母光明」，又稱「基光明」。在經由上師直指口訣將它指出來之後，弟子還要繼續安住於禪修。禪修不論是生起次第或圓滿次第，都是繼續安住在原來就有的基光明上，這在透過觀修後就會更加進步，此時的禪修段落是「道光明」，即透過禪修讓安住更加進步到究竟。

有實修的行者，在法性中陰現前時，母光明與子光明這二者就會有一個相互契入的機會，稱做「前熏光明母子會」，即母子光明相會的意思。前熏，是從母子光明會的角度來講；如果用人的角度來講，就是老友重逢的意思。前熏也可以翻譯做舊識，意即以前就已經是熟識多年的老友，但因爲一些外緣之故，歷經數十年的分離，當再次相遇時，一時之間認不出是分別多年的舊識，在聊天之後才發現是以前的老朋友，因此便憶起所有的舊事。相同的道理，我們在三界輪迴裡，因迷惑而不認識自己內心的天然本智，現在透過善知識及口訣的外緣，經過努力後就認得了自己原有的天然本智覺性本貌，認得了基的實相，這樣重新認識回來的過程，稱爲「前熏光明母子會」。

由前面的解說，大家應該可以瞭解，「前熏光明母子會」是非常重要的，假若行者修持上師所教導的生起次第及本尊的觀想等等，而於生時仍無法得到解脫，那麼還可以把握往生時法性中陰時的解脫機會。在初往生之時，首先出現的是法性光明，在法性光明出現的當下，行者若能認得並讓自己與之相應地安住在法性光明裡，這種相應安住的情況便稱爲母子光明會。法性光明是在往生後的法性中陰階段顯現，其顯現時間是在四十二尊寂靜尊及五十八尊憤怒尊之前。

能在這輩子修持而於生存時得到解脫的行者，可說是上等行者，但這爲數甚少。很多行者這輩子努力地修本尊法的生起次第與圓滿次第，內心懷抱了很大的目標：即使無法成爲當生解脫的上等者，但還可以透過努力修持觀想本尊生起次第，來累積道光明的習氣，然後在往生當下的法性中陰基光明出現時，馬上就能認出，並讓自己與基光明相應並且安住其上，若能如此也能得到解脫。

頌文「再再毀住樂明續，方慧文字偶然降」

「再再毀住樂明續」此處所談的就是樂明無妄念的覺受，當依此大圓滿的觀修方式，再三地持續進行觀修之後，樂明無妄念的覺受就會出現。

當樂明無妄念的覺受產生時，行者們往往會對此覺受產生貪戀的執著；因爲當好的覺受產生之際，就會覺得自己的實修不錯已有長足進步，或認爲自己已經是一位好的禪修士等等，諸如此類的想法會不斷地衍生出來，此即對覺受產生了貪戀之心。反之，若是壞的覺受產生時，例如：上午的一座禪修，呈現出妄念紛飛的狀態，自己內心因而感到挫敗，覺得自己的實修很糟糕，導致產生很沮喪的心情。

然而對大圓滿的行者而言，則是任何的覺受產生，都不會讓內心產生任何的貪戀執著，不會耽著在樂明無妄念的覺受之上，不管是任何覺受的產生與出現，內心依舊持續安住在覺性本貌之上，僅此而已。

倘若讓覺受繼續下去則會產生修行上的障礙，所以對一位追求究竟證悟的大圓滿行者而言，樂明無妄念的覺受，是猶如果皮般的不可取。須知，水果雖然好吃，但在食用時必須選用最正確的食用方式，有的水果並非能內外通吃的。例如柳丁，要想順利地吃到柳丁的果肉，勢必得先將柳丁皮剝開才行。假設從未吃過柳丁的人若是連皮帶肉啃，肯定是苦澀不堪的。對大圓滿行者而言，樂明無妄念的覺受，就如同柳丁皮般絲毫不可取。因此，應當要明白樂明無妄念的覺受產生時，就僅僅只是覺受，內心不要產生貪戀執著，一旦執著就會變成實修上的障礙。故此，才會講「再再毀住樂明續」，此句有的版本則是翻譯爲「關鍵在毀樂明續」。亦即是當樂明無妄念覺受產生時，應當將此覺受毀掉，讓內心持續地安住在覺性本貌之上，那麼覺受就會自然地停止。

行者要如何將貪瞋癡做爲大圓滿觀修的道路呢，其方式爲：首先上師會先做心性直指告訴你：「所有貪瞋癡全都是從內心所變化出來，並非在內心之外另外有貪瞋癡的存在，一切萬法，都是內心的神變。」

若是選用別的道路來處理貪瞋癡，例如，修不淨觀來對治貪心，讓貪心消失；修慈心或四無量觀來對治及降伏瞋恚心；修緣起十八界觀來對治愚癡。這些方式當然也可以，但這都不是大圓滿的觀修方式。由此可知，雖說斷除的方式不同，但結果是相同的，最後一切的煩惱妄念都會消散。

所以，在內心基的實相及本貌上，安住在上師給予的心性直指口訣裡，一切貪心煩惱妄念的續流就無以延續，貪瞋癡慢疑五毒是五方佛的本貌，所以無須特別去對付，我們應當如此正確地瞭解。

當對快樂的覺受產生貪戀時，會成爲投生欲界的因；對明晰的覺受產生貪戀時，會變成投生色界的因；對無妄念覺受產生貪戀時，會成爲投生無色界的因。由此可知，對一切覺受的貪戀，會成爲得到解脫的障礙，也會變成輪迴的束縛因，讓自己又落入輪迴裡，千萬不可貪戀執著，否則會障礙行者看到赤裸裸的覺性本貌，導致無法證悟。不但如此，還會成爲落入輪迴之因。

現在大家是初學者，所以當粗分的妄念產生時，就應該要休息一下。而頌文「關鍵在毀樂明續」，或者是「再再毀住樂明續」，這是指當樂明無妄念的覺受產生時，應當將其毀掉。其意就是行者不要耽著在樂明無妄念的覺受上。然而，要如何毀掉呢？就是頌文「方慧文字偶然降」，方便的文字是「啪」藏音，勝慧的文字是「嗒」藏音，兩個字兜在一起就是「呸」藏音。在法本第一頁正中間的「驀然擊心呼一呸」的「呸」字，就是方便和勝慧兩個字兜在一起的。

頌文中所談的意思是當樂明無妄念的覺受產生時，猛烈的「呸」一聲，將此覺受驅散掉，之後再持續安住在觀修上面。不過，目前大家是一點覺受也沒有，有的只是妄念紛飛而已。所以，當務之急是要將妄念去除。因此，當粗分的妄念產生時，也可比照辦理，猛烈地念一聲「呸」字，斷除妄念並使其消散，或者暫停禪修休息一下，之後再繼續實修，都是可行之法。在家實修時，若尚有其他的家人在旁，就不適合選用猛烈地喊一聲呸的方式，怕會驚嚇到旁人。若是自己一人在寂靜的蘭若處或家中獨修時，會比較適合用此方式。

目前頌文中所談的狀況，是屬於較高級的實修層次；行者樂明無妄念的覺受已經產生，此時行者爲了不讓自己對樂明無妄念的覺受產生貪戀執著之故，所以用猛烈的呸字將此覺受驅散掉，再繼續安住在自己的實修上面。雖然同是運用呸的方法，但所處理的情況則不相同。

頌文「等置後得無相異，修座座際無分別」

如果行者能依前所說，如理如法正確無誤地進行實修，行者的內心就會逐漸地進步到「等置後得無相異」的境界。「等置」是上座入定，「後得」是下座後的食衣住行，然而現今大家的內心尚未達到這種程度，目前這兩者對大家來說，是各自分開而沒有連貫性的。我們爲了實修，須特別安排修座，而之所以會如此，是因爲大家仍然受到粗分妄念的控制，所以內心妄念紛飛會有很多的想法與執著，爲了要將這些淨除，所以要特別安排上座禪修，透過禪修將這些淨除。然而，如果上座時妄念紛飛胡思亂想等等的執著很多時，其實若僅僅只是念誦呸字，可能也沒有多大的效果，所以才會需要經常性地上座做實修。

目前大家的內心存有著很多的執著，例如會執著淨土比較好所以要追求投生淨土，墮入地獄很不好等等，這些都是粗分的妄念。爲了降伏目前內心的諸多妄念，所以會需要依賴上座來訓練內心。等到上座實修一段時間行者內心的實修已達堅固之後，就會到達「等置後得無相異」，這是上等的行者才能到達的修持程度。

上等行者，不管食衣住行任何的段落，內心都始終安住在上師所指示的口訣與見地，以及內心覺性本貌之中，所以說是上座下座無相異。

如果是中等的行者，則是上座時安住在實修之法；下座時則是因爲有見地的攝持，在生活中看到山河大地時，會思惟此景是顯而無自性，如同空谷回音或鏡中影像般，也會思惟萬法如夢似幻和思惟空性的法義。

而末等行者，因爲我執重，前面兩種層次都無法達到，那麼至少也要做到在日常生活之中，身口心三門也要安住在善業之中。如果連末等的行者標準都達不到，而自稱爲大圓滿的禪修士，這是非常容易讓人質疑的。

因此，我們應當明白頌文中的上座下座無相異，所指的是上等行者的禪修情況。而上座與下座的無差別，最主要是看行者內心的狀況，其內心貪瞋癡的情況如何，是否已降伏？

就赤裸裸的覺性本貌而言，輪迴與涅槃中顯有的一切萬法，都在覺性菩提心的法界之中，沒有超出此範圍之外，並且也在覺性菩提心內圓滿，所以稱之爲「圓滿」。同時，在此之上，也沒有更高的見地與證悟，所以稱爲「大」；總合起來就稱之爲「大圓滿」。

不論是大手印或大圓滿，一切的道路中最究竟也是最高級的是阿底瑜伽的見地。證悟阿底瑜伽見地的證悟者，如同站在最高的山頂之上，山下的一切景象都能看得非常清楚，一切地道的證悟功德也都具足。因爲大圓滿的見地已經徹底現前與徹底證悟，所以下座時這樣的見地會遍及一切，也就是下座後的一切食衣住行，如同在上座時於見地的攝持之下進行。達此境界，就是上下座都安住在赤裸裸的覺性本貌之中，上下座已無差別，達到「修座座際無分別」。

「修座」即是上座；「座際」就是座與座中間休息時，「無分別」就是都無差別。當行者掌握住前面所說的觀修關鍵並再三地觀修，當觀修能達到頌文中的「等置後得無相異，修座座際無分別」的境界，就可稱之爲智光續流持續瑜伽士。此意爲，行者的見地續流持續不斷，覺性本貌也是持續赤裸裸地浮現出來，其保任覺性本貌之上的工夫也未曾中斷，覺性的力道也不斷地在增長，並且未沾染到任何妄念的污垢。因行者始終安住在覺性之中，所以稱之爲「智光」；而安住的續流也一直持續著，所以稱爲「續流」；總的合稱爲「智光續流持續瑜伽士」。能達到如此觀修程度的行者，方可被稱爲大圓滿的瑜伽士。

頌文「無別況中持續住，直至尚不得堅固」

當行者的觀修達到這樣的程度時，他的內心沒有能修者，也無所要修的法，已無能修和所修的差別，也不會有入定和出定的差別，當然更不會有上座及下座沒實修的禪修窨境。所以無修之修是最勝修；三世諸佛皆沒有所謂的能修者在做觀修及所修的法，也沒有所謂內心專一緣取一個對象而做觀修，也不會因爲沒有觀修之故而導致內心渙散或胡思亂想或妄念紛飛。

所謂的有修或沒修的觀修，完全不是以有無對境而論的，這種以對境有無而論的觀修，三世諸佛也不曾有；三世諸佛並非是有對境而見不到，而是因爲在內心之中已明白萬法自性皆不成立之故，所以看不見自性成立這部分。三世諸佛皆不見自性成立，此爲「勝見」。也沒有所謂的上下座的分別，此爲「勝知」。更沒有能修所修之差別，此乃爲最殊勝的「實修」。

因此，有「無修之修是最勝修，無見之見是最勝見，無知之知是最勝知」的闡述。行者若也能達此勝修、勝見及勝知的境界，也就是達到「無別況中持續住」，已沒有任何的分別，亦即沒有分別能修及所修、能知及所知與能見及所見，已達三輪體空之境。在無分別的全然狀態之中，持續地安住在覺性本貌之上。此處所談到的「無別況中持續住」，是指在沒有任何分別的情況之中繼續地安住。若有一個我所要觀想的法，此為有一個我所要觀想的對境，這些是所修；之後還有一個能修，就是瑜伽士自己，這種情形也就是有主客體的區分存在。

在大圓滿的「住己寬坦本智」，其意指很輕鬆寬坦地安住在自己的本智。此句頌文是為了相應於前面所談到的法義，沒有所修客體與能修主體的區分，內心完全不花力氣地純粹安住在沒有分別狀態的覺性本貌之中，稱之為「大河持續瑜伽」。像長江大河般地不需要花力氣，就能安住在覺性本貌之上。此在大手印中稱之的「自停安住」和大圓滿中的「住己寬坦本智」，兩者的寓意是相同的。

「無別況」指的是內心沒有所緣的朝向處，如果內心有一個所緣朝向處，此狀態我們稱之為「相執」，即內心朝向一個表相而執取。一般而言，內心會將對境施設為好和不好，所以內心會有所謂的朝向或攀緣，此稱為「內心所緣朝向處」。若已達「無別況」，則當前的內心是沒有所緣朝向處，也不會區分好的要執取及壞的要消滅。

然而輪迴眾生的內心，都是有所緣取的朝向處，都落入表相的執著而產生好的要執取及壞的要消滅的相執。例如在修本尊法觀想本尊時，內心懷抱著親見本尊的期望，雖說這是好的念頭，但仍落入表相的執著，而這會造成修法的障礙；又或者實修時，內心懷抱著希望不會遇到障礙，因為會障礙實修的進步，因此對障礙產生害怕與不歡喜的念頭，這是一種不好的念頭，也是落入表相執著。

如果禪修行者的內心有所緣朝向處，則其起心動念必定掉入世間八風之中。八風可歸納為兩大類，就是期望與懷疑。對於好的會期望得到，或者懷疑自己會不會遇上壞的情況。如果行者的內心存在著一絲一毫的期望或懷疑，則都是無法達到證悟之境。

由此可知，大圓滿的實修者，一定要讓自己的內心安住在無分別的見地之中，並且要持續地安住直到究竟圓滿。行者應當將內心安住在上師直指心性口訣的法義上，在內心不間斷地用功保任，讓觀修的力道逐漸達到堅固，這才是最重要的。

倘若行者已能契入見地，但觀修的力道並未達到堅固，則假以時日之後其所契入的見地仍然是會丟失，那麼所有觀修的努力都將會付諸流水，這是我們所不願見到的情形。我們希望行者能在契入上師直指的覺性本貌之後，透過觀修努力保任，並且修練直至力道堅固。

頌文「捨棄喧譁愛觀修，應行入座修等置」

前面談到「無別況中覺分況」的段落，如果是位上等利根的大圓滿行者，也就是所謂的「頓時者」，此等行者是悟解同時或聞解同時。著名的例子就是因陀羅菩提國王，當上師對他做心性直指之際，他當下便證悟成佛。

對此等行者而言，「基」的所顯其一切都是清淨浩瀚廣大無邊的，都是法身顯現出的各種面貌。此等行者在聽聞之後，就立刻證悟此實相，他是在「基」上解脫與證悟。而末等的行者，就稱「漸次者」，就需要按道次第依序修持，依照地道功德拾級而上。

所謂大圓滿道路的適當器皿必須是對大圓滿的一切見地、觀修與行持的教法全然相信，且能全部接受並融入，內心沒有私毫的懷疑。比方說，大圓滿教法中所提到的聽聞解脫、觸摸解脫，或品嘗解脫，乃至於佩帶解脫等等的教法，都能欣然接受，沒有任何質疑，此乃是信心具足的行者，也是大圓滿教法的適當器皿。

爲何末等行者無法如同上等根器者般解悟同時呢？乃因漸次行者的內心有相執之故，

被內心的相執沉重地蓋住自己的內心本貌，所以無法聽聞時立即得到證悟與解脫，因而須漸次地淨除內心的相執與蓋障。

所以對漸次者而言，當上師做見地的直指時，要先能契入覺性本貌，之後依靠長久的觀修與保任覺性本貌的工夫，使修練與證悟的力道越來越強，最後到達堅固；那麼其地道的功德也就出現了。此等行者在尚未解脫時，應當非常重視觀修並且須經常性地思惟上師給予的心性直指口訣；此即是「直至尚不得堅固，捨棄喧譁愛觀修」，此處所談的就是漸次者的觀修。

漸次者在觀修尚未達到堅固的期間，一切的喧譁嘈雜都應該盡量地捨棄，並且精進地上座觀修，故此須先齊備禪定的資糧。講到禪定時，都會講到《禪定資糧品》，欲達到禪定，因的資糧要先齊備。因爲有因就有果，無因也無果。所以要進行禪修之前，禪定的因資糧需要先齊備。

要如何齊備禪定資糧呢？也就是「捨棄喧譁愛觀修」，身心的一切喧譁都要捨棄，如此一來禪定的實修就能夠做得好，此即是「身蘭若」與「心蘭若」的問題。「蘭若」即精舍，身與心的喧譁嘈雜及熱鬧都要排除，身處寂靜的蘭若或精舍處，乃至偏僻的森林荒野。然而僅僅如此仍是不夠的，還要具足心的蘭若，也就是要捨棄一切心的喧譁，「心的喧譁」指的就是內心的胡思亂想與妄念紛飛之習。我們要讓內心的念頭盡量減少，身處蘭若之中，內心寧靜止息妄念便能減少，如此一來才能做觀修。

如何來進行觀修？則是頌文所寫的「應行入座修等置」，應當特別安排固定的時間上座觀修，希望透過觀修，將內心的蓋障與污垢淨除。比方說點一盞油燈，其目的是爲了消除黑暗，但風一吹燈又滅了，因此也無法達到消除黑暗的目的。所以點燈之後之所以能夠持續消除黑暗，是因爲沒有風的阻礙。同理，身心的喧譁即爲禪修的阻礙，要先具足身心的蘭若之後，再「愛觀修」，漸次者必須要非常重視上座觀修。

「等置」，是上座實修禪定的階段；「後得」，是下座的階段。如果是漸次者，就需要「應行入座修等置」。其實依實相而論，我們的覺性本貌，實際上是沒有上下座或入出定的差別，沒有污垢，始終如一，始終是光明的。因此，對一位已證悟者而言，就沒有所謂的上下座或入出定的差別。

現在的大家未達如此的程度，所以我們內心的狀態有上下座的差別，也有入出定的差別，因此大家的現況要特別重視上座等置的禪修，同時也因尚未現證空性的了空慧和本智，因此更需要經常地上座實修。

若能如是持續努力，就能達到上座的最高境，得到堅固與自主性。當上座能得到自主，下座後的禪修力道才會繼續延續下去，也才能夠繼續保任，並且會達到如下所說之安住的境界：「一切的所顯，都是無量的宮殿跟本尊身；一切的聲音，都是母子音咒、本尊的咒語；一切眾生內心的思惟，都是佛的本智。」

頌文「所顯顯身分別，都是佛身聲咒與本智，此是無別大瑜伽。」所指的是上座禪修時，都已達到堅固和自主性；那麼下座時，他所看到的所顯就會是無量宮殿及本尊身，所有聲音都是咒語和本尊的咒語，所有思惟都是本智。但由於大家還達不到上述的境界，所以要發心迴向勝解修。

以上是漸次者的修持過程與成果，大家要明白，下座之所以能夠繼續保任，是因為上座時已得到堅固與自主性。

身為實修士，要做到上座實修與下座行持相融合，倘若上座的力量無法貫穿到下座，那麼在下座後日常生活之中的行持，就又會回到自己原來的習慣裡，此就稱為掉入習慣的毛病，這不是好的禪修。

許多上師前輩們，都曾經特別開示過：「肚飽日暖是行者，值遇惡緣是凡夫。」當一切順心如意時，就念經、拜佛、課誦，此時也自覺已經是位優秀的行者與好的禪修士，因而接受他人的供養與頂禮和讚歎；然而當一遇惡緣就馬上變成凡夫了，例如被惡口辱罵時，馬上與之對罵，這些行爲都顯現出自己的身口心三門與凡夫無異。

之所以會發生這種情況的主因，就是上座的威力，沒有貫穿到下座的日常生活中之故，也就是下座後變回凡夫俗子。這是有上座如同沒有上座，有實修如同沒實修，一切的上座實修也就都白費了。之所以說是白費的原因，就是上座的實修沒有發揮作用與威力，無法對下座的行持發生改變的力量，所以說是浪費。

大家應當明白，凡是上座實修之後，一定要能對下座發生改變效果；如果上座實修的威力在下座後有發揮出來，則下座以後的習慣會和以前不太一樣，會慢慢進步的。也因此，在遇到惡緣時的對應方式，也會和自己以前的習慣不相同，如此的上座實修才有意義，也才是上座與下座行持兩相融合。

綜合上述，我們可以得到結論，就是應遵循往聖先賢的教誡與開示，要努力避免讓實修掉入習慣之中，應想盡辦法努力地讓上座實修與下座行持兩相融合。

現在大多數的人，不用等到很嚴重的情況發生，只要一點點不順己意，就臉紅脖子粗了。務必記住操之在己，無論如何，掌控權不應掉入對方手中，應該握在自己的內心。也就是不管對方以如何的惡口與惡劣的態度和行逕相對待，甚至面對棍棒臨身之際，內心都應當如如不動！這是大家所要努力的修持目標。

就自己的行持而論，不論是遭受對方的辱罵對待或棍棒相加時，即使自己沒有口出惡言，哪怕僅僅只是內心憤怒生氣雖然沒有表現出來，也意味著自己內心的實修沒有做好。

舉例來說明，有一位大力士在憤怒生氣時，他有能力將對方痛打一頓，而另一位是體弱多病且身材矮小的人，即便他憤怒生氣，但卻沒有能力能將對方痛打一頓。雖然兩者生氣之後的行動力不同，但兩者憤怒生氣的習氣是相同而無別，其憤怒的罪業也是相同的。憤怒生氣的習氣與罪業，並不會因兩者行動力的差別而有所不同。

再舉個貪戀心的例子，比方說有一位國王，對他所擁有的黃金產生貪戀心，而另一名乞丐對他僅有的打狗棒產生貪戀心。這兩個貪戀心在本質上是沒有差別的，貪戀的罪業也一樣是沒有差別。

由此可知，貪戀心與瞋恨心的力量與作用，不會因爲對境不同而有所差別。因此，努力不讓貪戀心與瞋恨心產生，也是我們要精進的重點。

每個人的貪戀心與瞋恨心強弱不一，有時憤怒生氣並不一定是因爲自己被對方實際拿棍棒打，主要是看主體本身的情況，不一定需要依賴任何的外緣，也並非因爲外緣很嚴重所以才很憤怒生氣。有的人小小的外緣，就足以引爆自己大大的憤怒與生氣，所以是各自情況不一，無法一概而論。

有一位婆羅門之子，運氣不好變成乞丐，有一天來到國王家門口乞討，被門口的衛兵驅趕並臭罵一頓；這位乞丐非常地憤怒生氣，就賴在門口倒頭就睡，但是在睡著之前，他內心生氣地想著：「對方最好被馬車撞死。」然後自己在胡思亂想的惡念之下睡著，結果當衛兵駕馬車出來時，就從乞丐的頭輾過去，乞丐當場頭破而亡。

由此可知，那怕僅僅只是自己的內心產生惡念，自己的果報也可能會馬上現前。所以並非需要外在的環境很嚴重，自己的內心才會產生很大的憤怒。有時候，可能自己坐在椅子上閒暇時，內心也會胡思亂想地起心動念，想了許多不好的念頭，也因此而爲自己累積了一些罪業而不自知。

頌文「一切時常暫時中，保任一法身紛紜」

不論是等置上座或後得下座，都要好好地安住在自己的實修上，所以說「一切時常暫時中」這也是意指不論遇到任何的順逆緣，都要做到時常安住在自己的實修上，自己的內心能夠繼續安住在覺性本貌與上師直指的見地上，以及所契入的口訣法義上。

如果無法如此地安住，那就會變成自己的內心與法分開了。也就是實修時狀況很好，但一遇到逆緣時，就和凡夫俗子相同，此是法與內心相異，即是已經離開了禪修的狀態與本質。

「保任一法身紛紜」就是：等置與後得都是一樣的，一切時都要安住在上師直指的法義、覺性本貌與法身本貌之上，這是專指已達遠離戲論的本智者的狀況。此頌文中的「法身」，意指自己的天然覺性本貌是法身，同時也是天然俱生的本智；此是一切佛法實修的精要，不論新舊派的教義皆如此。

此句「紛紜」的意思解釋爲道理、狀態或者是關鍵，即「紛紜」是道理、是狀態、是關鍵，這四者視爲同義詞，總合起來的意思是將此道理狀態與關鍵繼續維持下去。簡言之，即是保任上師直指覺性本貌的續流繼續下去之意。除需依賴上師直指覺性本貌外，還要能契入，契入之後還要繼續透過觀修保任，令其達到堅固。於這段修持的期間，最重要的是對大圓滿教法的信心從未失去，並且在此深信的基礎之上，持續不斷地對心性本貌進行觀修，讓法身的續流狀態與關鍵繼續維持下去。

頌文「此外無他堅決定，唯一之上決定者第二要也」

第四個灌頂的勝義諦本智，指的也就是法身本身，不論新舊派的密咒乘門，一切實修的核心思想精華都在此「自己的覺性本貌即是法身」，此是一切佛法的心要精華部分，也是以量成立的部分。

實修的行者對於安住於覺性本貌的實修，與覺性本貌即法身的心要精華，內心要抱持著堅決確定的信心，深信內心安住在覺性本貌之上，這是最殊勝的成就！除此之外，也沒有更加殊勝的果位能得到的，此即是「此外無他堅決定」。

比方說，自己已享用了一頓最上等的美食，對其他的食物就不會再起心動念。自己已得大圓滿的見地，已是最圓滿最高的見地，就不用再想是否還有其他的道路與果位可以得到。因為此已是最高的見地，因此不必再浪費力氣去尋求其他的道路與實修和果位，因為那是毫無意義的。

再比方說，大象已在自己的屋裡，結果又到森林裡去尋找大象；又或者，自家已有一口井，井水非常甜美可以飲用，不但不喝還跑去喝積存在馬路上的髒水。這些例子，在在表示著已經擁有或學習到大圓滿見地的行者，完全不需浪費心力再去尋求其他實修道路的寓意。

法身，是萬法究竟的實相，內心的俱生本智與天然本智，已經是最殊勝的果位。行者應將內心安住其上，同時自己的內心也應對此具足堅定的信心，不需再外求，應該把握此佛法精要，努力精進地觀修，讓見地觀修的力道突飛猛進，直到究竟，才是最適當的心態與作爲。

當地道功德逐漸進步到無學位的佛果，就是當上師在進行第四灌頂時，爲弟子直指勝義俱生本智，同時也讓接受灌頂的弟子的勝義俱生本智現前並得到。因此一般而言，行者想不依靠上師給予口訣教誡，而能令自身的地道功德產生進步，這是絕無可能的事情。加只要安下心來，遵循上師給予的口訣教誡精進實修即可，不需另外再向上師以外的任何人求取教誡。

【第四篇】

正文詳述：行持

前面已談過爲何名爲《三句擊要》，主要原因就是其內容僅三個句子；而「擊要」是表示擊中實修的關鍵要點，這三個實修的關鍵要點，分別爲大圓滿的見地、觀修與行持。

然而要如何去擊中這三個要點？就是這三句頌文：「本貌之上直指」，此爲見地的關鍵要點；「唯一之上決定」，是觀修的關鍵要點；「解脫之上把握」，是行持的關鍵要點。其中最主要的是大圓滿的見地，由於大圓滿的見地教法深奧難懂，僅僅只是想證悟大圓滿的見地，就已經是非常地困難了。如果內心沒有證悟大圓滿的見地，是無法自稱爲大圓滿的行者。

此次的講解，大家即便無法證悟大圓滿的見地，但至少能有個概念，此稱爲佛教的「意種」，白話講就是具有抽象概念。亦即行者雖無法證悟大圓滿的見地，至少能有抽象的概念；如果連抽象的概念都沒有，是不能自稱是密咒乘門的行者或瑜伽士或大圓滿的行者。

其實，即便是小乘的實修教法，大佛尊阿底峽尊者也曾開示：「當講法者要開講小乘正式的實修教法時，如果講法者內心存有著一點點的自私自利的念頭，那麼他所講說的教法，也是無法如實地利益弟子與聽法者的。」由此可知，講法的行者如果想要利益群眾與弟子，行者本身基本上必須達到見地的證悟。因爲若連利益自己都尚且做不到，又如何能去利益群眾與弟子呢？此外，倘若不能照顧僧團群體，也就沒有講經開示的機會，相對的也就沒有做布施與無畏救度布施的機會了。

由以上的陳述，大家應該可理解，大圓滿教法之稀有與深奧和殊勝難得。如果是上等根器的行者，在日常的食衣住行之中，尚有大圓滿見地的攝持，然而就如同大家所瞭解的，要做到這樣的行持，也是很困難的。

以大圓滿的道次第進級方式而言，須先證悟見地，之後才進行觀修；在見地的攝持之下所進行的觀修才會產生威力及力道，並且其觀修本身也才會變得純粹。大家目前的情況是還沒有證悟見地前便先進行觀修，然後在觀修之中再尋找見地。也因爲在觀修時沒有見地的攝持之故，在此情況之下，是不適合自稱爲大圓滿的行者，或大圓滿的禪修士，這點希望大家都能有充分的瞭解與認識。

之前講解《三句擊要》時談到禪修方式，第一個跟大家介紹的就是見地：「本貌之上直指」由此可知，見地是首要的關鍵要點。雖然個人非常想要幫助大家對見地能有充分且詳實的認識與瞭解，但其實是非常困難的，只能盡力來爲大家說明，故此也就引用了很多續部的內容來爲大家講解說明。

雖然僅是關於見地的說明，資料就已經非常地豐富，單是大圓滿的續部，就多達六百四十萬個續部，此外還有往聖先賢和歷代上師們所傳下來的眾多口訣。

然而，就自修而言，最重要也最需要的是先努力累積資糧與消除罪障，這是肯定的。在實修時應當先好好地調整自己的威儀和動機，之後掌握關鍵，並依照上師直指的口訣，精進不懈地努力實修，而不是將大圓滿的續部，以及歷代上師所親傳的口訣，全部逐一地閱讀而已。

在學習教法時，我們所要重視的是將教法付諸實修，而非僅僅著眼於文字詞句的思惟與閱讀。應當把握住的是詞句所表示出的法義與關鍵處，並且能夠證悟詞句所表示的法義之境，這才是最重要的事。

詞句的作用是代表一個法義，故稱爲「能表詞句」；而其所要表示的，稱爲「所表法義」。如果能夠透過能表的詞句來證悟其所要表示的法義，那麼在證悟的一剎那間，就能掌握到教法的核心關鍵，當下多生多劫的罪障便能被消除；之後也就能在剎那間證悟到自己的本來面貌，並且到達最高的境界，讓內心能夠得到眞正的自由與自主。這是所有實修中最爲關鍵的部分，也是我們最應該重視的部分。

複習見地與觀修的精要

一、契入見地的重點

當我們透過能表示意思的詞句，去了悟所要表示的法義時，此時的關鍵是「自停而安住」，自然停留而安住。大家透過上師直指的口訣，並依此口訣自然地停留在心性的本貌之上而安住，依此實修方式進行。

現在的說明內容是針對實修，且完全配合實修上的經驗與需要，並非針對詞句的瞭解而已。有些很聰明的人士，在經由別人的詞句解釋之後，因爲他很聰明靈光，所以很容易了悟詞句的內容，之後他就到處爲別人講解。但由於他本身並沒有經由實修而在內心產生覺受與力道，所以當他在向別人解釋時，是很難發揮出法的效用的。

因此目前的初步重點，是重視詞句上所要表示的法義，透過詞句來介紹法義並深入瞭解法義，此爲目前的關鍵之處。之後再透過能表示的詞句，而了悟到所表示的法義，再將法義放在內心上做實修，之後透過內心的實修產生法的作用，這才是正確的修行方式。

見地，就是上師直指的法義，頌文「本貌之上直指」此即是心性直指的內容。其所說的是內心的法性及實相。內心的實相是光明，而光明又分爲基的光明與道的光明；基的光明爲心性本來的光明，是眾生內心本來就具有的，所以說本貌之上直指的，即爲心性直指的教法。

就基的光明與本然光明而言，是內心本有的。所以只要是有心識的眾生，一定也都會有基的光明與本然光明；因此，哪怕是一隻小蟲或螞蟻，任何一個微細的眾生，也都一定會有。此即是所有眾生都會成佛之因，這是經由邏輯推理所得到的結論。

我們經常談到眾生都會成佛，就是因爲他有佛性，有成佛的原因。而成佛的原因，就是本然的基光明；因爲本然的基光明是所有眾生都有的，此亦即是心性的本貌，也是上師在心性本貌之上直指時，所要爲弟子們指出來的心性內容，此爲見地的部分。

二、觀修方式的重點

以上是複習到見地的部分，接著是談觀修的段落，也就是觀修的方式，在禪修時應當要先瞭解，觀修本身並無離開見地。觀修的次第，首先必須要證悟見地的意義，之後將已經證悟的法義繼續地保任勿丟失，如此其證悟的力道就會隨之逐漸地加強而到達圓滿，這些過程稱之爲觀修。

所以並非是見地在一邊，而觀修在另一邊，此二者是相互關聯的。我們看詞句時，就應當能夠瞭解到這一點。觀修，就是在見地證悟的狀態上繼續維持。

剛剛有談到基光明與本然光明，現在來談談「道的光明」，道的光明是當透過上師心性本貌直指並解釋基光明之後，行者對此內容如理如實地努力禪修，在實修的道路上，自己的內心產生證悟，此即是道的光明。

爲何要談到道光明呢？因爲如果僅僅只是談論基光明是不夠的，若不能認識基光明並安住其上，當眼睛看到不悅意的色法時會產生憤怒，對悅意的色法又會產生貪戀；當耳朵聽到悅耳的聲音會產生貪戀，而對不悅意的聲音則產生瞋恨。長此以往，眼耳鼻舌身對應到色聲香味觸法時，都會發生貪戀與瞋恨的情形。總的來說，我們會因此在基的光明實相上摻雜了貪戀、瞋恨、愚癡等的雜質，而導致我們無法認定基光明。

眾生的心靈目前都被貪瞋癡的妄念雜質覆蓋住，所以都無法如實地瞭解基光明，因之產生出各種迷惑，進而造作各種的業，然後在輪迴中承受各種各類的痛苦，可見這一切的源頭皆來自於內心對基的實相沒有了悟。

因此之故，就心性直指而言，上師的心性直指是很重要的，當上師心性直指時，弟子當下若能契入心性本貌，之後也能繼續安住，此即是道路上的光明，也就有機會到達最高的境界，也有機會在剎那間得到解脫。所以道光明指的是對基的實相能夠如理如實地了悟，並且在禪修時產生道路上的光明，這是禪修的重要關鍵。

假若行者都能掌握關鍵，那麼因爲在世時能夠契入及安住於上師直指的內容，並且實修已經達到堅固之故，所以在死亡時就能達到光明母子會。

以前往聖先賢們留下很多修持實證案例，在死亡時，有的能夠入定一週、兩週，甚至長達數個月，這都是行者「安住在究竟誓言」。雖名爲「安住在究竟誓言」，但其意是光明母子會。能達到此境界乃因其不僅能契入上師所給予的心性直指的覺性本貌之中，且在道路觀修的道光明也堅固之故。如此方能在死亡時達到光明母子會的境界，進而幫助行者當下達到解脫的最高境界，故而名之爲「安住在究竟誓言」之中，也就是光明母子會之意。

由此可知，對基的實相之證悟是非常重要的事。密勒日巴曾經開示：「在念頭的生滅之間，其實有持續不斷的光明，但是無法契入。」意思指的是：在念頭的生生滅滅之間，也就是在前念已滅而後念未生之間，其實是有心性本貌的光明存在，這是本來就有從未間斷過，問題是眾生沒有能力去認識它。譬如，太陽因被烏雲遮蓋所以見不到它，但它還是一如本初存在著的，並未滅掉，也不必另外去製造出來。

基光明與道光明在內心的實相裡，都一樣是無二差別的，是本然的，也不曾滅掉，只是眾生沒能夠認出，因爲此光明被無時無刻產生的諸多妄念所遮蓋住。

頌文的「置於無詮覺分況」，此句爲觀修的部分。「無詮覺分」是在說明《三句擊要》中的第一句「本貌之上直指」，也就是無法用言語詮釋的覺性本貌，此爲見地。頌文「置於無詮覺分況」整句意思是在說明，對於上師所做之心性本貌的直指，其所指出之言語無法詮釋的覺性本貌，我們要在其上安住並進行保任。「置於」是在談《三句擊要》中的第二句，就是「唯一之上決定」，是我們要安住在其上的，此爲道路，爲觀修之段落。

在觀修的過程之中，當煩惱妄念出現時，不要讓內心沾染到應斷的理論與破立的理論。因爲煩惱與妄念都是來自內心，都是內心形成的，所以煩惱即內心，妄念也是內心，都是不離開內心之外另有貪瞋癡的產生。此理如同海浪來自於大海，是從大海之中形成的，也不是離開大海另外有海浪產生的，而海浪當然也終將回歸大海。

所以，貪瞋癡也是不離開內心而從其他地方另外產生的，而既然是從內心冒出來，又因為內心本身自性不成立之故，所以不論有再多的貪瞋癡念頭的產生都沒關係，只要保持很寬坦放鬆地繼續安住在內心的實相上面便可。如此一來，從內心所冒出來的一切妄念與煩惱就會如同海浪回歸大海一般自然地止息，此時依舊維持在內心本貌之上，繼續保任做觀修就可以了。

倘若我們選擇採取對治的理論，將妄念與煩惱界定為所應斷，用對治的力量去對付它們，這樣的思惟邏輯，基本上已經設定煩惱與妄念的自性是成立的；因為自性成立，所以是應被斷除的所應斷，如此一來就會變成執著了。因此當煩惱與妄念產生時，並不適合用應斷的對治理論或破立的理論來進行，而是應該繼續在覺性本貌之上，繼續安住即可。

當我們在面對煩惱與妄念產生之際，選擇繼續安住在內心本貌時，也許在這期間內心的明分會出現，也就是清明而無妄念。當自己的覺性本貌清明而無妄念出現時，自己會知道的。為什麼？因為覺性本身有了知的能力，所以覺性知道覺性自己，自己知道此刻內心沒有一絲一毫的妄念與煩惱出現，此即是道路的光明「道光明」；若能讓道光明，從第一剎那持續至第二剎那，再從第二剎那持續到第三剎那，如此一直延長下去讓它持續成為道光明的續流，此過程為觀修的部分。

三、實修道路的重點

所以我們所要努力的就是，要能契入上師所做的心性本貌直指，依照上師所給予的口訣，繼續維持做觀修，在觀修的過程中不論是煩惱或妄念的產生，讓自己的內心依舊安住在證悟的道光明之中就好，千萬不要選擇破立的理論或對治的理論。「破立」理論是：壞的是應斷應對治，所以用好的去對治壞的的理論；此即有破、有立，有應斷、有對治，此為禪修大忌，如此是無法證悟心性的本貌。

實修絕非僅僅是嘴皮之事，更不僅僅是詞句上的說明而已。應當是將口訣放在內心上來實修，之後內心產生覺受，然後覺受逐漸地進步，大圓滿觀修的力道就會突飛猛進並會變得非常強烈，此為大圓滿的道路，也相較於其他乘門的道路更為殊勝。大圓滿的道路不選用破立的理論，而是在心性本貌之上長驅直入且直捷快速，所以觀修的力道會突飛猛進，也幫助證悟的力道快速地圓滿。在大圓滿的實修之中，雖然對治本身依舊是對治，不過連應斷本身都是修持的道路，一切的貪瞋癡煩惱妄念等等全部都可以用來做爲實修的道路。

四、煩惱爲道用，此爲大圓滿殊勝處

對於「貪瞋癡產生時，千萬不要當做所應斷」，這句口訣的意涵大家很容易會誤解爲：當貪心、瞋恨、愚癡產生時，因爲不是所應斷，所以就以爲是讓貪心、瞋恨、愚癡等順其自然地繼續增長，此是完全錯誤的理解。此句大圓滿教法的實修所指的是，當我們的貪心、瞋恨、愚癡之心產生時，我們很清楚明白地看著它產生，但不受其影響，內心很清楚明白這些其實是內心本智的力道所生，是覺性的力道所顯，然後依舊將內心繼續安住在觀修的道路之上，內心不隨妄念而去，也不特別要去滅掉它，讓念頭自然而然地就消散，這才是大圓滿教法將貪瞋癡做爲實修道路的意涵。

然而一般人處理的方式，是當貪戀之心產生時，內心隨即追逐貪戀之心而去，進而生出無量的執取妄念之流，導致貪戀益加嚴重。當內心產生憤怒之心時，內心亦尾隨之產生更多的瞋恚妄念，導致臉紅脖子粗。以上這些情況都可說明其內心的狀態，都是追逐著妄念而去，而非安住在觀修之上。

因此，我們在進行觀修時要避開破立的理論，當貪瞋癡產生的當下應該要覺知，並讓內心繼續安住在契入覺性本貌之上，之後這些貪瞋癡的煩惱念頭就會自然地消失，而此時所有的貪瞋癡本身也就成爲實修的道路了，此即是「以煩惱爲道」之意，與顯教所採用的對治法迥異。

大圓滿殊勝之處，就是連應斷都可以拿來做爲道用。如果行者有能力依此實修，則貪戀、瞋恨、愚癡、傲慢、嫉妒的產生與出現，對內心是不會造成絲毫的影響及傷害。

總言之，實修時不論是樂受或煩惱等等任何的妄念產生時，都應堅持將內心繼續安住在內心本貌之上，如此一來任何的妄念都無法傷害與妨礙到內心，這才是最重要的關鍵，也才是正確的實修道路。

頌文中的「此外無他堅決定」的「他」，沒有特別講是止或觀。而大圓滿所談的止，也不是只有安止，主要是指安住在自心的實相上。如果談到觀，也不會只是無我慧，在大圓滿的實修方面，會談到基、道、果的大圓滿，而其中果的大圓滿，意指「基」的實相能夠現前，故將這個部分稱為止觀雙運，此即是第四灌頂勝義本智所表示出來的。

行者的內心要非常堅決地相信，除此之外，諸如持咒、課誦，就沒有那麼地重要。話雖如此，但對初學者而言持咒是非常有必要的，可以幫助累積順緣並排除逆緣，幫助我們靠近本尊；但在得到證悟勝義俱生本智的部分，持咒及課誦等則沒有太多的幫助。

身為學習大圓滿法的行者，應該要重視內心的俱生本智，也就是內心的實相本貌的實修，此為實修的關鍵，也是上師心貌直指的內容，終其一生應當努力將等置與後得兩相結合實修。上座實修時，應當非常重視上師教授的口訣；在下座行持時應當非常重視業力因果，切莫輕視。如此地掌握關鍵過一輩子，應該是可以得到解脫，即便無法當生成就，也可因此在下一生獲得暇滿人身，然後再進一步得到最高境界的證悟，這也是很有可能得到的成就。倘若未照上述去行持，而對其他的道路還懷抱著期望的話，我們就可以用「注重蠅頭小利，而失去大的生意利潤」來形容，也就是所謂的因小失大。由此比喻，應當可以瞭解到，實在不必再去追求其他的道路，而是要把大圓滿的見地、觀修、行持，當作是最重要的實修關鍵牢牢地掌握，並且捨棄其他一切的妄念與執著。

而這其中，最重要的是：要引出自己內心對大圓滿的見地、觀修、行持，堅定不移的信心。此即是「此外無他堅決定」，也就是行者對大圓滿的一切見、聞、觸、佩帶解脫的各個教法，都深信不已。

對於學習大圓滿教法，第一道障礙就是懷疑心，內心有很多的懷疑。不過，有懷疑心是行者自己內心的毛病，並非是教法上有毛病。是行者自身沒有掌握到道路的關鍵，如此的行者可說是愚笨者，因爲沒有重視實修。行者對教法要信心堅固、守護誓言，內心將此當作是非常重要的關鍵。

在一開始學習時，並沒有談到此教法容易證悟與否，而是講不論是禪修士或任何人，只要是對此教法深信不移，終其一生好好地精進努力，最後總是會證悟的。

不過在進入道路的一開始，首先要做的是要將障礙排除，此障礙就是懷疑之心。如果行者內心有一丁點的懷疑之心，那麼則是證悟無期了。因此首先要重視與討論的是：如何讓信心堅固、沒有懷疑之心。因此，談「此外無他堅決定」。

大圓滿的行者，應對大圓滿教法信心堅固、沒有絲毫的懷疑。此亦是第四灌頂「詞句灌頂」所談關於勝義諦本智的內容，內心完全堅信不移，那麼證悟就容易得到；如有懷疑之心則是很難證悟的，此即是第二關鍵要點「唯一之上決定者第二要也」。

確實也是如此，在佛法方面的關鍵，應該是上師針對佛法的關鍵做口訣直指，而弟子應當契入上師口訣直指的覺性本貌。在實修上而言，一切萬法的實相、勝義諦的實相，是自性不成立的。如果弟子不能夠了悟此關鍵點，就無法達成解脫輪迴的目標，或者即使一輩子努力實修，也無法達成即身成佛。

因此，對內心而言，要能掌握住大圓滿教法的關鍵，並安住在覺性本貌，上座實修與下座後威儀的行持，也應當用大圓滿見地繼續攝持。否則很可能會發生類似以下的情形，比方說自己做生意，或者是到這中心做義工做很多的供養與承事，又或供養十萬元蓋廟或做許多的修法，但是因爲沒有大圓滿關鍵的攝持之故，有時雖是花了很大的力氣行善業，卻也可能在一剎那間將其善業破壞殆盡的情形，諸如此類的危險，都是有可能會發生的。

究其原因，就是因爲沒有掌握到安住於上師所做的心貌直指的修持關鍵。所以在等置階段及下座後得的階段，也要用此關鍵繼續攝持而不渙散，不失內心本貌的攝持。不論是上下座皆應如此，行者應當在此修持關鍵上好好地努力，如此才能在遇到任何逆緣時也不會造成傷害，此即是「唯一之上決定者第二要也」之義。

上中下乘門見地之差別

就道路本身逐漸升級的方式不同，也會形成道的差別；而地道功德的理論，也是如此來形成。諸如分別說部、經部、唯識、中觀等等，各個宗派都會談到應斷爲何，及如何斷除？應證悟的部分是什麼？如何去證悟它？因各自理論不相同，也就形成上中下乘門。不過，上上乘門一定是超越下下乘門。總而言之，之所以會有上下乘門的差別產生，最主要的原因是「見地」上的差別。

而目前我們所學習的大圓滿教法，共有見地、觀修、行持三個部分。首先是大圓滿的見地要現前，之後要讓見地不斷地增長增廣。因此，才會爲大家說明大圓滿教法的次第是：首先上師爲弟子做心性見地的直指，而弟子要契入見地之中，這是「本貌之上直指」；弟子在契入見地之後，需要精進觀修，而觀修就是要做到「唯一之上決定」，即堅定只做這項實修；最後是行持，也就是「解脫之上把握」，在爲求解脫而來進行行持。此即大圓滿自己的道路。

道路分成世間道與出世間道，無論如何都應當是順著各自的能力去進行利益眾生的事情。但是，在承辦有情事時，主要的依賴和決定在於自己見地上證悟的情況如何，因爲見地現前與否差別很大，而即便是見地已現前，但是各自觀修的力道強弱不同則差別也很大。

由於行者各自進程不同，就形成行者層次不同的差別，所以菩薩的修持階段，有從初地到十地，分十個不同的修持層次，每個層次的證悟都不同；也基於此，當各自承辦有情事的時候，能做的又各自不同；能不能承辦有情事進行廣大利益眾生，更是因各自不同而有所差別。

根據前面爲大家解說的地道理論而言，地道功德的升級方式有各自不同的差別。對目前的大家而言，尙無地道升級的困擾，因爲尙歸屬於未入道者，所以說沒有地道升級的問題，一般已入道者與沒入道者也是有所差別的。

而爲了使眾生覺性法身能夠現前之故，因此要努力去承辦有情事。而承辦有情事，就要靠正法來進行了，假設其中摻雜著世俗想法與方法則不能承辦有情事。因爲那只能使他們有一點點小小的善業，讓眾生得到一點點小小的快樂，卻無法安置眾生讓他們得到菩提佛果。承辦有情事是指能夠安置眾生得到菩提佛果；要安置眾生得到菩提佛果，就一定要從佛法正法上面來進行。因此，要努力來實修正法，而實修正法有「以因爲道」和「以果爲道」兩種修持的類型，目前大家所學習的是「以果爲道」的方法。

因跟果實際上是同一個並無差別，這種說法就是上次曾經談到的「大圓己道」，即大圓滿自己的道路。大圓己道的「道」，已包含大圓滿的見地、觀修與行持這三者。

大圓滿見修行這三者，其究竟的根據處就是見地，這在見地直指的段落已經說明過。當時所談的是平常心，一切都不會超出平常心之外。此一部分就乘門而言，顯教乘門的理論，是主張功德會隨著修行層次的提升而越來越增加；而果密咒金剛乘門的大圓己道則主張功德是本來自成，本然齊備的，隨著修行層次的提升，功德會越來越明晰顯現，亦即功德是原來就有不會添增，只是會越來越明晰，是因果同一的理論，此乃顯密兩者間的差異性。

內心功德的顯與升，從聲聞，緣覺，菩薩乘門上升，直至大圓滿的乘門內續上部阿底瑜伽之間，所有的見地一定都是在內心上做討論的。因爲內心本具有法身的自性，因此所有的討論也不會超出此範圍。

若就見地的部分而言，即使是沒有進入佛教道路的世間凡夫，每個人也都有他們自己的想法和基本的思想；比方說，我們都會談到要有善良的心、利他的心，此是世間正見；許多沒有進入道路者，也有如此的世間正見。而已進入道路的聲聞緣覺菩薩乘門的見地，雖各自不同，但也更加地升級。無論是世間或出世間，其見地一定是指內心，都是針對內心來討論。

以煩惱妄念為道與對治理論之別

接下來要談的是地道功德的漸次向上升級的狀況，大家尚無或尚未看到地道功德，是因為被妄念之網所遮蓋住，所以地道功德不能夠升級，因此，要想辦法滅掉妄念之網。滅掉妄念阻礙的方式，主要是依賴無我勝慧，透過無我慧來幫助內心產生對治的力量，將妄念之網斬斷之後，地道功德就會逐漸地從初地、二地、三地漸次地升級。如果地道功德升級之後，則神通或神變以及很多其他的威力都會產生。比方說，初地菩薩能夠有神變的威力，在刹那間變化示現出一百個分身到一百個國土；當然，二地、三地就更多了。

因此要讓地道功德升級，首要就是將妄念之網斬斷淨除，此時用的是「斷所應斷」的理論。舉下下乘門來講，將妄念煩惱的內心當作是不好的、是壞的、是所應斷；把無我勝慧當成是好的；用無我勝慧對治煩惱妄念使其消滅，此即斷所應斷的理論，也是對治的理論，靠對治的方式斷所應斷，不過此種作法就會成為分成兩邊的行持。

就我們所選擇的密咒金剛乘門而言，並不是如此處理。因爲煩惱妄念本身就是道路，所以不必另外用對治去對治妄念本身。

不論是選用對治理論，或是煩惱爲道的方式，在處理煩惱妄念之後，地道功德就會逐漸地向上升級，或者說內心的功德會越來越好，又或者內心本自具足的功德會逐漸地益發顯現，各自乘門眾說紛紜。

接下來要談的是行持，行持有一定的標準，要達到一定的量，稱做「行持量」。如何才能達到行持量呢？這就要讓實修發生變化並且向上升級，其最主要的決定力量就是在行持。

頌文「彼時貪瞋喜及苦，無餘偶然之妄念，認識況中無後續，認定解分法身故」

這裡教授的是行持，也就是解脫妄念的方法。外在的行持非常地重要，因爲它不但劇烈影響內心，同時也會改變內心。所以如果一個人經常做好事，他的內心會越來越善良；但是如果經常做壞事，那麼他的內心就會越來越壞，此即內心受外在行持影響的緣故。

故此，我們才需要重視和講解行持的部分。當內心的念頭產生時，如果是下乘門的方式，就是將內心的念頭當成壞的、不好的、是所應斷，然後選用對治將它消滅。若是大圓滿的方式，則是將念頭當作道路來用，以煩惱妄念爲助伴；不過當行者要將煩惱妄念做爲助伴時，首先自己必須要有把握及有能力將妄念轉化爲內心修持的威力，亦即行者的內心因爲不會受到妄念力道的影響，妄念本身才不會變成正式的妄念，也就不會促使行者去造業，此爲關鍵。

妄念會促使行者造業，當貪念產生時，一定會累積惡業，也會因此而墮入三有輪迴裡。因此就大圓滿的道路而言，行者究竟要如何才有能力將煩惱做為助伴呢？下乘門和大圓滿處理煩惱妄念的最大不同點在於解脫的方式。如不選用下乘門的應斷理論，又該如何來處理煩惱妄念呢？這些問題的答案，都在這四句頌文，其所談的就是有別於下乘門應斷理論的處理煩惱妄念的方法。

在講述大圓滿的行持方法，不論是貪念、瞋恨或者痛苦的念頭產生時，只要去認識它是什麼樣的念頭，之後就安住在這個念頭上來練習力道，在練習力道時，妄念本身會消散掉，而當妄念消散時，法身的本質就會現前，此刻就直接安住在法身的本質上，力道也就會越來越增強。當念頭被行者認出後並消散，此即為念頭的解脫。這是大圓滿有別於下乘門的解脫念頭的方式，和所應斷的理論差別性很大，也是上下乘門解脫念頭的不同處。

在頌文中的「彼時」，「彼」是往前之意；「時」是往後。意指在先前上師做見地直指時，行者內心已經契入見地證悟之中，觀修的保任也達到。

「無餘偶然之妄念」意指任何念頭產生時；「認識況中」意指知道與認識該念頭已生起，「無後續」意指不讓妄念的續流繼續下去，也就是讓念頭消散掉；「認定解分法身故」意指能認清妄念解脫之背後就是法身的本質，也就是看到妄念即是看到法身。全句意爲：當內心的貪戀、瞋心、傲慢、嫉妒等之念頭產生時，能夠馬上認出並瞭解妄念是法身的本質，也就是看到妄念即是看到法身，如此認定清楚，然後不讓妄念的續流繼續下去，就能以煩惱爲道了。

上下乘門最大的不同，就是在煩惱解脫的方式。學習大圓滿教法的行者，要對解脫煩惱的方式很清楚明白，並且依此而修持，否則會墮入三有輪迴裡，也就是《中觀寶鬘論》中所談到的：「何時對五蘊有執著，何時就有我執，何時有我執，就不能解脫輪迴。」如果行者在妄念生起時，不能讓它自然地消散掉，此時的妄念就是眞實的妄念，不論是耽著或執著貪心的妄念等，內心都會受此妄念的影響。究其主因在於妄念產生之際，因爲沒有見地的攝持無法馬上認出，而凡夫眾生的心志因不夠堅固，就會受影響而造業，觀修也無法產生力量及無法保任，那麼行持也就無法發揮威力，此即是沒有掌握到大圓滿見地關鍵的行者會發生的情形。所以，若未能掌握見地關鍵，後續的一切修持不論是觀修與行持都無法做好。

經由以上的講解，大家應當要能夠瞭解行持的關鍵重點，就在於斬斷耽著之心；也要明白問題並非是歸究於妄念的出現或所顯，而是在於自己的內心對於妄念與所顯的反應爲何？保持無耽著之心是很重要的。

積資淨障的標準：上師與佛無二的清淨信心

帝諾巴尊者對那若巴剛開始的教導內容也是集資淨障法門，那若巴從事各種大大小小的苦行實修，此即爲積資淨障。積資淨障是有其標準的，就是當弟子看到上師時與見到佛是無二差別，弟子對上師產生的信心跟對佛產生的信心也是無二差別，其清淨所顯的信心與誓言絲毫沒有摻雜到雜質，這就是成功達到積資淨障。當弟子看到上師所生起的清淨信心與見到佛的信心無二差別時，不但是積資淨障達標，同時也已是法的適當器皿。由此可知，法之器皿的標準，特別是視師與佛無異，能達此標準則不僅是法之器皿，更是證悟的器皿。

那若巴一開始依止帝諾巴尊者時，先努力於積資淨障，直到其見地已達到證悟器皿的標準之徵兆出現時，也就是弟子視師與佛無二，此時也就是接受帝諾巴尊者教誡的時機已成熟，因此帝諾巴尊者便傳法大手印的見地給予那若巴。當某日帝諾巴尊者對那若巴說：「我要傳一個教誡給你。」當弟子要接受教誡時，必須是信心與誓言均清淨，並且內心的信心很強烈；而傳授教誡需要清淨的場地來陳設供品和講授教法之用，身為即將受教誡的弟子，當然是要親力親爲地準備和打掃場地。不過當時印度的環境是塵土飛揚的狀態，打掃場地必須得先灑水，帝諾巴尊者就運用神變讓那若巴在四周方圓之內都找不到水可以用，那若巴一直找不到水而無計可施時，就用自己的血灑地使塵土不再飛揚，再獻上最上好的曼達，於其當下那若巴已然成爲眞正的弟子了。

爲何那若巴願意如此犧牲呢？那是因爲當積資淨障達標後，智慧開啓信心產生，知道佛法的加持威力很大，不能錯過，因此願意爲了佛法而不惜捨命承辦。

當那若巴用鮮血灑地並獻上曼達時，帝諾巴尊者對那若巴開示以下的內容：「兒子啊！所顯不會束縛，耽著才會束縛，所以請你斬斷耽著。」其意是指：不論是顯現任何好壞的念頭，或者是任何的色聲香味觸的法，都不會將我們綁在輪迴裡，唯一會將自己綁在輪迴的，是內心對所顯而產生的耽著之心！就好比爲了讓自己每天一定要得到財色名利的悅意執著而奔波勞累不已，有此一定要得到的內心，這就是耽著心，這不是財富名位等有問題，問題是在自己有耽著之心。

當帝諾巴尊者開示時，用鞋子打在那若巴的頭上，那若巴當下見地現前並且證悟與保任在法身的狀態之中。這是上等根器者才能同時做到解脫與證悟，對於現代人而言，恐怕是不容易；所以若是想成爲和那若巴大師一樣的人，恐怕是件困難的事，必須花大力氣一步一腳印踏踏實實地走在菩提道上實修。前人灑血求法，聞法即受，雖說是辛苦求法，但對法的信心也是毫無疑問的。現今的人，不論是灑血或灑水，對所講授的法也是不聽的。

當今的情況，應當先好好地瞭解自己的程度，之後再依照實修的方式努力去實修。因爲大圓滿的教法非常地有名，但也因爲大家對此教法的不瞭解，讓許多有心人士打著大圓滿教法名號的旗幟，而在行爲上胡作非爲，這種實例很多。究其因，是因爲大家對大圓滿教法的見地與重要性不瞭解的緣故。所以身爲行者，首先應當先充分瞭解大圓滿教法的見地與重要性，之後要好好地努力實修，因爲自己比任何人都清楚明白自己的內心狀況。也因爲我們無法眞實地瞭解別人內心的狀況，所以也不應去管別人的內心如何，而是應該在自己的內心下工夫。

耽著樂明無妄念成三界輪迴之因

修行者妄念產生時，要如何讓妄念消散掉？解脫的方式騙不了人的，自己一定知道自己。如果自己的內心還會被妄念牽動，那就是被妄念壓倒了覺性力道，這樣就不能自稱為大圓滿瑜伽士。所謂的大圓滿瑜伽士，必定是覺性力道能夠壓倒妄念的修行者。內心不被妄念引動的，就是「認識況中無後續」，能控制妄念者，是大圓滿瑜伽士；被妄念控制者，就不是大圓滿瑜伽士。而能否控制妄念的關鍵，就在於解脫妄念的方式。

若是一位行者在修大圓滿法之後，內心覺得非常舒服快樂，故而以此自稱為大圓滿的瑜伽士，這是不正確的。但如果是以妄念自解脫的方式，在實修之後內心產生寬坦與輕鬆的覺受，則就可以自稱為大圓滿的瑜伽士。因此努力調整分析自己內心的修持，遠比去猜測他人的內心更重要多了。

因此，先瞭解實修的毛病就顯得非常重要了。薩迦班智達曾開示過：「愚笨的人修大手印，大多數都投生到畜牲道裡。」此乃因為不論是實修大手印或大圓滿，在過程中都會產生覺受，但在覺受產生之後尾隨而至的耽著心也跟著生起，甚至覺得自己已證悟了，因而產生傲慢之心。

當自心對樂明無妄念的「快樂覺受」產生貪戀之心，便會墮入欲界；對樂明無妄念「明晰的覺受」產生貪戀，則會投生到色界；對樂明無妄念的「無妄念覺受」產生耽著心，就會墜入無色界。由此可確定的是，當貪戀耽著心越強，只會更強化投生到三界六道輪迴中的機率。所以薩迦班智達才會做如此的開示，因為通常愚笨的人，其貪戀與耽著心都是很強烈。

不過這樣開示並不是阻擋大家學習與實修大手印和大圓滿，是要強調，在實修時須選用正確的實修方式。如果對實修方法不瞭解而用錯誤的方法進行實修，當然就很容易墮入畜牲道。這不是法的問題，而是在修持過程對所產生的覺受起了耽著心的緣故。

所以在實修的過程中，當覺受產生時只要保持純粹的認識即可，不讓內心對覺受產生耽著心，之後繼續在覺受中實修，此為練習見地觀修的力道，最後證悟就會發生了。

由此瞭解，覺受本身是不堅固的，過咎也不在覺受，而是在對覺受產生耽著心之故。因此身為禪修士，應當先對此毛病和錯誤的道路有所認識，之後在實修時要努力避開耽著心這個誤區。

如蛇結自解而雲開日現

前面所談到的頌文法意是：不論是任何好或壞的念頭產生，都沒有關係、都可以產生，但是當念頭產生時，要能馬上認出念頭已生，並且在知道念頭之後，繼續保任覺性本身，之後念頭會自然地消散；當念頭消散之際，就可以看到法身本身。此一過程又稱為蛇結自解或雲開日現，順其自然就可以，不用採取對治的所應斷理論的方式。

以對境而言，妄念本身是自現自解脫；對行者而言，則是自顯自解脫。在行者方面，會顯現各種色聲香味觸，或者各種好壞不一的念頭，行者本身對這些都保持不偏頗，所顯就會自然地解脫。所謂不偏頗就是不摻雜執著與耽著之心，既已沒有耽著的束縛，那麼對妄念自解脫就能得到把握。以上就是大圓滿道路的行持方式，主要的目的是練習見地觀修力道，而主要的行持則是妄念解脫的方式！

大圓滿為不執著離業力因果，為離勤力的道路

自現自解脫與自顯自解脫這兩種解脫，最大的關鍵就是行者若能在這上面得到把握，業力的束縛就不會發生作用，當然也就不會受到業力的束縛。所以有一種說法是：大圓滿是「離勤力的道路」及「離業力因果」。

以大圓滿的行持方式而言，是離開勤快勞力的道路，也是超越業力因果，這是經常被談論到的名句。不過大圓滿的超越業力因果，是要符合於剛剛所解釋的方式才是正確的，而並非沒有業力因果。大圓滿的離業力因果，是指對業力因果不懷抱期望心。比方說，造善業之因後，對未來的果報懷抱著強烈的期望心，期望將來要得到快樂的果報。再如，我現在幫助他，他要回報我；又或者修持密咒乘門行者，在觀修本尊的生起次第時，心裡懷抱著期望能見到本尊的示現並賜與成就等等，這些都是懷抱著強烈的期望心。如果是這樣的心態，那麼就會被業力因果束縛，也一定會墮入三界的輪迴裡。

如果行者對於自現自解脫與自顯自解脫都已得到把握，就不會有執著與耽著的束縛，

那麼他即便是造善業，也不會對善業報有期望心，又或對惡念之報有懷疑之心。大圓滿離業力因果指的是努力造善業的同時，內心不會抱著強烈的期望心。

大圓滿的行者，雖說內心對業力因果不懷抱任何的期望或懷疑，但依舊是要努力地行善去惡，如此才不會受到業力的控制。反之，若執著於善有善報、惡有惡報，也必因受業力的控制而墮入三界輪迴裡。

大圓滿的離業力因果，是因爲行持的過程中，內心完全沒有沾染到業力因果，也就是剛剛所講解的對業力因果不懷抱任何的期望與懷疑之故，因此行持完全沒有沾染到業力因果，此即是之前所談到的解脫方式「認識況中無後續」，此即是大圓滿的離業力因果。

密勒日巴尊者曾開示：「修大手印的時候，身口二門的勤勞不要沾染，不要做，因爲會有讓無妄念的本智消散掉的危險。」由此開示可知，大圓滿的究竟處和大手印是一樣的。密勒日巴會有這樣的開示是因爲，當行者修持大手印的同時，也很勤勞地拜大禮拜或勤快地獻曼達，如果是一位較好的行者，他的念頭會維繫在期望上面，期望心也會很強烈；如果是一位稍微馬虎的行者，他的心會陷入無記，不論是哪一種行者，如果在修持大手印時，還繼續很勤快地大禮拜與獻曼達的話，會存在著讓無妄念本智消散的危險。因爲在勤快地拜大禮拜和獻曼達時，想要能同時保任無妄念的本智是非常困難的，其消散掉的機率是很高的。

解分比住分更重要

我們的內心可分爲住分與解分，亦即安住分與解脫分兩部分。住分，指的是內心有一個對境，可以好好地安住。解分，指的是內心本身的念頭出現與消散。就住分和解分兩者而言，不論在任何情況下「解分」是比較重要的，因爲解脫分對力道圓滿和見止關鍵的幫助比較大，也是修持的眞正關鍵所在。

許多上師也曾面臨在對弟子做心性直指時，弟子無法直接契入，因而上師只好選擇其他的方法來幫助弟子。而若選擇其他方法時，解脫分相形之下就更重要了。蔣揚欽哲旺波仁波切曾經用了很多的方法直指他的侍者，但效果不彰；最後，他曾讓侍者弟子在剎那間陷入強烈的恐懼害怕，有時在強烈的恐懼害怕狀態下對見到內心本貌會產生幫助，因而契入覺性本貌。如果，是偶然的外緣讓內心產生強烈的恐懼憤怒或貪戀之心，在這些力量很強大的當下立刻給他一個指示，讓他不去看恐懼、憤怒或貪戀，而是去觀察恐懼、憤怒或貪戀的內心本身是從哪裡來？安住在哪裡？又往哪裡去？當弟子依此做分析的時候，就看見內心本貌或契入內心本貌。這樣的指導方式，主要依靠的就是內心解脫的部分，而不是安住的部分。

傳統的宗風有到墳場修施身法的方式，其所運用的理論也有異曲同工之妙。因爲墳場是很凶惡的地方，在墳場修法的時候，當地鬼怪邪祟的神變，會讓修法者感到極大的恐懼，如果在當下能夠看著內心本貌的入住出，對見到內心本貌的幫助很大，這也是依靠解分來達成的。如果行者始終在內心妥當的情況下安住而進行實修，其對力道的圓滿之幫助，就不如之前所提至墳場修持時的例子般那麼強大及快速。

解脫分談的是當自己內心的妄念出現時，自己如何處理這個妄念，是要用下乘門對治的所應斷理論，或者是以大圓滿「認識況中無後續」的方式來處理妄念呢？

如果是選用大圓滿的妄念解脫方式，當內心妄念生起時馬上知道，但也保持僅僅只是知道，最後妄念會自然地消散。若能如此實修，貪瞋癡的煩惱妄念就無法壓倒行者的見地觀修力道，這個實修的技巧是很重要的。

「認識況中無後續」這句頌文的內容其實非常地豐富與複雜，我們前面會談到這句頌文，主要是在講解住分與解分；也就是「安住分」與「解脫分」兩者的重要性，以及兩者相對比較下解脫分更重要。其實就內心本身的狀態而言，是必須先有安住的力量，才有後續解分的處理步驟。

接下來我們要討論，爲什麼能夠馬上認識妄念呢？那是因爲內心有住分，如果沒有達到住分就無法認識。因爲內心不能安住的話，會被內心生起的第一個妄念推波助瀾跟著走，並且不斷地引出下一個妄念，這就是沒有認識到妄念。而究其主因，就是內心沒有達到安住的緣故。

巴珠仁波切曾針對此問題開示：「由安住分去尋找浮動，在此情況下去斬斷搖動的續流。之後由搖動去認識煩惱，因此妄念搖動的本身就能夠去幫助安住，之後能夠證悟動住無二。」

行者如果能夠做到浮動跟安住無二，此時才能將對凡庸耽著的所顯滅掉，反之若不能做到動住無二，自是無法滅掉對凡庸所顯的耽著。巴珠仁波切也曾針對此開示：「假設內心已經可以安住，就是內心已得到住分的人，在內心安住的狀態之下，就可以看到自心的起心動念。」當內心已經可以達到安住的狀態下，就可以找到搖動；當內心起心動念，不論是起了貪念或瞋念都可看得到，因此能認識到妄念，也就是「認識況中無後續」的「認識」。在認識的狀態中，本就具足住分，才能夠在每當妄念出現的刹那馬上就能夠認識；每當妄念的浮動被認出之後，妄念續流就不會繼續下去；常此以往地修持，妄念之流最後就被斬斷了。

行者從妄念的浮動，就可以去認識貪瞋癡等等的煩惱；基於此，浮動本身也就對安住產生幫助。因爲每當妄念出現時，內心要馬上認出來，並且繼續安住，也就是藉由搖動妄念不斷產生的同時，也幫助了住分的訓練，持續下去，最後就會達到動住無二。當行者達到動住無二時，凡庸所顯出現時，根本不會對其產生耽著心；也就是前面所說的達到動住無二者，能滅對凡庸所顯的耽著心。以上，是巴珠仁波切開示所要表達的內容。

要達到動住無二之前，內心必先已得住分才有可能。因爲內心沒有住分存在的人，是無法在妄念生起的第一刹那，馬上認出並且斷除妄念續流的牽引和影響。

我們各舉古今一例來幫助大家瞭解：在古代，都是用大海中船上的海鷗來做比喻，海鷗飛上天空翱翔最後還是會回到船上，如果牠不知該飛往何處，或不知需飛多遠才能達目的地，牠就會選擇飛回船上。反之，倘若牠很清楚自己要飛往何處及其距離，那麼牠會享受在天空自由自在的翱翔之樂並且樂不思返，直到疲累才會回到船上。

再舉一個現代的例子，有個人騎著摩托車到處遊逛，如果他在出門前已設定目的地，且對行經的路徑也非常地清楚明白，那麼他就能充分地享受沿途的旅程風光，也能夠順利地抵達目地的。反之，若路徑完全不熟，那麼他就很難充分享受沿途的旅程風光，因爲內心會緊張與擔心自己走錯路，甚至因而最後無法抵達預定的目的地。上例中的路徑即比喻能認識妄念本質，雖說兩者所走的路徑完全相同，但是熟悉與否其結果就大相逕庭。

之所以能夠認出妄念，其最重要的基礎是內心已達住分，因此才能有解脫分的關鍵修持效果，讓自己在妄念出現時，內心不會受到妄念的引動而造作罪業；不但如此，還可將煩惱妄念做爲修持的道路，如能長期如此地修持就能夠證悟法身，此即是妄念本身會變成覺受的幫助，以煩惱爲道，再以此方式證悟法身。因爲妄念來自於法身力道的顯現，而也終歸消融於法身；所以透過這個方式認識法身本貌，並且持續地進步，此即「認定解分法身故」。透過周而復始地認出妄念，並將妄念解脫消融回歸法身的方式，不斷地幫助行者持續地認識法身，則證悟的功德也隨之逐漸地增強。對於能掌握解脫分的瑜伽士而言，妄念的產生，對他的功德增長幫助很大。每當妄念出現時就「認識況中無後續」，能持續如此處理，就是「認定解分法身故」；若能一直持續這樣實修，這輩子是很有可能達到解脫的境界。

所以，有一種說法是妄念多的人，他的證悟會比較快。究其原因，重點在於解脫分是否具備。雖說妄念很多，但是若具備解脫分，反而因此看到法身的機會也就高些。同時若能明白妄念來自法身力道的作用，知道一切妄念的出現，皆是法身紛紜的面貌也未曾超過法身的範疇，也明白妄念自性不成立，當行者的內心能安住於以上這些見解並繼續用工夫，內心證悟的功德也就會不斷地進步。反之，如果行者無法做到每當妄念出現的第一剎那馬上能認出妄念，此是內心住分不具備，那麼禪修的保任會變質成放任妄念與保任妄念的續流，因此內心也就被妄念影響牽動而造作罪業，墮入三界六道輪迴，此即是不具備內心的解脫分，所以內心的解脫分具備與否其結果會是截然不同的！

大圓滿教法中，所談到的妄念解脫的方式有四種：赤裸解脫、本然解脫、自己解脫、顯現解脫。「認定解脫法身故」中的「解脫」所要講的內容，就是這四種解脫方式。這四種都是幫助行者證悟法身的，妄念裡面一定有實相法身，不過，重點是當下能不能掌握？如果妄念生起之際，能認出也能掌握更能繼續安住，那麼妄念很多對實修的幫助就很大，而證悟的功德也必定增加得很快，此爲必然的結果。

對於前面談到騎車迷路的比喻，有同學問若已察覺到迷路的當下就是個妄念，應該怎麼辦？我的建議是：如果你發現自己走錯路時，馬上問你的嚮導或趕緊打開GPS。解脫分很重要，如果妄念出現時尚不具備解脫分，就趕快到多傑林巴中心來，倘若在途中走錯路，就趕快打會長的電話問路。最糟糕的情況是自己走錯路卻毫無知覺，且還很快樂地一直往前走，當別人告訴他走錯路，他也不聽勸繼續往前走，最後面臨的就是錢用完，油也耗完。

我們現今的狀況是，在輪迴裡面走的時候，都不知自己走錯路，當有人跟我們提醒走錯路了，我們也不聽，如同開車走錯路又不聽勸，直到錢與油都耗盡，所以我們的輪迴就不斷地繼續下去，也就一直在輪迴中繼續輪轉，只會有無窮盡的痛苦，而福報也會不斷地耗損直到用盡。

若是走路的人對目的地與路徑都很清楚明白，就不需要再去問別人。反之，對目的地和路徑都完全不明白，那麼在出發之際就應自知極需嚮導或請教已經完全走過一次並且也順利到達目的地的人。

總而言之，不論是好或壞的念頭出現，都不要抱著期望之心，在此情況之下努力修行才是最重要的。在修行時不論是抱著希望用輕鬆快樂的方法來修行，或抱著排斥辛苦勞累的修行方法，這些都是有期望的破立想法，若用這種想法來進行實修其效益不彰的。

因此實修之前對於痛苦與快樂、期望跟懷疑、破與立的道理，都需要充分地瞭解，並且要做到一切平等毫無區分，在這點完全肯定的狀態之下進行實修，這是很重要的。

在我們深入學習瞭解到大圓滿的見地、觀修、行持的教法之後，也不見得知道自己什麼時候可以做到。因此最應先下工夫的是對四部宗義的內容、見地、觀修、行持的理論，特別是往聖先賢修法的事蹟，要先好好地閱讀瞭解；之後，對大圓滿的教法，內心信心強烈完全相信，並保持內心寬坦輕鬆快樂地進行實修，以及好好地依止善知識，並對其所開示的教法毫無懷疑地盡一己之力努力地實修，那麼地道的功德就會逐漸地進步。

雖說大家已經學習《三句擊要》的法，但尚且無法馬上做到，不過大家的內心要發一個善願，希望將來自己有這個能力進行大圓滿的實修。

八種徹底證悟徵兆

我們看密勒日巴尊者的傳記可以得到印證。當惹瓊巴尊者（別名多傑札巴尊者）拜見密勒日巴尊者時，他已經是一位修持得很好的行者；他面見尊者時，對尊者說：「請你不要有任何的隱瞞對我講解。」當時密勒日巴尊者就對惹瓊巴尊者說：「那你先說明一下，你的覺受證悟已經到什麼樣的境界？」因爲當時的惹瓊巴尊者已經修持得很好，因此很驕傲且非常意氣風發地對密勒日巴尊者說：「我的證悟如下：萬法之中得空性，無復執物爲實有。空性之中得法身，無復執實有行用。眾顯之中得無二，無復執實有聚散。紅白於內得平等，無復執實有立破。幻身之內有大樂，心境無復有苦惱。世俗之中有勝義，無復執實有迷亂。自心之中有佛陀，心中無復有輪迴，已達七種所得。」

密勒日巴尊者聽完之後，告訴他：「你這七種所得的證悟不是正式的證悟，只是相似性的證悟而已，如果你希望能夠眞正的了悟，須要達到八種徹底的證悟才行，是缺一不可。」其八種徹底證悟是：

第一種：「見地徹底證悟」的量，量就白話而言指的是標準。這句指的就是顯空不二；由所顯得到空性是不對的，應當是所顯和空性無二差別才對，顯空不二才是見地徹底證悟的量。

第二種：「觀修徹底證悟」的量，指的是醒夢一如；即白天所顯與夢中是一樣無別。

第三種：「行持徹底證悟」的量，指的是快樂與痛苦無二差別。

第四種：「實相徹底證悟」的量，指的是此世與下世無二差別。

第五種：「法身徹底證悟」的量，指的是內心與虛空無二差別。

第六種：「教誡（口訣）徹底證悟」的量，在頌文中「貪瞋喜及苦」已提到了兩項即貪戀和瞋恨無二差別，快樂與痛苦也無二差別，此即是「教誡（口訣）徹底證悟」的量。

第七種：「了悟徹底證悟」的量，如果能體悟煩惱是與本智無二差別，這是內心已徹底了悟。

第八種：「果位徹底證悟」的量，自己的內心和佛的內心本智無二差別。

以上這些內容，在密勒日巴尊者的傳記中都有記載；同時，也包括在《三句擊要》裡，因此大家可以好好地看傳記和《三句擊要》。在還沒有學習《三句擊要》以前，也許大家在看祖師傳記裡的開示，會覺得很有道理但不知其義理，現在大家學習《三句擊要》後，再去看祖師傳記裡的開示，對於義理就可以多少品嘗到一些法味。

所以前面所談到的八個徹底證悟的心要精華，大家要很重視並且好好地瞭解。這八個徹底證悟裡有一個重要的關鍵，就是解脫分。如果實修沒有掌握住解分這個關鍵，那麼即便每天辛苦勞累奔波地做善業，內心還是會懷抱著期待回報的強烈期望，如果有一點點沒滿足到自己內心的期望時，自己的內心就產生煩惱與憤怒，最後的結果就是毀掉前面所做的實修成果。諸如此類的實修危險，是很可能會發生的。

由此可見，實修關鍵的部分也就在解脫這個項目，此又稱爲「現解關鍵」。妄念出現是什麼樣子？如何讓妄念解脫又是什麼樣子？這些都是要掌握到現解關鍵，所以現解關鍵就顯得很重要。有一個說法是：「若知妄念現解，地道就容易了。」此意爲：如果了悟妄念出現時本身就是解脫，則就不必再依靠其他的對治，那麼地道的進步就容易了。

內心不抱著期望並努力行善去惡，且當內心妄念出現時就讓它解脫，那麼地道功德要進步就容易多了；也就是當內心的善惡念生起時馬上知道，在知道的當下妄念就解脫了。反觀，如果沒有掌握妄念解脫的關鍵，內心抱著強烈的期望，希望透過努力行善積資淨障之後能夠得到好的成果，結果一輩子努力辛苦勞累到最後，很可能沒有什麼成果，甚至有時實修會變成煩惱的助伴，往往導致實修無益。因此我們要非常重視「妄念現解同時」這個關鍵部分。

身爲禪修士，須要很清楚地瞭解「彼時貪瞋喜及苦，無餘偶然之妄念，認識況中無後續，認定解分法身故」這四句頌文的詳細內容。比方說「認識況中無後續」，這句其實是要配合禪修的狀況，來講解與教授如何針對禪修的狀況做調整的，但因爲我們現在沒有很多的時間可以仔細地說明。「無後續」是重點處，如果沒達成無後續就稱爲「妄念放任」。當放任妄念繼續下去，就會變成妄念續流，如此一來就變成保任妄念續流，而非保任見地的續流，其主因就在於認識況中無後續的關鍵沒有掌握到，所以解脫分實在是非常重要。

禪修時，即便所有細節都調整好，但只要解分沒有掌握到，那麼實修的效果也不會很好。至於行者本身能否馬上認出妄念，只要觀察自己的妄念有沒有後續就知道了。處置妄念的程序，應當是在妄念的第一剎那認識，第二剎那把握，第三剎那是持續堅固。

另外「無後續」並非破立的理論，這一點大家要明白。雖說下乘門對妄念也是要求無後續，但是他們所選用的是對治的破立理論，將妄念視爲不好的，然後想辦法對治妄念令其消滅，此爲對治的方式。使用破立理論的方式，它的缺點是會讓禪修士呈現緊繃的狀態，因爲要用好的去打擊壞的，這樣的前提是在想法上已先有好壞對立的設定而導致內心緊繃，一旦造成內心緊繃那就是錯誤的實修方式。

任何的實修，內心一定要以放寬坦、放輕鬆的方式來進行。如果讓內心有很多的糾結或緊繃，在佛法上稱爲「盤結心」，也就是盤根錯節，心糾結在一起的意思；若內心非常地緊繃，很容易導致發瘋，此即是爲什麼有禪修士會精神錯亂發瘋的原因。內心會緊繃的主因，就是因爲內心有設定好與壞、對與錯，再加上選用破立的理論實修，導致像在玩打擊魔鬼般地讓內心緊繃的緣故；有時運氣不好就發瘋，呈現出世人所看到的禪修到發瘋。比方說，在內心呈現憤怒的情況之下急著繼續實修，此時的內心非常的緊繃，又加上沒能把握到解分關鍵，因此內心憤怒的念頭連續不斷地湧現無法壓伏，導致內心盤根錯節而更緊繃，如此一來，就很容易陷入瘋狂。

頌文「例如水面圖畫般，自現自解續不斷，任現覺空生飲食」

「例如水面圖畫般」，這是自現自解脫的解釋，因爲認定解分法身故，所以妄念會如同用樹枝在水面上畫圖，每畫一筆就馬上消失。「自現自解續不斷」，此句是在解釋前面的認定解分法身故，讓妄念自己出現之後，又自己消散不見，如此周而復始地持續保任觀修的工夫。

而若能做到保任觀修的工夫，就會達到「任現覺空生飲食」，此時已經是非常厲害了。當前面所陳述的工夫都已逐一達成後，此時不論任何妄念出現，妄念本身都會變成覺性空性的「生飲食」；所謂「生飲食」亦即可不必花力氣去煮便能直接飲食，以此比喻：馬上能產生幫助及成爲法身力道圓滿與證悟的助力。

所以當妄念出現時馬上對證悟產生幫助，而不必再用任何破立的理論，和修持任何的對治法對治妄念。看到妄念出現，緊接著又看妄念消融於法身，消融之際也同時看到法身的面貌。所以透過任何出現的妄念本身，可以認識覺性的力道，因此當任何痛苦產生時，也不會受到痛苦的控制而去造業，因而墮入輪迴裡。

大圓滿的弟子學習這些教法時，很容易發生「無可掌握」的危險。因爲大家連妄念發生時，尚無能力馬上認識到，那麼就很有可能會變成破立的理論沒做，自現自解脫的理論也做不到，面臨這種無所掌握的實修危險的窘境。特別是大圓滿法中的《三句擊要》，是甚深廣大的教法，其所談的實修方法，都是針對本智現前者，也就是已經契入見地者。

而現今的我們，既沒達到本智現前也還沒契入見地，因此，即便再如何地解釋教法的內容，大家依舊只能以未證悟者凡夫的習氣與見解來進行瞭解。因此講說者沒辦法正確講說，而聽法者也無法正確地瞭解；因爲只能以凡夫的習氣與見解來瞭解頌文詞句表面的意思，因此不可能正確地瞭解其內容，結果就會變成無法掌握到實修的法要，於此情況下對實修也無法發揮很大的助益。由於現在所教授的並非破立的理論，但是自己又還沒有具備解脫分的實修能力，因此也無法馬上做到妄念自解脫，這是學習此教法時首先會面臨的危險。

如果用大火與小火來做比喻，大風會助大火的燃燒，但卻能輕易地吹熄小火。大家現今的學習狀況與程度，如同比喻中的小火；妄念出現的本身，目前無法發生任何的幫助，但是對於已具備解脫分能力的人，其程度就有如大火，而妄念有如大風，因此妄念越多看到法身的機會越多，見地觀修的力道更加地圓滿，證悟的功德進步得更加快速。此爲妄念解脫分重要的原因。不過總而言之，妄念等同於法身無二差別，這樣的證悟道理是非常重要的。

頌文「浮動法身王力道，無痕自淨阿拉拉」

妄念是由法身力道的作用而出現，終將也回歸消融於法身力道之中。因此如果能夠認識妄念，就能認識法身，也就能夠安住在法身之中；隨著妄念不斷地出現，也不斷地安住在法身之中，那麼實修的功德與證悟當然也是不斷地增長增廣，此是無庸置疑的。

頌文中「浮動法身王力道」就妄念的浮動而言，念頭本身的出現、安住與消失，全都是出自法身也回歸法身，因此浮動本身就是法身王的力道，爲覺性力道及法身力道所顯，此爲確切的眞理。

所有的念頭都是法身紛紜的面貌，也都在法身範圍之內，一切的貪瞋癡無明全部都是清淨法身，也都在法身本智之中，出自法身又回歸法身。因爲妄念本身的自性都不成立，所以是「無痕」。因爲沒有用破立的方式，所以妄念自現於法身又自解回歸法身。妄念自性不成立，所以沒有留下任何痕跡，因此到最後只有本智法界單獨存在，無有其他。所以本智法界本身是本然清淨沒有摻雜到任何的雜質，此即是「自淨」。如果能夠證悟到本智法身是清淨浩瀚廣大無邊並且安住於此，就是最為奇特、稀罕、殊勝的了，也就是「阿拉拉」；阿拉拉為感歎詞。

比方說，一個人到了金銀島，島上除了特殊的奇珍異寶之外，沒有任何不乾淨的物質。如同一個人若已徹底證悟自己的內心就是法身，也就沒有任何不淨所顯與不淨的物質，他所看到的一切都是清淨所顯，都是清淨浩瀚廣大無邊，顯空無別、樂空無別，一切所顯都是本智自顯；一切的聲音，都是空性自己的聲音；一切的妄念本身，都是本智法身。就念頭而言，念頭出現時是三際不可得，即過去心不可得，現在心不可得，未來心不可得。

當念頭出現時，由於時間是跟著念頭走，所以就有過去、現在與未來。但如果念頭出現時，能馬上認識它且妄念也隨即就消散，那就是過去心不可得，現在心不可得，未來心不可得，四分離三只剩下一個，也就是說四分裡已沒有過去、現在、未來三個，只剩下法界一個，也就是本智；一切都是清淨所顯，一切的所顯都是本智自顯；一切的聲音，都是空性自己的聲音；一切的妄念浮動本身，都是本智法身自己；因此，一切也都是清淨浩瀚廣大無邊，以上是證悟者的境界。

總而言之，內心的住分和解分必須能掌握，如果能夠掌握此關鍵，對法性清淨與法性甚深的意義不做任何取捨的人，雖然一切的食衣住行與凡夫都相同，但是內心的狀態差別則很大。內心能掌握並當法性現前時，即身成佛的可能性是很高的。因此大圓滿的教法中，經常會講「坐時爲凡夫，站起已是佛」，也就是刹那成佛。若有確實掌握到實修的所有關鍵，尤其是掌握住解脫分關鍵，則刹那成佛是有可能的，反之亦然。

頌文「現軌與前同之外，解軌特別大關鍵」

「現軌與前同之外」中的「現軌」，是指妄念的出現；「與前同之外」，行住坐臥與大家都一樣；合起來就是：妄念出現的情況及日常生活中的衣食住行和大家都一樣。「解軌特別大關鍵」中的「解軌」，意爲妄念解脫掉；「特別大關鍵」，如何讓妄念解脫掉，就是個特別的大關鍵。所以，如果妄念一出現，就能讓它自己解脫，那就是刹那間成佛。

若能如此則成佛就不必辛苦勞累，也變得很容易，更不必花很多的時間，此爲往聖先賢與上師或瑜伽士所開示的成佛方式，因爲太容易，大家反而不太相信也不珍惜，結果反而變得不容易。比方說，不論做過多少覺性力道的灌頂，傳授多少「元淨堅斷」或者「自成頓超」的口訣，乃至於教導弟子觀修；其所講解的內容，如：「容易成佛」「一切皆是清淨浩瀚廣大無邊」等等，由於太容易了，弟子們反而不信。因爲與他們內心所設想的，認爲法身佛果應當是很不得了的，是與日常的一切截然不同，一定要歷經無數的辛苦勞累才能獲得，一定是神采威嚴的，與諸如此類種種的假想，而導致信心不足；也因爲信心不足之故，所以也不容易契入覺性本貌；所以不論再怎麼開示也是無法契入。

蔣揚羅卓泰耶仁波切曾經開示過：「印度人實修時，證悟一尊就通百尊；西藏人實修百尊，一尊也沒證悟。」其中主要的關鍵，就在於相信與否。信心強烈，很容易契入本貌，證悟也就容易發生，所以信心是關鍵點。

「解執特別大關鍵」妄念出現時，如何讓妄念解脫消散是個大關鍵。「特別大關鍵」指的是解脫有初中後三個次第；初是「他鄉逢故友」，中是「蛇結自解」，後是「空屋逢盜」。「他鄉逢故知」指的是妄念出現時，馬上能認出是何性質的妄念。「蛇結自解」指的是每當妄念出現除了能馬上認出，並能每每都令其解脫消散，如同蛇身自己所打的結自行鬆開一般，也就是「妄念自現自解脫」。「空屋逢盜」指的是妄念的出現，對行者的內心無利也無害，如同月黑風高之夜，盜賊闖空屋將一無所獲，對屋主毫無損失可言；以上是解分三次第。

頌文「無此修即錯亂道」

我們現在之所以能夠聽聞到如此甚深的教法，是依靠著往昔所發的願，以及累積廣大的有所緣取與無所緣取的福德智慧資糧，才有今天聽聞教法的殊勝善緣。因爲法很殊勝，因此所需要的聞法機緣也必須是很殊勝才相應，大家要有此認知才好。

「無此修即錯亂道」此句意爲：如果沒有依這種方式修持，其所做的實修都是錯亂的，也是錯誤的道路。「無此」是指一定必須要有的意思。前面所講解的大圓滿見地、觀修、行持，是非常重要的教法，也是非常直捷的實修道路。對於能夠掌此實修關鍵的行者而言，對他的實修幫助就非常地大。因此，對於實修大圓滿法的行者而言，這是不可或缺的道路。

假設不是選用大圓滿教法的這種方式修持，恐怕得歷經多生多劫努力積資淨障、廣行六波羅蜜地做實修，才能成就佛果。然而倘若行者能如前所說的掌握住見地、觀修、行持三者的實修關鍵努力實修，則這輩子很可能就可以成就佛果。

如果是選用其他道路的方法，或是外道法就更不用談論了；即使是內道的佛法，如下乘門或顯教乘門，其教法中也沒有這麼殊特的法。好比說修安止，此法是讓行者安住在一個所緣對境，達到內心止息與寧靜，並且達到樂明無妄念的覺受，這些都還能達到。不過，進一步地讓覺受本身達到堅固，最後還要轉變成爲證悟，並達到最高的境界，這樣的實修，下乘門就無法提供有效的方法協助行者達到此境界。

各宗各派都有提供各種不同善巧的法來幫助行者實修，如中觀的理論、大手印的理論，或者是大圓滿的理論，也都提供很多的方法以及註解來幫助實修，雖說方法是百家爭鳴，不過究竟的佛果大菩提是共同的目的地。

在大圓滿見修行內容的每個階段，也都有各自的實修關鍵需要逐一掌握，因爲內容豐富目前無法一一介紹給大家，然而最重要的是所有的實修關鍵重點都已歸納在大圓滿見修行這三個關鍵教法之中。對於顯有輪迴涅槃的一切萬法，已在覺性本貌之中圓滿齊備，之後依照關鍵進行實修，可以由「因」覺性本貌得到覺性本貌現前的「果」。能夠學習到這麼殊勝的道路且無能出其左右的教法，對大家而言是非常殊勝的善緣；也因此希望在得到這麼珍貴的教法後，能夠抱持著小心謹愼的心態，好好地努力付諸實修；希望大家不要浪費今生的生命，要努力讓自己逐漸進步到能完全配合實修的各項要求，即便覺得自己今生證悟無望，也要懷抱著今生不斷地努力實修積資淨障，努力累積好的習氣，讓來生能夠很快地達到證悟的願力。無論如何一定要盡一己之力地學習與實修大圓滿見修行。身爲上師者，所能做的就是盡力爲大家說明教法；而身爲弟子者，也要確實明白此法的重要性與殊勝性。

總體而言，往聖先賢都曾開示過：「僅僅只是聽聞一句佛法的句子，都能夠累積廣大的福報。」更不用講所聽聞到的是如此殊勝難得的大圓滿教法。大圓滿教法有聽聞解脫、品嘗解脫及佩帶解脫，若能付諸實修更是能夠累積廣大的福報，現在已經瞭解就更要努力實修與珍惜。

頌文「有此不修法身況，解脫之上把握者第三要也」

「有此不修法身況」其意爲在此情況下，行者如果能這樣掌握的話，就不必做實修，只需安住在法身之中即可。密勒日巴尊者也曾開示過：「掌握關鍵者，佛的教法就掌握在手中，所以成佛就不用很久了。」然而對義理實修產生覺受遠比瞭解來得困難，要將這些意義放在內心做觀修，經過再三地觀修達到串習的效果；之後就會引發覺受；然後要得到把握；最後要得到決斷並且明白所顯的苦樂順逆全都是法身的本貌，也都是法身赤裸裸的浮現，行者對這要有非常肯定的決斷，之後就會到達最高的境界。而能掌握到這些關鍵的人，就是「有此不修法身況」。對他而言，也就沒有能修與所修的差別。爲什麼？因爲都在法身的本質之中，不論是安住與否、妄念出現與否，全部都是在法身本質力道之中，沒有能修與所修的情形，一切時都安住在法身之中。如果行者能達到此境界，那就眞的如密勒日巴尊者的開示：「一切佛法都在手中，成佛不用很久了。」

以上所談的內容是第三個關鍵重點「解脫之上把握第三要也」，解脫之上把握是在妄念解脫上要得到一個把握，當行者進展到行持的段落時，在下座行持的段落要有把握「妄念會自現自解脫」，這是第三個關鍵。

【第五篇】

頌文總結

頌文「具足三要之見地，輔以關連智愛修，及與勝子總行持」

在具足見地、觀修、行持這三點之中，最重要的是見地。因爲大圓滿的見地是所有見地中的頂尖，是見地之王；如同國王所到之處，必有眾多眷屬跟隨。把握住見地，觀修行持自然也一併產生。亦即見地現前並且契入之後，觀修保任的工夫自然就會發生，此時的觀修就是智慧與愛心的觀修，也是自然的顯現，因此契入見地是最重要的。

大圓滿的道路，就是四種明燈與四顯的地道次第，實修時將依此次第而發生。智愛屬四燈，然後四燈陪伴四顯；遠索水燈、法界清淨明燈、明點空燈、勝慧天然明燈，此爲四明燈。透過此四燈的實修，就會依次第達到：法性現實、覺性達量、覺顯增廣及法性窮盡之四顯。（此一部分詳述可參照《山淨煙供》一書之講解）所以見地是最爲重要的，契入見地時觀修也就同時陪伴在一起，再由觀修來修練力道。

總體而言，前面所談的具足三要，就是見地先要達到契入，觀修要達到決定，行持上之解脫要得到把握。因此「具足三要之見地」，爲見地、觀修、行持三者合一不分開。亦即首先是元淨堅斷的見地要契入，元淨堅斷談的是內心的本貌本身就是佛智；見地契入後就有觀修陪伴，透過觀修的方式去修練力道；而與觀修陪伴的就有勝子，即是菩薩總行持，此爲菩薩的六度波羅蜜。如果無法契入見地就無法觀修，而行持的關鍵重點與基礎還是在見地，所以見修行三者最首要及重要的是見地，唯有契入見地之後的觀修與行持才能夠逐一地達成。

簡言之，就大圓滿的道路而言，做心性直指時，內心的法身功德與覺性本貌完全齊備。在道路上做實修時，元淨堅斷須配合四種明燈及配合菩薩六度的行持，在見修行三者完全不分開的情形之下進行實修，此爲最重要的。

布施指的就是利他的行爲，而一般我們所修的布施都是造作的，通常會伴隨著自私自利的想法與執著，尚無法到達不造作的行持。所謂不造作的行持是完全不夾雜任何自私自利的想法，必須要實證三輪體空，在無所緣取的了空慧攝持之下，所做的布施才能達到純粹不造作的布施。因之，要達到不造作的行持，對目前的我們來說是非常困難。

不造作布施的先決條件，就是「勝子總行持」，指的是菩薩的總體行持六度波羅蜜，在此並沒特別強調六度中哪一項。所謂的菩薩指的是正式產生菩提心者，之後他所做的布施持戒才會是菩薩的行持。當一個人產生正式的菩提心時，他的內心就不會有自私自利的想法，因此當他在修持大圓滿的見修行時，他的行持就是不造作的行持。

然而這對我們來說是困難的，總而言之，一個行者見修行的行持是否純粹，關鍵處是看他是否契入見地。

頌文「三時勝者雖會談，實無教誡更勝此」

此句意爲：前面所談到的見修行三合一的行持，即便是過去現在未來的諸佛一起會談之後，其所做的開示不會比這個更加深奧，也不會比這個更加殊勝的道路。

舉下乘門的見地、觀修、行持與地道進步來探討，也比不上大圓滿的方法殊勝。再舉菩薩乘門來講，十五個道路以及十地的次第，這些內容在大圓滿的見修行教法中也都已囊括在內。所以即使三際勝者會商之後，想給後世弟子非常殊勝的教誡，也無出《三句擊要》其右了。

頌文「覺力法身伏藏師，勝慧界中取爲藏，此不同於土石精」

我們現階段是依靠著詞句來學習與理解大圓滿見修行的教法。然而實際上大圓滿見修行本身的內容，其實超越了詞句本身，是沒有任何詞句足以解釋，也沒有所能解釋的內容，是完全超越這兩者的。但此階段暫時上仍然需要依賴與透過能言詮的詞句，來試著瞭解無法言詮的內容，也必須暫時依賴能解釋的，來了悟無法解釋的部分，我們還是需透過很多的詞句來做解釋，以便幫助行者學習與得到概略性的瞭解，大家再依此概略性的瞭解進行實修，如此才能有機會證悟無法解釋的部分。

就能言詮的詞句部分，必須有其來源。其來源有的透過續部口訣或是由歷代上師傳承下來，也就是「覺性法身伏藏師」，覺性力道法身所出現的伏藏師。「勝慧界中取爲藏」，其意爲：是歷代的傳承上師傳承下來，然後透過自己的實修了悟此詞句所做的開示，並非是人云亦云或無中生有的，也非僅是嘴皮上的事，是透過實修證悟之後所做的開示。

「覺性法身伏藏師，勝慧界中取為藏」主要的意思是指：必須是透過自己實修實證。釋迦牟尼佛曾經開示：「各位比丘們，譬如說百煉純金，要經過火去燒、剪刀去剪、石頭去敲，之後才能證明它是百煉純金。」所以佛所講過的話，弟子要做聞思修，並且要能證明這是正確的，自己才能接受。如果發現它是錯誤的，那就可以丟棄，之所以稱為百煉純金，就是因為經得起剪鍛燒之鍛鍊。

所以親自聞思修是非常必要的過程，「勝慧界中取為藏」是歷代的傳承上師傳承下來的口訣，聽聞之後如理思惟，然後如果其中有任何不懂或疑問，乃至於了知錯誤的部分應加以排除，之後才進行實修。在實修之中得到證悟後，再講出法寶來教授大家，所以此法寶當然是不同於土木石頭所凝結的精華物。大家內心要真能明白，佛陀所開示的三乘法要與萬法的精華，其實是全含藏在大圓滿的見修行這三句裡，並且此教法也已歷經往聖先賢的大博士實修檢測及確定正確無誤。因此，大家不要僅僅只是聽聞，更要好好努力地進行實修，法的效益才會產生。

頌文「極喜金剛之遺教，三種傳承意精華，付予心之子矣印」

《三句擊要》如純金般的重要，在歷經往聖先賢的實修驗證與開示下，已是不爭的事實。因此對我們而言，可以不必再抱持任何的懷疑，大可直接進行精進實修。此《三句擊要》具三種傳承：

第一種為聖者尊意的傳承，是屬於遺教的教法。當極喜金剛即將進入涅槃時，應弟子文殊友祈請，極喜金剛再度化現身形傳下三個句子的開示，此即是原型，因此流傳時命名為《三句擊要》，此為極喜金剛之遺教，此其一。

第二種為持明指示的傳承。龍欽巴尊者涅槃時，本身的修持已經達到法性現實、覺受增廣、覺性達量，最後達到法性窮盡而得到佛果，然後進入涅槃，之後再示現出身形將教法傳授給吉美林巴尊者，此為其二。

第三種為補特迦羅耳傳承。祖古在進行三年閉關時，曾經迎請怙主貝諾法王到以及怙主第六十八世介堪布關房裡，開示《三句擊要》。之後在崗頂仁波切座下再次聽聞，此為其三，然後今天才在此教授給大家。

這三種傳承，其中補特迦羅耳傳承尤其重要，因爲如果沒有耳傳及講授，大家就無法聽聞，也就無法得聖者尊意傳承與持明指示傳承，所以補特迦羅耳傳承就顯得非常的重要。

頌文「三種傳承意精華」指的就是《三句擊要》本身有這三種傳承，也是這三種傳承中的心意精華所在。

「付予心之子矣印」如此殊勝且深奧的教法，只能對適當的器皿與具有法緣者，也就是法緣心子來講授與教導。將具有歷代的加持熱度，從未減弱也未曾中斷過的三種傳承的大圓滿道路心要精華，教導並託付給心之子的原因，是因爲心之子能夠做實修。

大家要明白，傳承沒有中斷是非常重要的，因爲如果中間摻雜了雜質或中斷，以後再得到傳承時，傳承加持力要進入內心就很困難了。此次傳授《三句擊要》並沒有這樣的問題，能教導給適當的器皿心之子，而接法的心之子就要非常努力地實修，這是非常重要的。

比如父母親的心裡話只會對自己的心之子講，不會對別人講；而重要的財富也不會交給別人，只會交給心之子。同理，具足三種傳承心要精華極爲珍貴的大圓滿教法，也只能交給有能力且能夠做實修的適當器皿，也不會教導其他者。而當父親將重要的財富交給心之子之後，彼此間的關係就會更加地堅固，因爲已將祖先的財富交付給心之子，所以彼此的關係就會非常地堅固。

具足性相的上師以及具足性相的弟子，兩者間經由甚深的教法緊密地連繫，所以彼此將師徒間的法緣維持得非常堅固，也就變得非常重要了。得到此教法後，如果看到上師有許多的毛病而在內心產生許多的貪瞋癡，也做了許多不如法的事情，則會因此累積惡業。

就金剛乘門而言，累積惡業是會非常嚴重，比如蛇在竹節筒中，若不是用大力氣向上跳出來，就是直接下墮無法存活，因爲無著力點可攀附，是不可能停留在筒中的。由此可以理解師徒間建立起如此甚深教法的法緣之後，保持法緣堅固並且沒有摻雜到雜質，實在是非常重要的事情。

由於此處談到「心之子」「適當的器皿」，所以向大家講解一下心子的標準，就大圓滿教法的甚深口訣與教誡而言，其正式器皿的標準應當是心力堅強能即身成佛者。如果將大圓滿交託給這樣的心力堅強者，當他立刻進行實修後，馬上就能即身成佛的人就是適當的器皿。

總而言之，傳授大圓滿教法是非常愼重的一件事。因爲大圓滿法是甚深的教法與口訣，所以當然應當只傳給心之子。「印」，是甚深的法義之意，在此處主要是指大圓滿見修行這三個句子。既是甚深的法義，當然也就不能馬馬虎虎地講，只能對適當的心之子講。

頌文「深義是矣心之語，心語是矣義關鍵，義要至盼勿散失」

大圓滿見修行這三個句子，是傳法上師或付法者的內心話，既是心裡話必然是關鍵性且很重要的話，所以也是意義的關鍵。意指獲得此甚深且關鍵的教法付諸實修，就很容易證悟得到解脫進而利益廣大的眾生，此爲實修、證悟、解脫與利眾完全結合在一起的甚深關鍵性教法；此亦爲所有佛法的義要之法；此即爲「義要至盼勿散失」。舉例說明，如果有個人將手中所握的千萬鑽石賣掉可換得數千萬元，從此可得溫飽並且可以住高樓大廈或別墅，然而這個人卻不知手中鑽石的千萬價值而隨意地丟棄，那麼此人的愚笨已不是一般而已。

頌文「至盼勿漏失教誡，博士師利王之特勝法」

「至盼勿漏失教誡」，此為勸勉的告誡詞，意思是不要馬馬虎虎地將這個教法給丟掉了。既然聞法者已聽聞並學習到實修、證悟、解脫與利眾完全結合在一起的甚深關鍵性的《三句擊要》教法，只要能夠努力實修，必然能夠達到證悟及解脫與利眾。如果不肯努力精進實修，那也可說是十分愚笨，大家千萬不要做這種事才好。得此教法之後，應當努力精進不懈，尋求證悟解脫利眾生。

那麼，大家是不是得到一個可以丟掉的教誡？有沒有這樣的想法？既然大家不會以為得到的是一個可以丟掉的教法，那就不用去談丟不丟掉的這個句子。而「博士師利王之特勝法」此句意為：這是此教法之來源。

成就之基爲對上師深具堅定的信心

實修期間，不論遇到任何的苦與樂、順或逆，全部都應視爲上師大悲心的加持，必須是徹底決斷地堅信如此。由此可知，所謂大圓滿的法是必須要依止能引出自己深切信心的上師，然後依其所給予的口訣堅毅不懈地實修，最後才有辦法得到解脫。當然上師本身也必須具備諸多的條件，如持戒精嚴、內心已證悟並且也已達到解脫，同時也具足大悲心幫助其他人得到解脫等等的殊勝功德。大家在依止前應當用心地尋找具德的上師，依止之後要全然地相信並且遵循教導以及所給予的口訣，努力不懈地精進實修直到證悟。所以才有所謂的「上師功德雖等同於諸佛，大恩更勝於諸佛」的詞句出現。上師本身證悟的功德與諸佛相同，但是對所教授的弟子的恩惠則更勝於諸佛，心存有上師是三身佛的總集的觀念，就很容易引發內心對上師的深信心，如此一來，才會全然地接授上師的教導並且努力地實修，也比較容易得到圓滿的佛果。

因此，應當對自己已具足深信的上師所給予的口訣精進實修，逐漸地就會有證悟出現，慢慢的就容易把握到法性的本質與甚深的實相，當下內心對一切的苦與樂、順和逆也就都能無動於心，同時也都知道這些都是上師大悲心的加持而達到苦樂不動於心，修持至此，煩惱與逆緣也都能做爲實修的道路，修行的進步也會突飛猛進，所以才有所謂的煩惱與逆緣是實修突飛猛進的助緣。

對上師深具信心指的是對上師的教導如理承辦，深信上師所做及所行皆佳，因爲深信所以也會比較容易進步到逆緣爲道路的修持層次。也就是逆緣會變成修行突飛猛進的助緣，而且進步快速，很容易證悟實相及達到消融於法身的最高境界，這一切的一切都是源自於依止上師的直指，才可能得到的修行成就。大家要清楚明白一切的心貌直指，契入見地依上師的教導，掌握見修行的實修關鍵，觀修保任直至證悟，都是建立在自己對上師的信心。

有時候自己冒冒失失地依止上師，在外表上看起來對上師好像很有信心，但是如果上師稍微講了不合自己心意的話，或不能滿足自己內心的期望，自己就發脾氣與批判上師，並開始另外去尋找上師，這會讓自己陷入信心退轉的大危機。因此，在決定依止上師之前一定要明白，上師不一定都要滿足自己內心的期望，而是應發自內心深處對上師具足深深的信心，若非如此，信心的大危機終究會發生。由於不具足深信心，因此即便上師開示甚深殊勝的大圓滿教法，對弟子也是無法產生幫助。在五濁惡世的時代，師徒彼此都需要非常小心謹愼地進行教導和學習，能如此把握，法就能發揮很大的功效，能使這一輩子達到最高的境界。

總而言之，禪修士要努力讓逆緣出現時成爲實修的助伴；妄念清淨成爲本智，逆緣成爲助伴；對妄念清淨成爲本智要有把握，能如此就是掌握到實修道路的關鍵，自然就能夠突飛猛進。施身法裡有談到所顯爲道的教誡，所顯是色聲香味觸；其內容爲「頂禮無明、頂禮貪戀心、頂禮瞋恨心、頂禮愚癡心、頂禮我慢心」。爲什麼要頂禮呢？因爲這些煩惱的本質都是法身力道。當內心這些煩惱逐一出現之際，也同時看到法身，因此需要頂禮，因爲所頂禮的是法身本身，因此將所顯做爲實修的道路，是施身法的修持口訣，名稱爲「所顯爲道」；不論逆緣或是煩惱，都能幫助行者看到法身本智。

殷切叮囑

《三句擊要》的內容非常深奧，事實上個人覺得還沒有足夠的能力來爲大家做一個如理如實地講解與說明，因爲要如理如實地講解說明是非常困難。不過無論如何，大家彼此之間因爲法緣成熟與宿世法緣之故，才能齊聚一堂，師徒間與師兄弟間，彼此共同來進行講解、聽聞與學習。

之前師徒間雖曾陸續講解與學習不同的教法，但是唯有在因緣成熟之際，才能夠自然地來進行大圓滿《三句擊要》教法的講解。因爲必須隨順著法的因緣成熟，即便自己覺得還沒有足夠的能力，但也不得不說。

至於大家能坐在這裡聽講，必定也是具備上輩子無違和的善緣，以及與《三句擊要》教法的法緣，再加上會長的百分熱心安排了多天長時間的講授與學習課程，而大家也不怕勞累與辛苦地努力學習，這些都是深具法緣的徵兆，也表示大家非常地重視。我在此感到十分高興，也非常謝謝大家。

總體而言，只要是在佛法的領域範圍裡辛苦勞累地努力學習，都能夠累積廣大的福報與資糧。而對於極爲珍貴殊勝的大圓滿法，能夠辛苦勞累地學習，所累積的福德資糧與消除罪障更是不在話下。我們現在先不討論見地的契入與否，及大家聽聞後之證悟程度如何，僅僅只是我們彼此間有這麼殊勝教法的法緣，就非常值得大家歡喜。

然而，大家也不要期望藉由我的心性直指，自己就能契入覺性本貌，然後立刻即身成佛；話雖如此，前面已然爲大家說明，此教法傳承加持力的熱度從未衰減或中斷，因此傳承加持力進入內心是必定且毫無疑問的。

因爲，我本身除了從大圓滿的證悟者貝諾法王處得此傳承之外，還在大圓滿的證悟者崗頂法王座下得到此教法的傳承。崗頂法王是前世敦珠法王的上首弟子，在不丹修持大圓滿的禪修士裡，無人能出其右，頂多是伯仲而已。而我本身在做講解時，也避開世間八風，不是爲了名聞利養而做開示，純粹基於利他的想法，順著自己微薄的能力爲大家講解，也發願祝福大家都能夠從講解裡得到教法的幫助。

對於迴向發願和修各種法事儀軌，大家不要抱著會產生很大幫助的期望，而是應當在聽聞甚深教法的口訣之後，抱著期望自己依靠這個口訣能夠契入覺性本貌，能夠引發覺受，能夠產生證悟。如果將此珍貴教法棄之不修，轉而修持其他教法，那就實在是太愚笨了。

《三句擊要》如純金般的重要，在歷經往聖先賢的實修驗證與開示下，已是不爭的事實。因此對大家而言，大可不必再抱持任何的懷疑，大可直接進行精進實修。

大家應當瞭解，發願文或者法事修法的課誦與大圓滿教法相形之下顯得微不足道。如果大家仍執著於修法課誦或者念經拜佛這些小小的法修持，則將會對自己本智現前與契入覺性本貌造成阻礙。因此對那些修持的道路不要抱持著期望，應當是對《三句擊要》懷抱著期望，這是大家聞法之後一定要得到的，也就是：把握住見地、觀修、行持的關鍵要點努力地實修，在這輩子能夠引發覺受的這種決定性的信心一定要產生！

務必不可對某一位上師或某個法的儀軌或發願懷抱著期望，甚至於認爲供養上師很多錢，讓他做法事然後迴向給自己，自己就可以得到證悟的利益。所有的期望，應該寄託在努力實修《三句擊要》，並且將一切逆緣，視爲實修的助伴與實修的道路，在聽聞過此教法之後，應當將教法放到自己的內心裡，如此法的效用就會發揮出來。

以前曾經發生過這種情況，就是弟子經常在口頭上稱讚自己的上師是非常棒的上師，並且擁有強大的威力，總是如此不斷地逢人訴說著，就這樣過完一生；然而當他面臨死亡的當下，上述那些根本無法對自己產生任何的幫助！臨終時，唯一能對自己產生幫助的，只有自己內心的證悟，細數上師修爲的殊勝，而自己卻沒有努力實修，猶如說食數寶無有是處。論究他人內心的功德無法滅掉自己內心的執著，只能靠自己努力實修《三句擊要》，也就是透過這次辛苦勞累地學習此教法，一定要產生決定性的信心以及努力精進實修此法的決心，這是希望大家能切記的第一項。

現在我們彼此間藉由如此殊勝的教法建立起法緣之後，上師會對具師徒法緣的弟子有所要求，但所要求的並不是要弟子供養上師；而是如果已經在修持前行法的弟子們，要繼續努力完成；如果不是做前行法的弟子，至少在這輩子要修持百字明咒十萬遍圓滿，這已經是最低的要求，同時每天至少要念〈蓮師七句祈請文〉不要中斷，這當做是聽聞《三句擊要》的誓言。

此次課程暫告一段落，之後有在做加行法的人，必須繼續下去不要中斷。未做加行法的人，於早上起床後要先呼濁氣，之後依序念皈依、發心、七句祈請文、百字明。在此五濁惡世的時代，第二佛蓮花生大士的心咒加持力非常地強大，是咒語之王，能讓心願實現、障礙排除，逆緣出現時能變成道路，因此前面法本念完之後也持誦蓮師心咒，這是非常重要的。

而佛法的心要精華總歸納在大悲心，其本尊就是觀音，咒語是六字大明咒，八萬四千法門之精要全歸納此「嗡嘛尼唄嘛吽」中；此為滅掉六道之種子字，六道種子滅掉就不會投生至六道裡了。假若你內心渴求不要投生至六道裡，那麼就要好好地持誦此六字明咒了。

若是平時沒在做日常課誦者，那麼最低程度的要求就是念誦皈依、發心、〈七句祈請文〉、百字明、六字明咒，這些要每日持誦不中斷。大家可順著自己的能力，立下要念誦多少次數的誓言，如此也可說是奠下了修法的基礎。當以上所有實修全部做完後，一定要做迴向及發願。

關於觀想的部分稍加說明如下：持誦蓮師心咒「嗡阿吽　班雜　咕嚕　貝瑪　悉帝吽」時，於念頌完畢之後觀想蓮花生大士化光融入自己，百字明則觀想金剛薩埵，六字明咒則觀想大悲觀音。總而言之，於最後結束時其本尊化光融入自己，自己的身口心三門與本尊三門相同，心意相合、無二差別，然後安住於無二差別的空性之中，這是基本原則。這也就是《三句擊要》的實修，見地的把握在這裡要產生，當在無二差別的空性之中安住時，過去、現在及未來的念頭都沒有出現，也就是不要追逐三時妄念。於安住時若妄念產生，就去認識它，要常常訓練自己去認識它，若不認識則會變愚癡。在認識之後，要慢慢做到讓念頭自己消失，也就是自現自解脫，大家要依照這方式來做實修。

有修前行法者，在上師相應法的最後段落，有一個取得四灌，於此處修完後就進入收攝次第，此時上師融入自己與自己心意相合，然後安住其上，這也就是《三句擊要》的實修了，大家要在上面好好努力去做。

大家在做實修的過程中，一定會有很多不瞭解與疑問，屆時再找時間讓大家來提出討論。大家每天要抽出時間來做禪修，每次只要做短短幾分鐘，有實修必然會有疑問，但也會產生幫助。若無實修，就不會有疑問，那麼就沒機會爲大家做更多說明，也就不會產生幫助了。

非常謝謝大家，義工們非常辛苦勞累，特別是會長爲大家安排了這次課程也很辛勞，十分感謝。我們已上了《三句擊要》的課程，所以對於一切順逆境的苦樂都相同以及不要抱著期望等，這些觀念大家都應能明白與理解。也許義工們並沒有抱著大家會感謝的期望之心，但我還是要說一聲謝謝，所以代表全體參加的人員向義工及會長說聲謝謝，祝福大家實修順利，一切吉祥如意。

【第六篇】

問與答

❖問一：請問仁波切有關多傑林巴法系的大圓滿法，特別殊勝及共與不共處為何？

不共的特色是屬於內心的施設安立而形成的，每一個宗派都有自己特別的方法，因此，學習者如果學習過多的宗派，會容易暈頭轉向。多傑林巴法系在大圓滿上不共的口訣當然一定會有，至於是不是「不共」，這要靠弟子本身去認定，所以「共或不共」是自己內心施設安立去形成的。

不論是嘎舉派、寧瑪派、薩迦派或格魯派，不同的宗派即使不共也不會脫離《三句擊要》，大圓滿教法一定是在《三句擊要》的範圍裡。而寧瑪派的伏藏法也很多，有近傳承的伏藏法、遠傳承教言的法及甚深傳承淨顯的法等等，但寧瑪派一切教法的講解說明與開示也一定都溯源至龍欽巴尊者的開示。大圓滿教法在由龍欽巴尊者做一總結開示之後，後代大博士依此做了許多註解，再根據這些註解，寧瑪派的不同派系就個別發展出自己的方法並成為自己的特色了。

每個宗派都有自己的法，也都有自己的不共特色，雖說如此，但重點是在弟子身上。剛剛有提過，是否為不共的特色是要弟子本身去認定。身為弟子一定要認定自己所傳承到的法是不共的法，對其信心及勝解很強烈，並熱切地追求，如此就易靠近解脫及得到成就，其所得到的加持也會特別強大。信心的強烈度，要如同父親用過且從未清洗過的碗，兒子直接拿來裝飯食用，要有如此毫無遲疑的信心。然而對於沒有信心的旁人，當兒子把未洗過的碗拿給他人時，他人是不敢直接使用的。此外，即便洗過了，他人拿到後還是會再洗一遍才敢使用，此即信心問題。

若就剛剛提問多傑林巴傳承是否有不共的法，其情形就像這樣，對於有緣分的弟子，當上師跟他講此爲不共，他就相信並認定其爲不共，且是最殊勝最特別的法，然後因有這個不共的想法所以信心就會很強烈，之後便會熱切去追求，那麼這種弟子的內心就能夠靠近解脫及成就，其所獲得的加持就特別強大。反之，若是與多傑林巴法脈沒有緣分的弟子，就算上師跟他說了很特殊的法，他也不太相信，也不會有熱切追求之心產生，那麼也就不會靠近解脫及得到加持了。

弟子一定要有信心並熱切追求的法，然後將其視爲是最重要最殊勝的，如此便會努力去修此法，那麼得到成就很容易了。反之，若這派系學一學，那個傳承也學一學，然後也沒有認定一個爲不共的法，想當然爾是不會有熱切之心、也不會認眞實修的，那麼離成就就會非常遙遠，其所獲得的加持也就很薄弱了。總言之，是不是不共的法不是由上師認定，而是弟子本身要去認定的。

❖問二：所以三句擊要法是極密嗎？

究竟來說，這並不是秘不秘密的問題，而是方法學上的問題。譬如，一個珍貴的物品，送給一個不懂的人，他會認爲是假的，並且會閒置於倉庫不用，甚至放到壞掉。然而若是給一個識貨的人，他會拿去換取錢財來改善生活，一輩子不愁吃穿。所以法本身不是秘密，而是看修行者有沒有緣分。

❖問三：如果我們已經證悟到空性，水則不是水，火不是火而土也不是土。在不丹護法神降臨的時候，可以看到身體是凡夫，但手拿著金剛杵伸到火裡，火是無法燒傷他的。這是不是指他在空性的狀態下，火已經對他起不了火的作用？

手放到火上面不會受到絲毫傷害，這是無法做爲依據來判斷他是否就是大圓滿見地的證悟者或現證空性者，只能說他具有不會受到四大傷害的威力。

假設是法性現實的證悟者，這樣的威力肯定有，但是即使沒有得到法性現實的證悟，仍然可以具足這樣的威力，因為可以透過咒語、物質和觀想努力的實修，來幫助自己順利避開四大種的傷害。

但如果我們相信，他是見到法性眞諦之後，進行利益眾生的事業，當然也可以如是想。但是要小心謹慎的是，並不是沒有受到四大種傷害的人，就能證明他是聖者，有些外道具有神通者也可以達到這境界，此外就如魔術師也是可以做到這效果。所以，如果自己誤判就追隨他而去，自己就會吃虧，所以還是要小心判斷。

❖問四：之前，有一位法師在公開場合開示「看到自己的先生外遇，法師告誡身為老婆的人要思惟空性，如此就不會生起很大的憤怒。」請仁波切針對世俗上的空性和佛法及禪修上的空性做一講解，讓我們能適當地瞭解及運用空性。

這個問題就是經論上所說的「劣慧誤解空性成大虧」，就是指一個劣慧者去瞭解空性時常常會誤解，因此他學習空性反而會吃大虧。假設對空性的學習產生誤解，將會對自己造成很大的虧損，並成為使自己受到很大痛苦的原因。因此在空性的法理方面，不只講解者要謹慎小心，聽法者也要謹慎小心，當要配合空性做任何事情時，處處都需要謹慎小心。

就這位師父的開示而言，丈夫外遇之狀況就法理上是可以用空性理論來講說開示，但是講解的方式及當時的情況是什麼我們並不知道，所以無從判斷起。假設弟子當時內心痛苦強烈且憤怒暴跳如雷，在這種情況下上師開示這是空性、沒有差別、不用去理會、沒有什麼關係等等，是不可以的。因爲這種開示法，如同在告訴弟子：反正都是空性嘛，所以既然他去找女朋友，那妳就去找男朋友。這完全是錯誤的開示，因爲當時弟子正在經歷強烈的痛苦，這樣的開示完全無助於她消滅掉痛苦。

此情況較恰當的方式是上師可以對弟子開示如下：我們都是佛法的學習者、禪修士，都是相信佛法的；佛法裡面談到死亡無常、業力因果、萬法都是剎那在改變，一切都是緣起而形成，而緣起就是空性。因爲無常的變化，好人會變成壞人，壞人會變成好人。如果你認爲你先生是好人且不能沒有他，這是種恆常執著，是你的執著太強烈了。要好好想想佛陀所開示的「萬法無常」，要想想緣起的變化，所以不要強烈去執著。如果上師很謹慎地如此開示，而弟子也非常相信佛法，並很謹慎去聽聞與思索法的涵義，如此一來，對止息她的痛苦應當會有所幫助。雖同樣是引用空性的法理，但是要如何運用及要如何對弟子講解，講說者在講解的方法和方式上則要非常地深思、謹慎與講究。

❖問五：以我們目前的程度尚無法如豬狗般地行持，但如果也尚無能力到蘭若處修行，那麼要如何才能做到教法裡的「轉違緣為道用」「火焰化紅蓮」？

轉惡緣爲道用之方法很多乘門都有談到，大圓滿教法裡也有，即便是下乘門也會談及，只是彼此間的運用差別非常大。下乘門會把惡緣當成一個逆緣與阻礙，視爲所應斷，因此是採取對治和所應斷的理論，選用對治的方式將其滅除。

而在大圓滿教法中，「毒」本身就是「藥」，惡緣本身就是實修的道路，傷害違緣發生的時候，要去認定清楚「它是一個傷害」，之後將心安住在上面，以此來做修心的方式；然而，我們目前的程度是無法轉惡緣爲道用，因爲我們現在是內心受控制者，尚未達到可以不必依靠對治的條件，所以還是要依賴對治的力量，需要先運用所應斷與對治的理論，譬如：憤怒時要修安忍。

只有內心自主者才可以不依靠對治。不要誤以爲修學大圓滿教法就不必學習對治法，我們現在恐怕很難做到大圓滿教法中將惡緣當做道路；所以我們就需要修安忍並學會對治。對現下的我們而言，目前生活中每天會與父母、子女及家人相處，或與男女朋友見面等等，所以外在的環境對我們的影響很大。

因爲到目前爲止，應當還找不到完全不需要依賴父母、子女與男女朋友就能自己過得很好的人。很顯然地，外在的環境對我們來說還是很重要的，也因此我們仍然會受制於外在的環境。對方如果對我好一點點，我就很高興；如果講不好聽的話，我就憤怒生氣。憤怒生氣時才想到輪迴眞是痛苦、才想到佛法，這就是內心不堅固的表徵，也是內心還無法自主的徵兆。

我們無法瞭解好壞與順逆境就如同電影一樣如夢似幻，因此才會很容易暈頭轉向，這就表示還是很強烈地依靠外在的環境並受制於它，內心完全沒有自主的能力。我們目前仍在業力與煩惱很容易出現的階段，輪迴還不能自由自主，所以我們要想辦法好好地努力做到內心能夠擁有自主的能力，要在這方面好好實修。

許多人都誤解內心自主的意思，內心自主是指只依賴自己的內心，不必依靠他人，自己的內心應該就是自己幸福快樂的泉源。內心自主並非自己才是老大，也不是內心很霸氣地認爲大家都要聽我的。若需要別人講好聽或稱讚的話才會高興，或要靠外面的名利、富貴才會快樂，這就是內心不能自主。現在，自己的內心還會有這類情形就是內心不能自主。若內心不堅固，輪迴就會持續下去，輪迴的痛苦就會無窮盡。

想跳脫輪迴的痛苦，首先自己的內心要達到堅固自主，慢慢就會得到解脫。對禪修士而言，隨時隨地都要好好觀察身口意三門及隨時保持正念正知非常重要。身體的行爲、嘴巴講的話、內心的念頭等這些善與不善，都需要靠正念正知仔細分析，所以自省非常地重要。

每天、每小時及每分鐘，都要努力地運用正念正知，若一輩子都能如是地確實去做到，就能不造新的惡業並且惡業也會逐漸地減少。慢慢地，道的證悟就能增長增廣，之後就會得到解脫。

如果現在自稱爲禪修士卻沒有重視與運用對治的理論來修心，而且其一輩子都裝出修法及念經的樣子給別人看，那麼當臨死亡時便會搥胸頓足且面目猙獰，那就是自己內心受外在環境的控制，因爲一輩子都沒有好好地做好內心的禪修，這是非常糟糕的。

譬如小孩子在沙灘上玩沙子，非常高興地用沙子堆出大房子，之後沙屋被破壞就痛哭流涕。哭後又堆沙屋，然後沙屋又被破壞掉，如此不停地反覆。行者若沒有運用正念正知保護內心，就會如同上面的例子，雖然有學習佛法也做實修，但是既造惡業又做善業，輪迴就會不斷地持續輪轉，其輪迴的痛苦也就無窮盡，那麼想要得到解脫就更困難了。

因此，我們要像前面所談的，對於惡緣的部分先運用對治的力量，在布施、持戒及安忍各方面都要努力地修持，先把內心受制於外在環境的部分慢慢地減弱及減淡，努力實修將正念正知好好地運用，持續不斷地觀察自己身口心三門，將惡業逐漸地減少，慢慢地，地道功德便會增長及增廣，將來肯定有一天會得到解脫，我們應當在這方面努力才好。

❖問六：請問接受過化療或使用化學藥物的人，會影響氣脈並且會在禪修上造成障礙嗎？

如果在實修還沒有達到堅固之前，任何身體的開刀、化學治療和使用很多藥物等等，是會影響到氣脈並且導致氣脈受到變化或者破壞，那麼以後的實修就會有障礙也很難順利進行。除非在化療之前已經是位證悟者，也就是說禪修已經達到堅固與穩定，那麼就不會受到這些身體外在的影響了。不過，如果是目前的大家，因為在禪修方面還沒有掌握到關鍵，也還沒有達到堅固的禪修實力，那麼身體的任何改變都會深深地影響到禪修的進展和穩定度。譬如根門不具足的人，他的實修坐姿就沒辦法調整好，那就會影響到禪修。

❖問七：假設有一位平常就已經在修行的人，被醫生宣布生命只剩一個禮拜或最多再活兩個星期，那麼被告知之後就應該開始修頗瓦法了嗎？

對這位被宣布生命期已經非常有限的人而言，如果他原本就是一個禪修士，並且他的頗瓦法實修程度也已達究竟和徹底，同時自己也修持得很有把握的話，因爲他必定會死亡，所以就死亡的角度來講，在兩週前開始修法，實際上也是可以的。

但是如果從壽量角度來看，恐怕就不適當。假設眞如醫生所說的還有兩週的生命期，那表示他還有兩週的壽量，也就是生命的壽量還沒用完，如果壽量還沒有用完就修頗瓦法，會變成修法上的過失。在頗瓦法的教法裡有談到：「壽量沒有結束時，修頗瓦法本身就是一個過失。」所以，從壽量未盡的角度來看，應該是一個值得大家花時間共同研究與討論的。

針對目前所問的情況，從個人的想法來看，如果兩週之後確定會死亡，那麼就再等兩週再修吧；當壽量即將結束的時候，會有死亡的徵兆出現，現在就先做好準備，然後在壽量結束的當下能立刻修頗瓦法，這是最適當與理想的修法時機，也不會有任何過失產生，這是一種情況；另一種情況就是，病人的身體已不堪負荷病苦的折磨，比如壽量還未窮盡，應該還有兩週的壽命，但是，假設他的痛苦非常嚴重導致他已經無法再繼續忍受，並已把順利往生當做目標，在此種情況之下來修頗瓦法，那大概還算是可以；但如果他不是受到很猛烈的痛苦而不堪負荷，只是認爲我已有能力修頗瓦法，反正早晚也都會死亡，我先走也沒關係等等這類想法，若是以這種想法做爲修法的動機，那可能在修法上就會有過失了。

❖問八：樂明無妄念的覺受，和根本文裡面所談到的「不放不收無妄念」，這些無妄念的意思指的就是不造作、沒有念頭的意思嗎？如果念一聲「呸」，會幫助內心產生明晰的覺受，那麼如果我對明晰的覺受產生耽著心的話，再念一聲「呸」把它去除掉，這樣可以嗎？

首先，無妄念本身不等同於「樂明無妄念的覺受」，這也不是禪修。因爲無妄念的意思就是沒有念頭，如同我們年輕人常講的腦子放空，腦子放空就沒有產生念頭，也沒有摻雜到別的念頭，所以，雖然是無妄念但不是覺受。

如果內心本身能夠達到無妄念、一念不生、放空、沒有念頭，那就要在這上面安住並且繼續保任維持，因爲只有在繼續保任維持之後，內心的功德才會產生，此當下就稱之爲覺受；在這種情況之下產生的覺受，就是無妄念的覺受。

這無妄念的覺受怎麼做到呢？這是在法本上所講的「不放不收」，內心沒有往外面追逐，也沒有太過緊繃，要收攝內心然後慢慢做到內心本身放空沒有念頭，並繼續維持下去，這樣就會產生無妄念的覺受。之後還要繼續努力維持讓覺受進步、增長、增廣直到堅固。如果覺受能夠達到堅固，那麼這個無妄念的覺受本身，會轉變成爲無妄念的證悟，其證悟就會出現。由此可知，這其中的修持過程，是有道次第存在的。如果我們看到法本上所說的「不放不收無妄念」，誤以爲就是內心沒有想法、沒有念頭、一念不生，這是錯的想法，千萬不要錯解才好，如前所說，其實中間是有很多的修持次第的。

當耽著心產生時，還有許多其他的方法可以運用，只要是在充分瞭解形成的原因與充分思惟之下，也可以運用其他的方法。如果不想選用其他方法，或者是沒有其他方法可用，那就是念誦「呸」一聲，把耽著斷除掉，這也是一個好方法。

❖問九：請問無所緣起的感覺和發呆及放空有什麼不一樣？

這兩者的差別是非常大的，既然是禪修，就有禪修的修持次第與內容。假設所進行的是一個有緣取對境的禪修方式，將內心專注在所緣取的對境上，如此造作的本身就已經是實修。如果是進行沒有緣取對境的禪修方式，也是實修，是因爲安住在實修的本質上其本身就是實修了，所以雖是無所緣取，但它已經安住在實修上面了，這就是實修。

而假若這個人是不做思惟，比方說睡著或發呆，因爲他不做思惟之故，所以他就不是在實修的狀態之中。因爲不論是睡著或發呆而呈現沒有念頭，他的內心沒有任何的安住，這就是沒有在進行實修；而在不做實修的狀態之下，內心是沒有辦法得到瞭解，也沒辦法得到進步的。

做實修時，也許他是專注在對境上的實修，或者是安住在實修的本質無所緣取的實修，這兩者都是實修。在此前提之下，他會瞭解並且也知道實修的道理是什麼，他的內心會透過實修而得到進步，所以內心是否有眞正實修其差別是非常大的。

❖問十：請問仁波切所開示的觀修，指的是觀修大圓滿教法中的「元淨堅斷」的部分嗎？

「觀修」指的是，內心安住於上師所直指的口訣法義。但在《三句擊要》裡觀修上談到「唯一之上決定是第二要也」，這指的是觀修本身要達到堅固的意思，亦即經過長久的觀修，讓內心的信心也達到堅固不動搖，方能視爲觀修已達堅固，也才可稱之爲「唯一之上決定」。

❖問十一：再請問剛剛所提的「元淨堅斷」與「自成頓超」，是要在什麼修持條件次第下才能開始實修？

《三句擊要》本身的註解有很多種，例如，有外相、內相、密相的各種註解與詮釋的方式。我們目前選擇的是外相的解釋方式，主要是解釋大圓滿總體的道路，也就是總體性的講解，並非是正行的講解；目的是要幫助聞法者的內心朝向大圓滿的方向而去，不讓內心持續停留在胡思亂想，並且浪費時間對外到處攀緣各種法，也讓聞法者對大圓滿的法產生信心，進而朝向大圓滿的方向修持。此即本次開講大圓滿教法的主要目的。

而大圓滿的正行法，就是「大圓己道」，包括「元淨堅斷」與「自成頓超」的實修法；這些都是本次教學尚不能講解的內容。因爲要聽聞大圓滿教法的正法，聽聞者本身應該要完成前行法的修持，並且要先從上師處得到「覺性力道的灌頂」才能修大圓滿的正行。

如果行者已經完成前行法的修持，也已經得到「覺性力道的灌頂」，此時行者就成為大圓滿法正行的器皿，是適當的弟子，之後才可接受大圓滿正行法的傳授，並進行正行法的實修。

因為本次的聞法者尚未全部是適當的器皿，所以本次教學僅能先為大家講解關於大圓滿法見地觀修行持，名詞上總體性的介紹，也就是大圓滿法的外相解釋。

❖問十二：弟子自忖是屬於末等根器者，原本所修學的修持方式，也是屬於道次第漸次修持的方式，是以破立與應斷的理論做為修持的基礎與對治法。然而現在當自己在面對大圓滿教法時，覺得此法教屬於上等根器的教法，請教仁波切開示，弟子應如何在這兩者間取得順利適應的過渡橋樑之法，與如何讓自己不要沉溺與耽著於修持上的法喜。

我們前面也有談到這些問題，希望大家能避開產生誤解的窘境，因為大圓滿教法的詞句在字面上很容易讓人誤解，這是亟需避開的誤區。以密咒乘門的方式來舉例，比方說：煩惱為道、貪戀為道、瞋恨為道。許多人都會依詞句字面，誤解為：因為貪戀之心也是道路，所以貪戀之心生起時，也不用理會它或約制它，甚或放任它繼續發展。這樣的理解是完全不對的，因爲那會變成不重視實修。

這個是很好的提問，表示提問者是位重視實修者，也會想要瞭解實修上的差別，就我們前面所做的說明內容，此兩者在實修方式上存在著很大的差異性，但實際上兩者間並沒有差異存在，因爲不論是上乘門或下乘門，都需要解脫五毒煩惱。

如果從下乘門的角度來講，把這些五毒煩惱當做所應斷，只是選用「所應斷」這個名詞，但實際上只是沒有講明五毒煩惱是否可以做對治的道路而已。而到了上乘門、大圓滿乘門時，對五毒煩惱的內容則只是不用「所應斷」這個名詞而已。實際上，不論上下乘門都需要解脫與消滅五毒煩惱，二者在修持的結果上所要達到的目的毫無差別，只是兩乘門所用的詞句不同及方式不同而已。

然而，既然目的相同爲何要用不同的名詞？因爲，各個乘門所使用的實修方式不同的緣故。那又爲何實修的方式不同？因爲大家各自內心的了悟不同，根器也不一樣之故。所以爲了順應各種根器的需要，因此適用的方法也就各自不同。

面對末等根器者，爲了能夠順應他的根器，和幫助他順利進行實修，所以對他說一邊是所應斷，一邊是對治；讓他能利用對治將所應斷滅掉，這是末等根器者所能做的實修。

因此就選用所應斷這個名詞。

但是面對上等根器者時，對其教導上乘門的修持方式，所以選用的實修方法與名詞也就不同，順應其根器而教導：沒有所應破，也沒有所應立，用不破不立的理論。上乘門的上下座都是萬法自性不成立，與下乘門的所應斷的理論，是並行不悖的。在萬法都不成立的基礎上，因萬法不成立，所以不將其命名爲所應斷。

如果要針對所提問的問題做總合性的回答，就是最後的目標都是解脫五毒煩惱。所以應當是順著自己內心的程度與能力，來選用適合的方式進行實修，讓自己的實修更加堅固，並產生一個定解，最後達到堅固，這樣就是最適宜的作法。不必擔憂如何從下乘門的破立理論，轉換成上乘門不破不立的理論進行實修，因爲如此一來就將實修分開了，實際上這兩者的目的是相同的。一切的修持，都應隨順自己內心的程度與能力，做相對應的實修。

❖問十三：接續上題的提問，如果以走路和搭飛機來比擬的話，如何從走路的方式與速度，轉換成可以搭飛機的方式與速度。

簡言之，走路之人要有買車票的錢，才能夠坐車；而想搭飛機，就要有買機票的錢，才能夠搭飛機。但假設身無分文想搭車或搭飛機是無法如願的，因為無錢買票。又或者，這個人有錢搭飛機，卻選擇走路，我們會視其為愚蠢，因為有飛機頗為快速可搭乘而你卻不搭乘。

所以，如果自己目前是選擇下乘門，此屬長遠的道路，修行者先要不斷地努力為自己累積資糧與消除罪障。先將此部分做好，就會有機會讓自己進入大乘道路與密咒乘門的修持。只要積資淨障到時機成熟，自然就可進入快速道路法門。

如果已經行走在慢的道路的行者，雖然對快速道路之迅速成佛的期望心很強烈，但本身又不肯努力為自己積資淨障，那麼要想轉換到快速道路的願望恐怕是很難達成的。就如同身無分文而妄想有錢搭車或搭飛機，這是完全不可取，也是不可能實現的妄想。

❖問十四：所以要趕快存錢，或者可以依止上師、拉著祖古的衣角得到加持，這樣思惟對嗎？

相處的時間很久時，是很容易吵架不合的，因為經常相處在一起，很容易看到彼此的毛病，法的效益因此而不易產生。所以抓著祖古的衣角也是沒用的，保持一點距離是有必要的。

❖問十五：既知上乘門最好，為什麼很多人依舊選擇下乘門修持？又如《心經》有的人一聽便能馬上契入，有的人得逐一詳細講解才能懂，也有的人講解再多遍依然無法理解，諸如此類的狀況，這是否與個人的福報、罪障、習性、因緣有關呢？

以台灣爲例，大家都是希望能住在擁有冷氣、游泳池的豪宅裡，也最好是不用外出勞苦奔波上班；雖說大家內心如此期望著，但是絕大多數的人卻仍然得冒著風吹雨打日曬雨淋地在城市裡穿梭討生活，爲什麼會是這樣呢？相同情況，雖然上乘門最好，但很多人卻無法理解，這是因爲各自根器不同，所以上上乘法不是多數人能聽聞的。

《入菩薩行論》中有談到「雖然希望得到快樂，但是卻把快樂當成仇人，錯把快樂消滅掉了。」裡面所談的意思是不論多麼微小的眾生，都是希望得到快樂，但是爲什麼大多數眾生都沒有得到快樂呢？因爲，沒有走上可以得到快樂的道路，所以才會把快樂當做敵人般滅除。究其因，是因爲沒有遵循佛陀所開示可以得到快樂的道路來行持，所以無法心想事成，這是很值得重視的重要問題。不論內心如何地渴望得到快樂，但是沒有努力地爲自己累積資糧、消除罪障，當然也就無法得到所期望的快樂。

然而有時即使非常努力地積資淨障，還得看暫時的緣分好與不好？緣分好與不好所造成的差別也很大。自己能否得到快樂，是由許多不同的條件錯綜複雜地交互影響而產生。

在五濁惡世的時代，外在環境的障礙非常地多，有時即便自己努力地積資淨障，但是周遭大多數的人並沒有，因而導致自己因爲外面的緣分不好，所以也無法得到內心所期望的快樂，這是五濁惡世時代無法避免的問題與困境。此即是中國人常講的「近朱者赤，近墨者黑」的諺語。

比方說，一根木頭掉到檀香木林中，不用多久它也會發出香味；如果掉到惡臭水裡，也用不著多久就會發出臭味。可用此比喻，來理解五濁惡世外在環境之惡劣與影響之大。

再舉一例，在佛陀應世的時代，雖然自己沒有努力積資淨障，但是因爲佛陀住世，能夠經常與佛陀和佛陀的弟子們共處，因此仰仗著佛陀的強大威力和努力積資淨障的佛陀弟子們的影響，自己也會得到很多的順緣和進步。這就是所謂的秉性壞的人，常處在好的環境中，也會慢慢變成秉性好的人。

然而現今的時代剛好相反，就算是秉性好的人，但是四周很多壞朋友，所以他也就慢慢地變壞了；變得熱衷於追求世間八風，追求名利與高的權位，在朋友的慫恿之下，漸漸地也就退步與變壞了。

「近朱者赤、近墨者黑」的現象，在五濁惡世的時代裡，更加明顯和嚴重。原本在五濁惡世的時代裡會努力積資淨障的人就不多，而即便自己努力積資淨障，但周遭的人多半沒有積資淨障，故而也就會因外在環境很惡劣而退步或變壞。

佛經曾提及五濁惡世的眾生特別難以調伏，外在的環境不好是其中的原因之一。如同一滴水滴到沙裡，馬上乾掉起不了任何作用；此意味即便自己努力積資淨障，但是外在環境不好，因此也是無法發揮功效。

甚至，遇到壞脾氣的朋友，即使自己幫忙與照顧對方，有時候也很可能會被對方所傷害；這個時代忘恩負義的人很多。《入菩薩行論》裡有談到這個問題，就凡夫眾生而言，不管你如何做都很難使他高興，所以即使盡了力量幫忙他，可是他卻回過頭來傷害自己，對自己恩將仇報，這種情況在五濁惡世的時代也是屢見不鮮的。

身處五濁惡世時代的行者，本身就要特別小心謹慎地好好做實修，努力爲自己積資淨障，並且要非常珍惜法緣與機會；當機會來臨時，要把握不要浪費掉，把握機遇在五濁惡世裡更顯重要。

在五濁惡世的時代裡，外緣的影響力變得特別大；行者本身雖努力爲自己做實修和積資淨障，但是有時心裡會有這種想法：放假的時候，是不是也應該休息一下？或者是特別的國定假日，應該要好好休息一下下？又或者會懈怠，再或者今天要實修時，會考慮到夫妻、男女朋友間的對方，是否有事？再者，夫妻、男女朋友間，實修時如果不理對方，對方是否會不高興？夫妻、男女朋友間，自己的實修時間到了，但對方工作很辛苦，今天想休息出去吃頓大餐等，諸如此類的想法很多，那怎麼辦呢？在五濁惡世的時代，會演變出很多的糾纏或外在障礙，這些都是這個時代特有的問題。因爲也沒有努力地爲自己累積資糧、消除罪障，加上五濁惡世的種種外緣障礙，所以無法心想事成，無法來聽聞或者選擇上乘法門學習。

因此就實修而論，古今的實修困難度大不相同！相較之下，在釋迦牟尼佛的時代，實修是比較容易；而今，實修則是比較困難。如何證明呢？佛陀曾開示過，在佛陀時代，一個人出家修行，一輩子守護戒律的功德，和未來五濁惡世一個人一天好好持守戒律的功德，兩相比較而言，在五濁惡世的時代，一個人一天好好持守戒律的功德與利益是更加廣大。

在現今的時代裡，一個人能夠持守一天八關齋戒戒律的功德與利益，遠比在佛陀時代，一個人出家一輩子持守戒律的功德更加廣大。其原因何在呢？因爲在五濁惡世的時代裡，實修是非常困難的，而在佛陀的時代實修是很容易的；因此在非常困難的時代裡，即使只是持守一天的八關齋戒，因爲要超越很多的障礙與困難，其所產生的功德更加廣大。現代人在面對很多的困難與障礙時，如果還會想要學習佛法，所能得到的福報就更多了；如果還能夠正式努力實修，那功德與利益之廣大更加不用說。

因此身處五濁惡世的我們，首先一定要有一個想要學習佛法的熱忱，之後要好好地珍惜善緣；因爲即便有學習的熱忱，也不見得經常會有遇到佛法的善緣。相對於佛陀時代而言，我們應該要更加重視與珍惜自己所能遇到的法緣；而現在我們所遇到的法緣與關鍵重點就是《三句擊要》。

❖問十六：禪修容易內心緊繃的人，是不是平常他本身的性格是非常執著對錯分明，比較會有這個問題呢？而行事比較掌握大原則而且性格大而化之的人，是不是禪修對他來說相對會比較容易些？這是不是跟心胸寬大及見識廣息息相關呢？

恐怕不是這樣講。這個問題主要在於大圓滿適當的器皿應當是什麼樣子，並非是關於個人的心胸開闊與否，或者本身性格習慣如何的問題，也不是個性馬虎者比堅持細節內心容易緊繃者，更適合修持大圓滿法。

重點在於適合修持大圓滿法的器皿的標準是什麼？對實修士而言，要成爲一位適當的器皿，本身需要齊備很多原因資糧，以及其他的外緣是否成熟等等的各種條件，這些都要列入考量。

❖問十七：我們得到這麼殊勝圓滿的教法，也希望能夠善持，不知道能不能請祖古以後繼續帶我們實修《三句擊要》？

以後應該是會有機會的，《三句擊要》是非常重要的教法。一般的方式，其實還沒正式實修之前，得先進行《續部》的內容聽聞，然後串習《續部》內容法義的關鍵精華。比方說，《密精華續》與《除十方暗》，這些經文都是非常有必要學習的廣大典籍。不過，《三句擊要》已經將這些典籍的所有精華囊括其中。

然而《三句擊要》本身的解釋就有很多種，有廣大的、詳細的、簡略的解釋等等。我們這次也已將這些關鍵性的解釋大多數都包括在其中。因此在聽聞完本頌文的詞句解釋之後，應當積極針對所講述的內容去瞭解並努力精進實修，這些都是大家可以直接進行的部分。

大圓滿的實修也有一些危險處，有一些人聽完大圓滿教法之後，反而內心無所寄託。因為大圓滿的實修是不用花力氣做調整，只是要保持內心的寬坦輕鬆這種勝解而修的方式。對現在的大家而言，在聽聞概略性的講解之後，大家也會有概略性的瞭解，就可依此精進觀修，隨著觀修的努力，觀修力量就能夠發揮出來，實修的狀況也會越來越好。在未來，也可以配合元淨堅斷以及自成頓超的口訣講解，再帶領大家上座實修與教導，這些未來順緣齊備後都是可以實現的。

❖問十八：請問樂明無妄念的明，和明晰的明，是一樣的意思嗎？

樂明無妄念，指的是明晰的覺受，也就是內心清明、清晰。這主要是談覺受，其作用主要是用於幫助我們的實修能突飛猛進。而想要突飛猛進之效果，就須有明晰的覺受。

而在生起次地時有談到明固淨三者齊備，其「明」，是指外形的形像明晰。在內心觀想時，其所觀想能明晰出現。所以這二者是同樣之意思，也就是：內心很清明、清晰。

❖問十九：請問仁波切，之前有提到五加行不能中斷，但因工作繁忙或工作需要出差，因出門在外無法修，若有一、二天無法修法，是否可於回家後再把次數補回來？

五加行修持是不可以中斷，這之前已講過，但是有些方便善巧方法可來避免中斷，可以事後再與會長詢問及討論。

❖問二十：請問仁波切，前面有講到當妄念起來時要認識妄念並讓它在覺性中消散，那麼此妄念是否也包括因禪坐而自然產生的一些身體上疼痛，如痠麻腫脹癢等，這些要如何讓它消散？

就此一問題而言，透過觀修使其痛苦減弱然後變無，這必須是見地、觀修、行持已堅固且徹底證悟之大圓滿禪修士才能達成。大圓滿禪修士因為已證悟，所以即便身體被砍也不會有痛苦。當住在西藏之禪修成就者在受到迫害時，那些見地徹底現前且堅固並證悟的大圓滿禪修士，在身體被迫害時不會產生痛苦覺受。

若大家尚未達到那境界，那就如前面所談的，把這些逆緣當作是上師的加持及上師的大悲，也不要把它認定為逆緣而想要排除它，內心要認定，這是上師的加持、上師的大悲，以此方式讓我的罪障清淨消除。因此之故，逆緣所產生之傷害與痛苦，既已產生就讓它產生，就接受它。能如是想，其痛苦的力量也就會減弱了，這也是類似大圓滿的禪修法。

為便於閱讀，儀軌請由

「【附錄】三句擊要口訣根本文」第一頁開始，

依頁序左翻閱讀。

༄༅། །ཚིག་གསུམ་གནད་བརྡེག་མན་ངག་གི་རྩ་བ་བཞུགས་སོ། །

༄༅། །立題曰三句擊要口訣根本文 །།

བླ་མ་ལ་ཕྱག་འཚལ་ལོ།

誠心頂禮上師

།ལྟ་བ་ཀློང་ཆེན་རབ་འབྱམས་ཡིན།	།སྒོམ་པ་མཁྱེན་བརྩེའི་འོད་ཟེར་ཡིན།
見地是大界浩瀚	觀修是智愛光也
།སྤྱོད་པ་རྒྱལ་བའི་སྨྱུ་གུ་ཡིན།	།དེ་ལྟར་ཉམས་སུ་ལེན་པ་ལ།
行持是勝者苗芽	如前實踐修持時
།ཚེ་གཅིག་སངས་རྒྱས་ལ་ཐང་མེད།	།མིན་ཀྱང་བློ་བདེ་ཨ་ལ་ལ།
一生成佛無辛苦	否亦心樂阿拉拉
།ལྟ་བ་ཀློང་ཆེན་རབ་འབྱམས་ནི།	།ཚིག་གསུམ་དོན་གྱི་གནད་དུ་བརྡེག
見地大界浩瀚者	三句擊為義關鍵
།དང་པོ་རང་སེམས་ལྷོད་དེ་བཞག	།མི་སྤྲོ་མི་བསྡུ་རྣམ་རྟོག་མེད།
首先我心置鬆坦	不放不收無妄念
།ངང་ལ་ཕྱམ་གནས་ལྷོད་དེའི་དུས།	།ཐོལ་བྱུང་བློ་རྡེག་ཕཊ་ཅིག་རྒྱབ།
等住此況鬆坦時	驀然擊心呼一呸
།དྲག་ལ་ངར་ཐུང་ཨེ་མ་ཧོ།	།ཅི་ཡང་མ་ཡིན་ཧད་དེ་བ།
猛烈力短耶瑪霍	任皆不是愣愣然

།ཧད་དེ་བ་ལ་ཟང་ཐལ་ལེ། །ཟང་མ་ཐལ་བྱུང་བརྗོད་དུ་མེད།
愣愣然且爲通澈　赤裸直通無言詮

།ཆོས་སྐུའི་རིག་པ་ངོས་ཟུང་ཤིག །ངོ་རང་ཐོག་ཏུ་སྤྲོད་པ་སྟེ་གནད་དང་པོའོ།།
法身覺性請認定　本貌之上直指者第一要也

དེ་ནས་འཕྲོའམ་གནས་ཀྱང་རུང་། །ཁྲོའམ་ཆགས་སམ་སྐྱིད་དམ་སྡུག །
其後放或住亦可　或怒或貪樂或苦

།དུས་དང་གནས་སྐབས་ཐམས་ཅད་དུ། །ངོ་ཤེས་ཆོས་སྐུ་ངོས་བཟུང་ལ།
一切時常暫時中　認定舊識法身下

།སྔར་འདྲིས་འོད་གསལ་མ་བུ་སྤྲད། །བརྗོད་མེད་རིག་ཆའི་ངང་ལ་བཞག
前熏光明母子會　置於無詮覺分況

།གནས་བདེ་གསལ་འཐོར་ཡང་ཡང་བཤིག །ཐབས་ཤེས་ཡི་གེ་གློ་བུར་འབེབས།
住樂明後再毀續　方慧文字偶然降

།མཉམ་བཞག་རྗེས་ཐོབ་ཐ་དད་མེད། །ཐུན་དང་ཐུན་མཚམས་དབྱེ་བ་མེད།
等置後得無相異　修座座際無分別

།དབྱེར་མེད་ངང་དུ་རྒྱུན་དུ་གནས། །འོན་ཀྱང་བརྟན་པ་མ་ཐོབ་བར།
無別況中持續住　直至尚不得堅固

།འདུ་འཛི་སྤངས་ནས་བསྒོམ་པ་གཅེས། །མཉམ་གཞག་ཐུན་དུ་བཅད་ལ་བྱ།
捨棄喧譁愛觀修　應行入座修等置

།དུས་དང་གནས་སྐབས་ཐམས་ཅད་དུ། །ཆོས་སྐུ་གཅིག་པོའི་ཡོ་ལངས་བསྐྱང་།
一切時常暫時中　保任一法身紛紜

།དེ་ལས་གཞན་མེད་པོ་ཐག་བཅད། །ཐག་གཅིག་ཐོག་ཏུ་བཅད་པ་སྙེ་གནད་གཉིས་པའོ།།

此外無他堅決定 唯一之上決定者第二要也

།དེ་ཚེ་ཆགས་སྡང་དགའ་སྡུག་དང་། །གློ་བུར་རྣམ་རྟོག་མ་ལུས་པ།

彼時貪瞋喜及苦 無餘偶然之妄念

།ངོ་ཤེས་ངང་ལ་རྗེས་འབྱུད་མེད། །གྲོལ་ཆའི་ཆོས་སྐུ་ངོས་བཟུང་བས།

認識況中無後續 認定解分法身故

།དཔེར་ན་ཆུ་ལ་རི་མོ་བཞིན། །རང་ཤར་རང་གྲོལ་རྒྱུན་ཆད་མེད།

例如水面圖畫般 自現自解續不斷

།ཅི་ཤར་རིག་སྟོང་རྗེན་པའི་ཟས། །ཇི་འགྱུ་ཆོས་སྐུ་རྒྱལ་པོའི་རྩལ།

任現覺空生飲食 浮動法身王力道

།རྗེས་མེད་རང་དག་ཨ་ལ་ལ་། །འཆར་ལུགས་སྔར་དང་འདྲ་བ་ལས།

無痕自淨阿拉拉 現軌與前同之外

།གྲོལ་ལུགས་ཁྱད་པར་གནད་དུ་ཆེ། །འདི་མེད་སྒོམ་པ་འཁྲུལ་པའི་ལམ།

解軌特別大關鍵 無此修即錯亂道

།འདི་ལྡན་མ་བསྒོམ་ཆོས་སྐུའི་ངང་། །གདེངས་གྲོལ་ཐོག་ཏུ་བཅའ་བ་སྙེ་གནད་གསུམ་པའོ།།

有此不修法身況 解脫之上把握者第三要也

།གནད་གསུམ་ལྡན་པའི་ལྟ་བ་ལ། །མཁྱེན་བརྩེ་འབྲེལ་བའི་སྒོམ་པ་དང་།

具足三要之見地 輔以關連智愛修

།རྒྱལ་སྲས་སྤྱི་ཡི་སྤྱོད་པ་གྲོགས། །དུས་གསུམ་རྒྱལ་བའི་ཞལ་བསྡུར་ཀྱང་།

及與勝子總行持 三時勝者雖會談

།འདི་ལས་ལྷག་པའི་གདམས་ངག་མེད། །རིག་རྩལ་ཆོས་སྐུའི་གཏེར་སྟོན་གྱིས།

實無教誡更勝此　覺力法身伏藏師

།ཤེས་རབ་ཀློང་ནས་གཏེར་དུ་བླངས། །ས་རྡོའི་བཅུད་དང་འདི་མི་འདྲ།

勝慧界中取爲藏　此不同於土石精

།དགའ་རབ་རྡོ་རྗེའི་ཞལ་ཆེམས་ཡིན། །བརྒྱུད་པ་གསུམ་གྱི་ཐུགས་བཅུད་ཡིན།

極喜金剛之遺教　三種傳承意精華

།སྙིང་གི་བུ་ལ་གཏད་དོ་རྒྱ། །ཟབ་དོན་ཡིན་ནོ་སྙིང་གི་གཏམ།

付予心之子矣印　深義是矣心之語

།སྙིང་གཏམ་ཡིན་ནོ་དོན་གྱི་གནད། །དོན་གནད་ཡལ་བར་མ་འདོར་ཅིག

心語是矣義關鍵　義要至盼勿散失

།གདམས་ངག་ཟགས་སུ་མ་འཇུག་ཅིག །མཁས་པ་ཤྲཱི་རྒྱལ་པོའི་ཁྱད་ཆོས།།

至盼勿漏失教誡　博士師利王之特勝法

སརྦ་མངྒ་ལཾ།

薩爾瓦曼噶朗

開示講授：堪祖蘇南給稱仁波切（布薩祖古）

信士張福成譯於 2018 年禪修營

此善迴向老母六道眾

【附錄】

三句擊要口訣根本文

橡樹林文化 ❖❖ 善知識系列 ❖❖ 書目

JB0086	普賢王如來祈願文	竹慶本樂仁波切◎著	320 元
JB0087	禪林風雨	果煜法師◎著	360 元
JB0088	不依執修之佛果	敦珠林巴◎著	320 元
JB0089	本智光照—功德寶藏論　密宗分講記	遍智　吉美林巴◎著	340 元
JB0090	三主要道論	堪布慈囊仁波切◎講解	280 元
JB0091	千手千眼觀音齋戒—紐涅的修持法	汪遷仁波切◎著	400 元
JB0092	回到家，我看見真心	一行禪師◎著	220 元
JB0093	愛對了	一行禪師◎著	260 元
JB0094	追求幸福的開始：薩迦法王教你如何修行	尊勝的薩迦法王◎著	300 元
JB0095	次第花開	希阿榮博堪布◎著	350 元
JB0096	楞嚴貫心	果煜法師◎著	380 元
JB0097	心安了，路就開了： 讓《佛說四十二章經》成為你人生的指引	釋悟因◎著	320 元
JB0098	修行不入迷宮	札丘傑仁波切◎著	320 元
JB0099	看自己的心，比看電影精彩	圖敦．耶喜喇嘛◎著	280 元
JB0100	自性光明——法界寶庫論	大遍智　龍欽巴尊者◎著	480 元
JB0101	穿透《心經》：原來，你以為的只是假象	柳道成法師◎著	380 元
JB0102	直顯心之奧秘：大圓滿無二性的殊勝口訣	祖古貝瑪．里沙仁波切◎著	500 元
JB0103	一行禪師講《金剛經》	一行禪師◎著	320 元
JB0104	金錢與權力能帶給你什麼？ 一行禪師談生命真正的快樂	一行禪師◎著	300 元
JB0105	一行禪師談正念工作的奇蹟	一行禪師◎著	280 元
JB0106	大圓滿如幻休息論	大遍智　龍欽巴尊者◎著	320 元
JB0107	覺悟者的臨終贈言：《定日百法》	帕當巴桑傑大師◎著 堪布慈囊仁波切◎講述	300 元
JB0108	放過自己：揭開我執的騙局，找回心的自在	圖敦．耶喜喇嘛◎著	280 元
JB0109	快樂來自心	喇嘛梭巴仁波切◎著	280 元
JB0110	正覺之道．佛子行廣釋	根讓仁波切◎著	550 元
JB0111	中觀勝義諦	果煜法師◎著	500 元
JB0112	觀修藥師佛——祈請藥師佛，能解決你的 困頓不安，感受身心療癒的奇蹟	堪千創古仁波切◎著	450 元
JB0113	與阿姜查共處的歲月	保羅．布里特◎著	300 元

JB0114	正念的四個練習	喜戒禪師◎著	300 元
JB0115	揭開身心的奧秘：阿毗達摩怎麼說？	善戒禪師◎著	420 元
JB0116	一行禪師講《阿彌陀經》	一行禪師◎著	260 元
JB0117	一生吉祥的三十八個祕訣	四明智廣◎著	350 元
JB0118	狂智	邱陽創巴仁波切◎著	380 元
JB0119	療癒身心的十種想——兼行「止禪」與「觀禪」的實用指引，醫治無明、洞見無常的妙方	德寶法師◎著	320 元
JB0120	覺醒的明光	堪祖蘇南給稱仁波切◎著	350 元
JB0121	大圓滿禪定休息論	大遍智　龍欽巴尊者◎著	320 元
JB0122	正念的奇蹟（電影封面紀念版）	一行禪師◎著	250 元
JB0123	一行禪師　心如一畝田：唯識 50 頌	一行禪師◎著	360 元
JB0124	一行禪師　你可以不生氣：佛陀的情緒處方	一行禪師◎著	250 元
JB0125	三句擊要： 以三句口訣直指大圓滿見地、觀修與行持	巴珠仁波切◎著	300 元
JB0126	六妙門：禪修入門與進階	果煜法師◎著	360 元
JB0127	生死的幻覺	白瑪桑格仁波切◎著	380 元
JB0128	狂野的覺醒	竹慶本樂仁波切◎著	400 元
JB0129	禪修心經——萬物顯現，卻不真實存在	堪祖蘇南給稱仁波切◎著	350 元
JB0130	頂果欽哲法王：《上師相應法》	頂果欽哲法王◎著	320 元
JB0131	大手印之心：噶舉傳承上師心要教授	堪千創古仁切波◎著	500 元
JB0132	平心靜氣：達賴喇嘛講《入菩薩行論》〈安忍品〉	達賴喇嘛◎著	380 元
JB0133	念住內觀：以直觀智解脫心	班迪達尊者◎著	380 元
JB0134	除障積福最強大之法——山淨煙供	堪祖蘇南給稱仁波切◎著	350 元
JB0135	撥雲見月：禪修與祖師悟道故事	確吉・尼瑪仁波切◎著	350 元
JB0136	醫者慈悲心：對醫護者的佛法指引	確吉・尼瑪仁波切 大衛・施林醫生◎著	350 元
JB0137	中陰指引——修習四中陰法教的訣竅	確吉・尼瑪仁波切◎著	350 元
JB0138	佛法的喜悅之道	確吉・尼瑪仁波切◎著	350 元
JB0139	當下了然智慧：無分別智禪修指南	確吉・尼瑪仁波切◎著	360 元
JB0140	生命的實相——以四法印契入金剛乘的本覺修持	確吉・尼瑪仁波切◎著	360 元
JB0141	邱陽創巴仁波切 當野馬遇見上師：修心與慈觀	邱陽創巴仁波切◎著	350 元
JB0142	在家居士修行之道——印光大師教言選講	四明智廣◎著	320 元
JB0143	光在，心自在 〈普門品〉陪您優雅穿渡生命窄門	釋悟因◎著	350 元

善知識系列　JB0144

剎那成佛口訣——三句擊要

作　　　者／堪祖蘇南給稱仁波切
口　　　譯／張福成
特 約 編 輯／胡琡珮
協 力 編 輯／丁品方
業　　　務／顏宏紋

總　編　輯／張嘉芳
出　　　版／橡樹林文化
城邦文化事業股份有限公司
104 台北市民生東路二段 141 號 5 樓
電話：(02)2500-7696　傳眞：(02)2500-1951
發　　　行／英屬蓋曼群島商家庭傳媒股份有限公司城邦分公司
104 台北市中山區民生東路二段 141 號 2 樓
客服服務專線：(02)25007718；25001991
24 小時傳眞專線：(02)25001990；25001991
服務時間：週一至週五上午 09:30 ～ 12:00；下午 13:30 ～ 17:00
劃撥帳號：19863813　戶名：書虫股份有限公司
讀者服務信箱：service@readingclub.com.tw
香港發行所／城邦（香港）出版集團有限公司
香港灣仔駱克道 193 號東超商業中心 1 樓
電話：(852)25086231　傳眞：(852)25789337
Email: hkcite@biznetvigator.com
馬新發行所／城邦（馬新）出版集團【Cité (M) Sdn.Bhd. (458372 U)】
41, Jalan Radin Anum, Bandar Baru Sri Petaling,
57000 Kuala Lumpur, Malaysia.
電話：(603) 90578822　傳眞：(603) 90576622
Email：cite@cite.com.my

封面設計／周家瑤
內文排版／歐陽碧智
印　　刷／韋懋實業有限公司

初版一刷／ 2020 年 9 月
ISBN ／ 978-986-99011-6-1
定價／ 450 元

城邦讀書花園
www.cite.com.tw

國家圖書館出版品預行編目（CIP）資料

剎那成佛口訣——三句擊要 / 堪祖蘇南給稱仁波切著 . -- 初版 . -- 臺北市：橡樹林文化，城邦文化出版：家庭傳媒城邦分公司發行，2020.09
面 ； 公分 . --（善知識；JB0144）
ISBN 978-986-99011-6-1（平裝）

1. 藏傳佛教　2. 佛教修持

226.965　　109013181

廣　告　回　函
北區郵政管理局登記證
北 台 字 第 10158 號

郵資已付　免貼郵票

104 台北市中山區民生東路二段 141 號 5 樓

城邦文化事業股份有限公司

橡樹林出版事業部　收

請沿虛線剪下對折裝訂寄回，謝謝！

|橡|樹|林|

書名：剎那成佛口訣──三句擊要　書號：JB0144

橡樹林文化

讀者回函卡

感謝您對橡樹林出版社之支持，請將您的建議提供給我們參考與改進；請別忘了給我們一些鼓勵，我們會更加努力，出版好書與您結緣。

姓名：＿＿＿＿＿＿＿＿＿＿ □女 □男 生日：西元＿＿＿＿＿年

Email：＿＿＿＿＿＿＿＿＿＿＿＿＿＿＿＿＿＿＿＿

●您從何處知道此書？

□書店 □書訊 □書評 □報紙 □廣播 □網路 □廣告 DM □親友介紹

□橡樹林電子報 □其他＿＿＿＿＿＿

●您以何種方式購買本書？

□誠品書店 □誠品網路書店 □金石堂書店 □金石堂網路書店

□博客來網路書店 □其他＿＿＿＿＿＿

●您希望我們未來出版哪一種主題的書？（可複選）

□佛法生活應用 □教理 □實修法門介紹 □大師開示 □大師傳記

□佛教圖解百科 □其他＿＿＿＿＿＿

●您對本書的建議：

＿＿＿＿＿＿＿＿＿＿＿＿＿＿＿＿＿＿＿＿

＿＿＿＿＿＿＿＿＿＿＿＿＿＿＿＿＿＿＿＿

＿＿＿＿＿＿＿＿＿＿＿＿＿＿＿＿＿＿＿＿

＿＿＿＿＿＿＿＿＿＿＿＿＿＿＿＿＿＿＿＿

＿＿＿＿＿＿＿＿＿＿＿＿＿＿＿＿＿＿＿＿

我已經完全瞭解左述內容，並同意本人資料依上述範圍內使用。

＿＿＿＿＿＿＿＿＿＿（簽名）

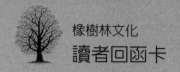

處理佛書的方式

佛書內含佛陀的法教，能令我們免於投生惡道，並且爲我們指出解脫之道。因此，我們應當對佛書恭敬，不將它放置於地上、座位或是走道上，也不應跨過。搬運佛書時，要妥善地包好、保護好。放置佛書時，應放在乾淨的高處，與其他一般的物品區分開來。

若是需要處理掉不用的佛書，就必須小心謹慎地將它們燒掉，而不是丟棄在垃圾堆當中。焚燒佛書前，最好先唸一段祈願文或是咒語，例如唵（OM）、啊（AH）、吽（HUNG），然後觀想被焚燒的佛書中的文字融入「啊」字，接著「啊」字融入你自身，之後才開始焚燒。

這些處理方式也同樣適用於佛教藝術品，以及其他宗教教法的文字記錄與藝術品。

ཡི་གེ་ཉི་ཤུ་རྩ་དྲུག་པ་འདི་དཔེ་ཆའི་ནང་དུ་བཞག་ན་དཔེ་ཆ་དེ་ཅི་འདྲར་

བགོམས་ཀྱང་ཉེས་པ་མི་འབྱུང་བར་འཇམ་དཔལ་རྩ་རྒྱུད་ལས་གསུངས་སོ།།

此咒置經書中　可滅誤跨之罪